Meiner Frau,
der treuen Begleiterin meiner Arbeiten

Eiderstedt

Ein Lesebuch

Die Landschaft Eiderstedt in
Erzählungen, Anekdoten, Sagen, Chroniken,
Romanen, Nachschlagewerken, Reisebeschreibungen,
Lebenserinnerungen, Briefen und Gedichten
von einst und jetzt

gesammelt und herausgegeben
von
Rolf Kuschert

Husum Verlag

Umschlagbild: Gesine Rosenträger, Leuchtturm von Westerhever

Die Deutsche Bibliothek – CIP-Einheitsaufnahme

Eiderstedt : ein Lesebuch ; die Landschaft Eiderstedt in
Erzählungen, Anekdoten, Sagen, Chroniken, Romanen,
Nachschlagewerken, Reisebeschreibungen, Lebenserinnerungen,
Briefen und Gedichten von einst und jetzt / ges. und hrsg. von
Rolf Kuschert. – Husum : Husum-Verl., 1996
    ISBN 3-88042-742-9
NE: Kuschert, Rolf [Hrsg.]

© 1996 by Husum Druck- und Verlagsgesellschaft mbH u. Co. KG,
    Husum
Satz: Fotosatz Husum GmbH
Druck und Verarbeitung: Husum Druck- und Verlagsgesellschaft
Postfach 1480, D-25804 Husum
ISBN 3-88042-742-9

Vorwort

„Ick kann Jüm gor nich seggen, wo dull ick mi doröver freu, dat wi hüüt na Eiderstedt fohrt! Dat gifft warrafdig keen Eck, de schöner is. Dat mutt uck en Minsch seggen, de al de ganze Welt bereist hett! Anners lüggt he! Oder he hett keen Geschmack! Meisto tein Johr heff ick je ümmer mit veel Minschen tosamenleevt, un dat is knapp vörkamen, dat dor mal een ut Noorddüütschland mang weer. Dorüm heff ick denn ümmer fix vun Eiderstedt vertellt: Wo fein dat dor utseeg, wat dor för gude Minschen wahnen, un wat dor för fette Ossen rumlepen."

Diese noch recht junge Liebeserklärung an die Landschaft Eiderstedt, an die Halbinsel zwischen Hever und Eider, schließt sich an eine lange Reihe von ähnlichen mündlichen und schriftlichen Bekundungen an. Seit mehr als drei Jahrhunderten haben sich immer wieder Menschen über dieses Land und über seine Bewohner geäußert. Ihre Blickwinkel waren verschieden, die bevorzugten Gegenstände ihres Interesses waren unterschiedlich, doch alle waren eins in der Einsicht oder in dem Gefühl, daß Eiderstedt „ein vorzüglich merkwürdiger Teil des Herzogtums Schleswig" oder auch „nach dem Garten Eden das schönste Stück auf Gottes Erdboden" sei. Ob sie nun im Land geboren waren oder sind – wie der eingangs zitierte „Tönner Jung" Heinz Martin – oder ob sie aus beruflichen Gründen nach Eiderstedt verschlagen worden waren wie Friedrich Carl Volckmar oder ob sie als neugierige Reisende kamen, sich umsahen und wieder gingen wie Johann Georg Kohl: Alle waren sie so berührt, daß sie ihr Zeugnis über Land und Leute zu Papier bringen mußten.

Unsere Auswahl von Texten versucht nun, aus den vielfachen Darlegungen ein Bild von Eiderstedt zu zeichnen, ein buntes Bild. Anders kann es bei der Vielzahl von Schreibern, von Interessen und Meinungen nicht sein. Und trotzdem wird der aufmerksame Leser auch manche Übereinstimmung feststellen, gleich, ob er etwas in der sachlich-nüchternen Sprache des Chronisten oder in der dichterischen Sprache der Schriftstellerinnen aus der Zeit von 1900 geschildert findet.

Zur Sprache ist anzumerken: Eiderstedts Sprache ist in den Jahrhunderten, aus denen unsere Texte stammen, das Niederdeutsche. Niederdeutsch sind die ersten hier im Lande aufgezeichneten Gesetzestexte, und Plattdeutsch ist im Umgang der im Lande Geborenen auch heute noch lebendig. An einem Menschenkind wie Ingeborg Andresen mag zu erkennen sein, wie selbstverständlich man in Eiderstedt mit und in beiden Sprachen, dem Hoch- und dem Plattdeutschen, aufwachsen, denken, leben und schreiben kann.

Wenn wir von der „Landschaft" Eiderstedt handeln, muß uns klar sein, daß dieser Begriff nicht nur eine geographische Bedeutung hat. Eiderstedt – oder in älteren Tagen: die Dreilande Eiderstedt, Everschop und Utholm – bilden auch im verfassungsrechtlichen Sinne eine Landschaft. Vergleichbar sind in Schleswig-Holstein etwa Stapelholm, Nordstrand, Dithmarschen oder auch Fehmarn.

Die Bewohner einer Landschaft hatten ihre besonderen Freiheiten und unterschieden sich so von ihren Nachbarn in den „Ämtern". Als Freie und Unabhängige konnten sie – wenngleich unter der Oberhoheit eines Landesherrn in Kopenhagen, dann auf Gottorf und später wieder in Kopenhagen, schließlich in Berlin – die innere Ordnung ihres Gemeinwesens in eigener Verantwortung gestalten. Was sie geschaffen haben und wie sie es durch die Jahrhunderte hindurch bewahren konnten, das hat die Menschen in den Dreilanden mit Stolz erfüllt und ihr Selbstbewußtsein ausgeprägt, das hat aber auch immer wieder Achtung und Würdigung von außen erfahren. Trotzdem enthalten die Blätter, die Männer und Frauen dem Lande und seinen Menschen gewidmet haben, nicht eitel Lobpreisungen. Sie haben sich auch kritisch mit ihnen auseinandergesetzt. So findet es sich durchaus, daß ein in Garding amtierender Propst und – eine Generation später – eine Dichterin aus Koldenbüttel beide in ihrer Sprache gleiche kritische Gedanken äußern.

Und noch eines ist zu bedenken: Die Eiderstedter haben in einer ertragreichen, schönen Landschaft in Freiheit und in geordneten Verhältnissen leben können, aber sie haben auch ihre Sorgen und Nöte bis hin zur Gefährdung ihrer Existenz zu meistern gehabt. Kriege – von außen in das Land getragen oder auch hier entfacht – und Sturmflut-Katastrophen von unvorstellbarem Ausmaß haben immer wieder Besitz und Leib und Leben bedroht. Stärke wie Schwäche der Menschen ist in den Gefährdungen sichtbar geworden, und so muß dann doch wohl die Vorstellung vom Garten Eden berichtigt werden – zumindest werden wir Eiderstedt ein Eden nach dem Sündenfall nennen müssen!

Zur Einstimmung

EYDERSTADIA

Jacob Sax (1610)

SOLI DEO GLORIA
E yderstedt bin ich jetzt genandt/
Y n vielen örten wol bekandt/
D urch Gotts gaben erhoben sehr/
E rreicht für andern ruhm und ehr/
R eicher Christ wohn in mir forthin/
S tedes mit deinem Worte rein/
T hu mich für Unglück behüten/
A uch fürs saltzen Wassers wüten.
D aß ich kan Nahrung geben fein/
I unck und alt die Gottfürchtig sein/
A uff daß dein Nahm in mir geehrt/
   Amen sprech all der das
   begehrt

Mein Eiderstedt

August Geerkens (1914)

Dort wo der Eider silbern Band sich breitet
der See entgegen, ja, uns so vertraut,
wo auf des Deiches Kamm der Blick sich weitet,
hier grüne Marsch, dort graues Watt erschaut:
Da liegt das Land,
Euch wohlbekannt,
wird Eiderstedt genannt.
Es ist mein liebes Heimatland.

In langem Kampf dem Meere abgerungen
von unsern Vätern einst mit zähem Mut,
und auch der Feinde Tücke sind bezwungen:
Als unser Land im Ring der Deiche ruht –
dies schöne Land,
Euch wohlbekannt,
wird Eiderstedt genannt.
Es ist mein liebes Heimatland.

Von Süden kamen sie mit Brennen, Morden,
und fremde Völker haben es verheert,
denkt König Abels, Stenbocks, Waldsteins Horden,
sie alle wichen, hoch stand es geehrt
der Väter Land,
Euch wohlbekannt,
wird Eiderstedt genannt.
Es ist mein liebes Heimatland.

Wie wir uns neigen hier vor ihrem Planen,
vor ihren Werken, ihrem Freiheitsdrang,
so danken Landes Wohlfahrt wir den Ahnen,
wenn weise Führung wilden Sinn bezwang
in unserm Land,
Euch wohlbekannt,
wird Eiderstedt genannt.
Es ist mein liebes Heimatland.

Wo heut' nach Winters Nacht die Frühlingssonne
zu neuer Pracht der Weiden Grün erweckt,
unzähl'ger Rinder Schar, – des Weiders Wonne –
so weit das Auge reicht die Flur bedeckt,
dort ist das Land
Euch wohlbekannt,
wird Eiderstedt genannt.
Es ist mein liebes Heimatland.

Und wo wie Burgen aus der Landschaft ragen
des Haubargs stolze Dächer himmelwärts,
umrahmt von Graft und Gärten, sie Euch sagen:
Uns schufen Eurer Väter Hand und Herz
in diesem Land,

Euch wohlbekannt,
wird Eiderstedt genannt.
Es ist mein liebes Heimatland.

„Et gah uns wol op unse olen Dage!"
Das ist der Ruf, der alle uns beglückt,
und froh beim Gläserklang am Festestage
auch heute Rang und Stand noch überbrückt
in unserm Land,
Euch wohlbekannt,
wird Eiderstedt genannt.
Es ist mein liebes Heimatland.

„. . . ein Land wie andere Länder
. . . und doch kein Land wie andere Länder"

Ernst Evers (1875)

Land Eiderstedt ist ein Land wie andere Länder und Ländchen
und doch kein Land wie andere Länder, denn ob's auch ein gar
fruchtbar Fleckchen Erde ist – wallende Aehrenfelder hat's wohl
einst gekannt, aber heute darf keine Pflugschaar die Saat
berühren, die des Herrn Hand selber gestreuet hat: die reiche grüne Weide. Grün ist heute des Landes Farbe, als hätte die liebe Hoffnung es überschüttet aus ihrem reichen Füllhorn. Und des Landes
Gestalt: da reiht sich ein Acker an den andern, ohne Baum und
Strauch, ohne Berg und Thal, aber alle gleichmäßig sanft gewölbt,
dem weiten ebenen Meere gleich, wenn es am hellen Sommertage
still und weit sich dehnt, um trotz seiner Stille seine langen Wogen
langsam ans Ufer treiben zu lassen. Und des Landes Bewohner –
die leben, wie das Meer ihnen vormacht. [. . .] In diesem Lande
wollten wir Vulkane suchen, die da Feuer sprühen? Wir finden sie
nicht – selbst nicht in Menschenherzen; – es ist ein ebenes Land.
Aber an des Landes Marken wogt das weite Meer und sieht nicht
immer einem schlummernden Greise ähnlich [. . .], sondern viel
öfterer einem jugendlichen Riesen voll ungebändigter, wilder

Kraft, und das Meer wühlt in seiner Tiefe und schäumt auf seinen Wellenbergen und wogt und nagt, und giebt und nimmt, und führt und fügt Schlamm und Schutt und Dünensand oder Marschland an die Ufer und Deiche – grade wie Der es will, der Wolken, Fluth und Winden bestimmte Lauf und Bahn. Aber dem Menschenherzen, das über den Seedeich späht, wird so angst und bange vor der Springfluth und dem Sturmesbrausen. Ist's denn etwas Sonderliches? Hast's nicht hundert Mal erlebt? Nicht hundert Mal die uralte Prophetenstimme vernommen: er misset die Wasser mit seiner Hand! Nicht hundert Mal? Und wenn dir der Seedeich zu hoch wäre und zu entfernt – spähe nur über den Zaun deines Gartens; schaue nur den Menschen in ihr Herz, in ihre Leiden und Leidenschaften mit all' dem Wogen und Branden. Und kennt auch Land Eiderstedt keine glühenden und sprühenden Vulkane, so doch wohl jenes Schäumen des Meeres, das seine eigene Schande ausschäumt, jenes Wogen und Wallen der Lüste und Begierden im Menschenherzen.

„Lieber hier . . . als an jedem andern Orte!"

Friedrich Karl Volckmar (1795)

Sie haben Recht, Freund! wenn Sie sagen, eine Marschgegend müsse für den entferntern Bewohner Hollsteins eine ihm völlig neue Erscheinung seyn, und eine Reise dahin gewähre für das Studium der Erd- und Naturkunde, der mannigfaltigen Nahrungsquellen, und der Kultur des menschlichen Geistes eben so viel Unterhaltung, als manche ausländische Reise nicht zu verschaffen im Stande sey. Unsere Producte sowohl als die Art sie zu gewinnen, kommen allerdings nicht ganz mit denen überein, welche man dort kennt. Unser Deich- und Wasserbau erfordert, wenn auch nicht ganz das glänzende Genie was zur Architectur gehört, doch immer einen sehr großen Scharfsinn, Nachdenken und tiefe Kenntnisse, so daß er in dieser Hinsicht eben so sehr Beweiß ist von dem, was menschliche Klugheit vermag, als so manche große Werke der Baukunst in andern Ländern. Selbst unsere Landesverfassung nähert sich der republikanischen in einem sehr hohen

Grade, und man lebt hier in einer Art von Freiheit und Gleichheit, die man im größten Theile von Holstein und Schleswig kaum dem Namen nach kennt. Auch stehen die Bewohner dieser Gegend im Ganzen genommen, wohl auf einer höhern Stuffe der Kultur, als die größte Anzahl der Bewohner der übrigen dänischen Staaten. Dies alles fesselt nicht allein den Einheimischen hier eben so sehr und mehr noch an sein Vaterland, als jede andere Gegend, sondern auch Fremde, die lange genug sich hier aufhielten, um mit Eiderstädt genauer bekannt zu werden, bekommen eine Art von Anhänglichkeit an unsere Landschaft, die sie auch dann nicht verläßt, wenn sie schon lange entfernt sind. Ich habe sehr viele gesprochen, die als Auswärtige einige Jahre in Eiderstädt verlebt hatten, und nun da sie wieder in ihr eigenes Vaterland zurückgekehrt sind, noch immer mit solchem Vergnügen an diese Gegenden zurückdenken, daß sie unter gleichen Umständen sich lieber noch hier aufhalten mögten, als an jedem andern Orte.

So sehr es aber auch überhaupt eine längst bekannte Wahrheit ist, daß Reisen, auf denen wir nicht mit auswärtigen Ländern und fremden Völkern, durch längern Auffenthalt und die genauesten Nachforschungen bey sachkundigen Personen vertraut werden, zwar unsern eignen Ideenkreis in etwas erweitern, aber nimmer dazu dienen können, auch andern richtige und vollständige Begriffe von dem beyzubringen, was wir gesehen haben, so scheint sich dies doch bey Eiderstädt, und vielleicht bey jeder Marsch überhaupt, vorzüglich zu zeigen. Die äußern unterscheidenden Gegenstände sind freilich bald zu übersehn, weil die Marschländer nicht leicht sehr groß im Flächeninhalt sind, und die Einförmigkeit ihrer Gegenden eine schnelle Uebersicht und Kenntniß des Ganzen zu gewähren scheinen; aber desto leichter wird man auch dadurch verleitet, sich mit einer höchst oberflächlichen und falschen Kenntniß des Landes das man beobachtet haben will, zu begnügen. Es ist nicht zu läugnen, daß dies in der That das Schicksal der meisten Reisenden gewesen sey, die auf ihren Durchflügen durch Eiderstädt Bemerkungen zu machen gesucht, und diese dem Publicum mitgetheilt haben. Auch dienen wirklich die sämtlichen kurzen Aufsätze, welche man in öffentlichen Blättern als Beschreibung einer Reise durch unsere Landschaft, gedruckt findet, mehr dazu, die Neugierde des Lesers zu erwecken als zu befriedigen, und größtentheils sind sie eben so falsch als unvollständig.

Vom Land und seinem Klima

„Eyderstedt . . . allweg für das herrlichste
und fürnembste gehalten . . ."

Caspar Hoyer (um 1590)

Das Eyder Frießlandt wird von dem Scribenten Saxone Gramma-
tico genenet Klein Frießlandt und hat von dem Fluß die Eyder / da
es nach auffgang der Sonnen / von Dithmarschen abgescheiden /
seinen Namen bekommen. Nun aber zu unser zeit Eyderstedt geheissen / und ist etwa weinich unter hundert Jahren nur eine halbe Insul gewesen / Nachdemmahle es in vorzeiten durch eine geringe Reuier die Milda nach Mitternacht vom Lande abgesondert
/ jetzt aber gentzlich an demselben befestet und verbunden : Denn
die Milda durch viele graben und engen Strömen von einander
getheilet / ist nach dem Niedergang mit großen Wasserdämmen
auffgeführet / wie denn auch das dazwischen liegende schlämmi-
ge Erdtreich / wegen deß auff : und ablauffenden Meeres / augi-
ret und erhöhet / und also nicht ohne geringe mühe und Arbeit
der Einwohner ferner mit Teiche befestiget und verwahret / dahero es heut zu tage kaum seinen vorigen Namen behalten.
Nach dem Niedergange wird das Landt / durch den Fluß die Heu-
er von der Insul Nordtstrandt abgescheiden.
Das Mittagige Ufer oder gestaedt gegen Niedergange / ist mit
grossen Sandtbergen auffgehügelt / und gehet biß an die See : Daß
also von Mitternacht an / da es Landtfest ist / nach dem Mittage /
vier Teutscher Meilen sich erstrecken : Und thut der gantze umbkreiß oder becirck des Landtes zu fünfftzehn Meilen belauffen.
Aus vielen anzeigungen erscheinet auch / daß es der Nordtstrandischen Insul / da es in vorzeiten fest angewesen / noch für wenig
Jahren verwand gewesen sey / Aber durch uberlauff des ungestümen Wassers von demselben abgerissen : Wie dann auch nicht zu
zweifeln / daß der gantze Strich nach Tunderen / so heute von
den Friesen bewohnet / und wider das wüterige Meer / mit Teichen und Dämmen erhalten und beschirmet wird / dem Nordt-

strande mit steter zusammenfügung verknüpffet gewesen sey /
Alldieweil im ablauff des Wassers an der Nordtstrandischen seiten (welcheres grausamkeit die Dämme niedergeworffen / und
dem Meere gleich gemacht) die Furche / Wassergraben / alten Sö-
de / Pfützen und dergleichen / annoch erscheinen.
Weiter ist zu wissen / daß unter allen Nordtfriesischen Ländern /
Eyderstedt / wegen Fruchtbarkeit deß ackers / vielheit des
Volckes / und gute bequemigkeit / deß Schiff : und Fischreichen
Wassers oder Stromes die Eyder / allweg für das herrlichste und
fürnembste gehalten worden : Dann der Bodem und das Erdtreich
dermassen fruchtbar / daß es dem Niederlande / vermittelst ihrer
selbst eigen gezeugnuß / nicht alleine geleichet / sondern auch
weit übertrifft / In deme / daß es viel grösser Vieh von Ochsen
und Küen auff : und anfüdet / welcheres vielheit in gantz Europa
nicht zu vergleichen / Und thut ein jegliche Kuh täglich neun halbe Stübichen Milch nach Lübischer Maß dageben : Dahero dann
geschicht / daß von den ersten May biß zu den letzten Septembris
/ seyn fünff Monaten / ein solch menge von Süßmilchs Kesen / in
die zwei tausent mahl tausent / und dreymahl hundert tausent
Pfunden (wie denn mit den Registern deß Wagmeisters beschei-
nigt werden kan) zu Schiff außgehn und geführet.
Daroben ist diß Landt Eyderstedt von allerhandt Getreide / so
außbündig trechtich / daß es Jährlich ein sehr grosse menge zu
den benachbarten Stedten Hamburg / Bremen / Stade / und uber
See gen Ambsterdam und dergleichen außgiebt und überschicket.
Nicht zu weniger auch ist es von aller schönen gelegenheit zur
Leibs notturfft gehörig / uberflüssig / und hat keiner hülff oder
zufuhr / ohne Hopffen und Saltz nötig / und zu thunde.

„in fine Neddersacksische Rythmos und Verschen"

Jacob Sax (1610)

Ock ys tho merckn underandren /
Van allen Nortfresschen Landren /

Dat Eyderstedt umb der Frucht syn /
Und mannichfolde des Volckes fyn /
Der Schip: und Vischrykn Eyderstroem /
Vört herlyckst geachtet mit rohm /
Denn der Boddem und dat Erdtryck /
Is dermaten Fruchtbar alltydt /
Dat ydt dem Nedderlande wyth /
Na erer bekendtniß mit flyth
Auerdrept / darümm dat solck Landt /
Gröter Veh upfödet naer handt /
An Ossen / Köy und der gelyck /
Welckeres veelheit up Erdtryck /
Nicht thofinden und drepen an /
Denn ein Koh dachlyck geuen kan /
Negen Kan Melck na Lübscher maet /
Darher denn geschüth und kümpt dat /
Dat van den erstn Dach Mey gewiß /
Beth tho den lesten Septembris,
Welck synt uyff Maenten in der tall /
An Kesen gleuert auerall /
Twe dusent mahl dusent thor stundt /
Und dremahl hundert dusent pundt /
Welckes mit den Registren fyn /
Des Wagmeisters beschynet syn /
Welck tho Schep uthgeföhret hen /
Und geleuert andren Völckern.
Dartho ys Eyderstedt vorwar /
Dermaten drechtich und Fruchtbar /
Dat men kan van allerhandt Korn /
Jahrlick ein sehr grot meng uthförn /
Tho den benaberden Steden /
Hamborch / Stade und ock Bremen /
Und auer See na Amsterdam /
Und der gelyck wo ick vorstahn.

Nicht tho weinger ock ys dith Landt /
Mit Lyues nottrofft allerhandt /
Auerflödich gesegnet schon /
Also dat se nichtes tho dohn
Hebben / ahne Hoppen und Solt /
Welckes En gebrocht mannichfoldt.

Dat Landt hefft Carspelen achtein /
Sint sehr Volckryck / und nicht gar klein /
Veel Dörper anander glegen /
Twe Stedt / Tönning / Garding euen /
In welcken Gericht geseten /
Und der Justitia gfleten.
Under den beyden Steden nun /
Tonning / so an der Eyderstroem /
Gelegen : und gebuwet fyn /
Mit ein schön herlyck Schlot darin /
Uth befehl Adolphi löfflyck /
Hertoch tho Holstein und Schleßwyck /
Is wegen der Koephandel groth /
Bequemheit der Hauen und Floth /
Und gantzen Landes vorsamling /
Ein röhmlyck Koepstadt nicht gering.
Idt werden ock gespört mit flyth /
Veel Höff und Gebüden köstlick /
In Brandmüren upgebuwet /
Auert gantze Landt vorstrouwet.

Dat Landt ys ock gedelet fyn /
In dre gescheden Part mit sinn /
Under welcken dat so Land fest /
Eyderstedt / geholden vort best /
Negst dem Euerschop folgen deyth /
Und nahm Westen Utholm bereit.
Ock ys hyrby tho mercken dat /
Wo ein yder deel syn Richtstadt /
Und Vorwalter gehat thouörn /
Itzunder auerst deyth regern /
Ein Richter auert gantze Landt /
Den men Staller nömbt mit vorstand.

De Inwahner gebruken all /
Ein sonder Sprack und Tungen mael /
Aen de Säcksche / und steinnt aurein
Mit den Ost : und Westfresen gmein /
Woruth dann erschynet gar fyn /
Dat se daruan entspraten syn /
Ock aen de Sprack / sölcks tögen an /

15

Er Sede / Kleding und de Naem /
Beyd Man : und Frewliches Geschlecht /
Wo denn ock de Gebuwden recht /
Derwegen tho twyueln mit nicht /
De Eyderstedtsche Fresen schlicht /
Mit den Inwahnern an Tundren /
Deren Nabern und Nordstrandern /
So wol als Ost : und Westfresen /
Von Francken entspraten gwesen /
Ein Volck sehr mechtich und strydtbar /
Daruan ern Ortsprunck gnamen her.

„. . . zwischen den zweyen Ströhmen der Hever und der Eyder belegen"

Caspar Danckwerth (1652)

Das Landt Eyderstede / sonsten auch wol Eyderstede / Everschop und Uhtholm heissend / und zwischen den zweyen Ströh-
men der Hever und der Eyder belegen / grentzet nach der Nor-
derseiten über den Heverstrohm mit dem Ländlein Nordstrandt /
so viel davon behalten ist / nach dem Süden und Südosten mit
Ditmarschen / (jedoch solcher gestalt / daß die Eyder daselbst ein
breiter Strohm dazwischen durchgehet) nach dem Osten mit dem
Stapelholm (worinnen der Landtweg anitzo gehet durch die Friederichstadt) imgleichen mit dem Harde Schwabstede / und endli-
chen nach dem NordOsten mit dem Ampt Husum und dem Harde Lundenberg. Dieses Landt ist lang vom Osten biß nach dem
Westen von Coldenbüttel oder Friederichstadt an biß Ording / 4.
gute Meil / die Breite ist ungleich von dreyviertel Meile biß zu
fünff viertel / oder anderthalb Teutsche Meile / im Umbkreiß aber
über 14. Meile weges.
Es wird zu dieser unser Zeit / wie schon lange dabevor abge-
teihlet / in das Oster und Westerteihl / vor Alters aber seynd es
drey Ländlein gewesen / nemblich Eyderstede / das Gestade an
der Eyder [. . .] Everschop oder Heverschop also genandt / weil

derselbe Strich an dem Heverstrohm gelegen / und endlich Uhtholm / so wie etliche wollen / auch der Süderstrandt genennet
worden.

Nun diese drey Ländlein Eyderstede / Everschop und Uhtholm /
seynd vorzeiten durch nahmhaffte Ströhme von einander geson-
dert gewesen / welche Ströhme oder Wasser seynd gewesen die
ostia oder Außgänge der Eyder und der Treen in die Westsee. [...]
Also hat nun an diesem Orte die Eyder nicht allein ihren Lauff
zwischen Ditmarschen und Eyderstede gehabt / inmassen annoch beschicht / sondern ist mit dem rechten Arm / mit sampt
der Treen nach dem Nordwesten durch den Strich / wo itzo die
teihls schöne / teihls auch geringe Köge / Herren Halligen / S.
Peters Kog / Dam Kog / Margareten Kog / Darchbull und Lege-
licheit / Obbens Kog und Adolffs Kog belegen / hindurch gegangen / welches Wasser wol auch die Treen gemeinlich aber die
Nordeyder geheissen worden / als ob die Treen / so bald sie in
die Eyder verschlieffen / auch ihren Namen verlohren hätte.

Diese NordEyder ist eines Teihles in die Hever / andern Teihls
aber zwischen Eyderstede und Everschop hindurch gegangen /
imgleichen ist die Hever zwischen Oster und Wester Hever hindurch ins Landt hinein / und folgends nach dem Süden zu in die
Eyder gegangen / und hat oben / Uhtholm von Everschop; unten
aber Uhtholm von Eyderstede abgeschieden / alßo daß drey Insulen daraus geworden. [...]

Das Landt Eyderstede ist / wie bekandt / grössern teihls lauter
Kley oder Marschlandt / welche grawe Erde eine Mutter ist des
wolriechenden allergrössesten und kräfftigsten Wiesenklees. Alleine gehet in Eyderstede / zwischen Oldenswort und Ulbesbull /
ein nunmehr kleiner und geringer Strich hohes Brennemohres /
welches nicht Anno 1300. wie etliche wollen / aus dem Nord-
strande hinüber in Eyderstede von des ergossenen Meeres Wellen
getrieben [...]. Ferner in Everschop lieget ein erhobener Sand-
strich oder Stück Geestlandt [...] eine halbe Meile weges lang aber
nicht breit / worauff das Städlein Garding und ein Teihl von Ca-
thrinharde liegen / welche Gegend so hoch / daß kein Meerwasser / die Zeit der allgemeinen Sündfluth außgenommen / darüber
gangen / und dannenhero ist erweißlich / daß dieß Everschop
wie auch Uhtholm / Insulen gewesen von anbeginn der Welt.
Dann auff einem andern dergleichen hohen Strich Geestlandes /
lieget ein Teihl von Tating Kirspel / und hat vor den Kirspeln S. Peter und Ording. Sanddünen am Meer / worinnen sich Caninen

auffhalten / inmassen dergleichen Sanddünen in Holland in grosser Menge. Die unserige in Eyderstede verschlagen von Jahren zu Jahren und nehmen ab / stieben über das beygelegene Landt und verderben es sehr. Ferner / der Strich Marschland an der Eyder / auff welchen Tönning lieget / ist von Natur hoch / also daß in der grossen Fluht 1634. über etliche hohe Orter / so sie Tofften nennen / kein SaltzWasser gegangen. Imgleichen ümb Hoyerswort im Carspel Oldenswort hat es zimblich hoch Landt / daher erhellet / daß auch dieses Ländlein eine hohe Hallig oder Eylandt von anbeginn gewesen / und nicht / wie etliche wollen / aus des Meeres Schlicke oder Schlamm nachgerade eingenommen. Dieß Land Eyderstede ist an Orten / wor es keine Sanddünen hat / mit hohen Deichen an der Norder und Süderseite verwahret / welche mit schweren Kosten und saurer Arbeit jährlich müssen unterhalten werden / wieder des ungestümen Meeres schäumende Wellen / die grosse moles und Häupter zu geschweigen / so daß gantze Land der Stadt Tönningen zu Liebe / damit das Wasser daselbst nicht einschneide / unterhalten muß.

Die Landschaft Eiderstedt

Johannes von Schröder (1854)

Die Landschaft Eiderstedt, die Halbinsel zwischen der Eider und Hever, 6 Quadratmeilen groß mit 13883 Einwohnern, ist ein mit Ausnahme weniger Stellen ganz aus Marsch bestehendes Flachland, das von zahlreichen immer weiter in's Meer hinausgebauten Deichen durchschnitten ist. Gegen Westen grenzt sie an das Amt Husum und die Eider; gegen die Fluthen ist sie durch Deiche geschützt, nur an einer kurzen Stelle der Südwestküste vertritt die Stelle dieser Deiche eine Dünenwand, die Hitzbank, welche sich in bedeutender Ausdehnung von verschiedener Breite und Höhe, letztere bis zu 60 Fuß, an der Westküste der Halbinsel entlang zieht. In der Mitte des Landes, an der Stelle der Stadt Garding und der Kirchdörfer Tating und Catharinenheerd, liegt ebenfalls sandiger Boden, welcher aus den Resten vorzeitiger Dünen besteht. Der Marschboden ist sehr ungleich von Güte, im Allgemeinen aber von vortreflicher Beschaffenheit, weshalb diese Landschaft wohl die fruchtbarste und wohlhabendste der Monarchie genannt werden kann; sie ist sehr bevölkert und enthält mit den beiden Städten Tönning und Garding 18110 Einw. Die Ortschaften bestehen entweder aus fleckenartig zusammengebauten Häuserreihen oder ganz zerstreut liegenden Marschhöfen, Hauberge genannt, die von Gräben, Gärten und Baumreihen umgeben sind; sonst fehlt die Waldung gänzlich.

Das Areal welches Eiderstedt jetzt einnimmt, hat im Laufe der Zeit große Veränderungen erlitten. Zuerst werden hier 3 Harden erwähnt, Tuninghenhaeret, Gerthinghaeret, Holmbohaeret, nämlich im Jahre 1187. Das Erdbuch Waldemars unterscheidet 4 Districte, nämlich Thynninghaeret, Giaethninghaeret, Holm und Haefrae, welche letztere beiden Inseln genannt werden. Schon 1240 und von da an die folgenden Jahrhunderte hindurch werden aber 3 Inseln genannt, welche das jetzige Eiderstedt ausmachen, nämlich:

1. Eiderstedt, der früher allein so benannte Theil der Halbinsel längs der jetzigen Eider, aber durch die Nordereider vom Festland und von Everschop getrennt, mit den jetzigen Kirchspielen Witzworth, Koldenbüttel, Oldesworth, Kotzenbüll, Tönning, Kating, Vollerwiek und Welt, also genau der jetzige Ostertheil der Landschaft oder die alte Tönningerharde mit dem Hauptorte Tönning. Das Siegel der Insel war ein Schiff mit einer Querstange am Mast.

2. Everschop, durch die Hever von Nordstrand, durch die Nord-Eider von Eiderstedt getrennt und durch die ehemalige Süd-Hever im Westen begrenzt, mit den jetzigen Kirchen Ulvesbüll, Osterhever, Poppenbüll, Garding, Kathrinenheerd und Tetenbüll, also der mittlere Theil der ganzen Halbinsel, die alte Gardinger Harde mit der Hauptkirche Garding. Das Siegel war ein Schiff ohne Queerstange.

3. Utholm, die beiden westlichen Landspitzen der ganzen Halbinsel, durch die Süd-Hever von Everschop damals getrennt, mit den jetzigen Kirchspielen Westerhever, Ording, St. Peter und Tating. Tating ist die alte Hauptkirche; die Tatinger Kirche stand auch in dem Siegel von Utholm.

Diese alten friesischen Dreilande wurden nun theils durch Ueberschwemmungen, theils durch neue Eindeichungen immermehr verändert. Seit 1489 wurde nicht blos das eigentliche Eiderstedt an das Festland angedeicht, sondern auch Everschop an Utholm und Utholm an Everschop, und von Jahrhundert zu Jahrhundert schwanden die alten Trennungsströme immer mehr. 1567 hatte das Inselsystem schon aufgehört und die ganze Halbinsel hatte schon 45600 Demat. Seit 1572 hörte auch in politischer Beziehung die alte Dreitheilung auf. Die ehemaligen Zwischenräume zwischen den 3 Landen schwanden zuletzt völlig und bis in die neueste Zeit wurden noch eine Reihe neuer Kööge eingedeicht. Durch das Patent vom 3. Juni 1853 wurden noch die octroyirten Kööge: der Wilhelminenkoog, Grothusen-Koog, Alt- und Neu-Augustenkoog, Norder-Friedrichskoog, und das adliche Gut Hoyersworth zusammen mit 322 Einwohnern der Landschaft einverleibt, wodurch dieselbe ihren jetzigen Bestand erhalten. Tönning und Garding sind dagegen nach dem Schluß des Mittelalters zu Städten erhoben worden.

In der Landesmatrikel steht die Landschaft zu 767 Pflügen. Die Contribution wird nach 792 Pflügen bezahlt. Das Steuerareal beträgt ohne die octroyirten Kööge und das Gut Hoyersworth 47954 Tonnen 130 Quadratruthen, zusammen taxirt zu 6722660 Reichsbthlr. Die Verfassung der Landschaft, die auch ihr eigenes Landrecht hat, ist sehr selbstständig und in derselben die Justiz von der Administration seit langer Zeit getrennt. Oberbeamter, der hier Oberstaller heißt, ist der Amtmann zu Husum, der die Oberaufsicht über die ganze Verwaltung führt und Präses der Criminal-, Consistorial- und Landgerichte ist. Der Director der Gerichte und Richter in allen den ordentlichen Gerichten entzogenen Sachen ist der Staller, der aus 6 von der Landschaft präsentirten Personen von der Regierung ernannt wird. Actuare bei den ordentlichen Gerichten sind die Landschreiber, die zugleich Hebungsbeamte des Landesherrn sind und Schuld- und Pfandprotocoll führen; von ihnen so wie von den Landpfenningmeistern steht Einer je einem der beiden Theile der Landschaft vor. Die Landpfenningmeister sind die Hebungsbeamten der Landschaft selbst und zugleich Branddirectoren. Der Landsecretair ist Protocollführer, Archivar und Syndicus der Landschaft. Die Rathmänner sind, aus jedem Theil 6, die Mitglieder des Gerichts unter Vorsitz des Stallers, wobei der Landschreiber das Protokoll führt. An der Spitze jedes Kirchspiels stehen die Lehnsmänner, welche die Commüneangelegenheiten leiten; wo 2 von ihnen sind, hat Einer von ihnen jährlich abwechselnd die Hebung. Sämmtliche hebungsführende Lehensmänner, ein Mitglied des Tönninger Magistrats und der Bürgermeister von Garding bilden nebst den Pfenningmeistern das Landescollegium, welche in Angelegenheiten des ganzen Landes zu Tönning zusam-

menkommt. Der Landsecretair führt auf den Landesversammlungen das Protokoll, die Landpfenningmeister haben den Vortrag. Früher versammelte das Land sich zu Hemminghörn.
Die beiden Theile der Landschaft sind folgende:
1. Der Ostertheil, zwischen der Eider und dem Westertheil; das Landgericht wird in Tönning gehalten. Zu demselben gehören die 8 Kirchspiele Tönning, Kotzenbüll, Kating, Welt, Vollerwiek, Oldensworth, Witzworth und Koldenbüttel. Zu diesem Theil gehört auch jetzt das Gut Hoyersworth, ehemals Wohnsitz der Staller, mit 169 Steuertonnen zu 40560 Reichsbthlr. Steuerwerth und mit 9 Einwohnern.
2. Der Westertheil, dessen Gericht auch das Everschop-Utholm'sche Gericht genannt wird. Er besteht aus den 10 Kirchspielen Garding, Tating, St. Peter, Ording, Poppenbüll, Osterhever, Westerhever, Tetenbüll, Ulvesbüll und Cathrinenheerd.

„... nächst dem Garten Eden der schönste Fleck auf Gottes Erde"

Reinhold Meiborg (1896)

Eiderstedt ist ein Marschland, das auf meilenweite Strecken keine Erhöhungen zeigt. Am höchsten, 20–30 Fuß, sind die Deiche, die wie alte Festungswälle erscheinen. Sie ziehen sich teils an der See und der Eider entlang, teils als Binnendeiche zwischen den zu verschiedenen Zeiten dem Meere abgerungenen Kögen hin. Es gibt auf der anderen Seite auch keine von der Natur geschaffene Vertiefungen, und man würde vergebens nach Flüssen, Bächen und Seen suchen. Dagegen finden sich Graben- und Wasserzüge allenthalben, und durch ihre Verzweigungen wird das Land in jene viereckigen Stücke eingeteilt, die man Fennen nennt.
Man hat gesagt und geschrieben, daß Eiderstedt nächst dem Garten Eden der schönste Fleck auf Gottes Erde sei. Mag das die berechtigte Ansicht des Marschbauern sein; andere werden das Land einförmig finden. Es ist aber zu gewissen Zeiten von wundersamem Reize.

In der Nähe der Küste wird der Blick an manchen Stellen durch die Deiche eng begrenzt. In den jüngsten Kögen ist es nicht selten etwas öde, da sie oft teilweis von Sümpfen eingenommen sind. In regnerischer Jahreszeit stehen sie wohl ganz unter Wasser, und dieselben Strecken erscheinen in trockenen Sommern als nackte Lehmflächen, die, von modernden Algen weiß und blaßrot gefärbt, zu dem sonst üppigen Pflanzenwuchse in scharfem Gegensatze stehen. Auf der inneren Böschung der Deiche liegen Reihen von Hütten, deren Wetterfahnen in der Form von Fischen oder Boten die Erwerbsquelle der Bewohner andeuten. Des Westwindes wegen wenden sich die Häuschen alle mit den langen Seiten nach Süden und Norden; außerdem sind sie von dichten Dornhecken umgeben, die so hoch aufschießen, daß sie bis zum Rande des Deiches ragen, – da faßt sie der Sturm und fegt die Spitzen so sauber weg, als wären sie mit der Schere beschnitten. Dort draußen am Rande der Landschaft weiden zahlreiche Schafherden; der Hirte geht mit seinem Hunde daneben. Es wimmelt von Strandvögeln; die Möwen kreisen beständig über das Land; in das unablässige Geschrei des Kibitzes tönt der Ruf des Regenpfeifers.

Wir gehen landeinwärts. Der Kukuk ruft so lang der Tag währt, und die Lerche schlägt ihre Triller. Eine zahllose Menge von Pferden und prächtigen Rindern grast auf den Weiden; ausgedehnte Strecken sehen vor der Anzahl des Viehes aus wie ungeheure Melkplätze. Bald fesseln das Auge einzelne Tiere, bald ziehen es malerische Gruppen an, die sich um die Scheuerpfähle gesammelt haben. Mehr in der Ferne sehen sie aus wie bunte Flecke auf dem grünen Teppich, die, je weiter der Blick geht, desto enger zusammen rücken. – Sonst läßt sich die Landschaft mit einem englischen Park von ungemessener Größe vergleichen: auf meilenweiter Grasfläche, die wie ein einziger wundervoll herrlicher Rasen erscheint, hingesäet liegen die Gehöfte, wie im Gehölze halb versteckt hinter Gruppen prächtiger Eschen, und der Kranz dieser Haine vereinigt sich am Gesichtskreise wie in einen einzigen zusammenhangenden Wald.

Der bezeichnenden Linien in diesem Bilde sind nur wenige, und sie sind einfach, aber reich ist die Pracht der Farben, und die Lichtwirkung ist oft bezaubernd. Stellen wir uns gegen Sonnenuntergang an einen schilfbewachsenen Graben und blicken nach Westen hinaus. Da liegt der Vordergrund in hohen weißen Glanzlichtern mit tiefen, blaugrünen Schatten, und gegen den Schatten stehen die Schwärme der Eintagsfliegen wie flatternde Funken.

Dahinter zeigt sich die mannigfaltigste Abstufung von saftigem Grün mit goldigem Schimmer, die in weiter Entfernung in die feinsten Farbentöne übergeht; zuletzt verlieren sie sich in den duftigen Nebeln des Hintergrundes, die am Rande mit den Wolkengebilden am glühenden Himmel zu verschmelzen scheinen.

„... ein magerer Braten aus einer fetten Sauce"

Johann Georg Kohl (1846)

Ich wünschte einen Theil der berühmten Landschaft Eiderstedt zu sehen und hielt daher mit der Spitze meiner Wagendeichsel gerade auf Tönningen an der Eider zu, welches die Hauptstadt jener fruchtbaren Landschaft ist [...]

Wie ganz Holland einst aus vielen Inseln (den batavischen Inseln) bestand, die allmälig erst zu einer einzigen zusammenwuchsen, so bestand auch das besagte Land Eiderstedt anfangs aus 3 Inseln, die durch breite Arme des Meeres oder der Eider von einander getrennt waren.

Diese Inseln hießen Utholm, Everschop und Eiderstedt. Sie waren in uralten und unvordenklichen Zeiten kleine hohe Sandbänke, an welche sich der Schlamm aus der Eider und dem Meere ansetzte, und es wurden daraus allmälig drei fette, begraste Inseln. Man deichte sie nachher ein, gewann Koog an Koog, und so wuchsen sie endlich zusammen und bilden nun seit einigen Hundert Jahren ein einziges Stück Land, welches man Eiderstedt (Stätte, Landschaft an der Eider), wie zuerst nur eine dieser Inseln hieß, nannte und zwar mit Recht, weil dieß Land ebenso ein Product der Eider ist, wie das Nildelta ein Product des Nils.

Die drei Sandbänke, welche die Kerne der drei Inseln waren, ragen noch heutigen Tages mit nackten Sandrücken mitten aus den fruchtbaren Marschen, wie ein magerer Braten aus einer fetten Sauce hervor, und auf ihren Rücken sind die Hauptorte der Landschaft gebaut, weil, wenn man in den Marschen besser ackert und pflanzt, man doch auf dem trockenen Sande besser wohnt und lebt.

Doch habe ich mir sagen lassen, daß in der einen so gebauten Stadt (Tating) die Bürger sich bei ihren Spaziergängen nicht allzuweit auf ihrem Sande hinauswagen dürfen, weil sie bei schlechtem Wetter schon nach ein paar Hundert Schritten in der fetten Marsch stecken bleiben würden.

Auch die jetzt noch etwas tieferen, ehemaligen Betten der Eiderarme, welche die Inseln trennten, kann man auf den Feldern verfolgen.

Wer da reist, um das Eigenthümliche der Länder kennen zu lernen, sollte [. . .] es nie versäumen, auch noch das Ganze von einem höheren Standpuncte aus zu überschauen. In der Marsch, wo nichts von selbst sich hebt, ist dieß eine noch größere Pflicht, und der Thurm von Tönning war mir daher ganz besonders erwünscht.

Er ist elegant gedrechselt wie eine Cigarrenspitze und über 200 Fuß hoch, und man genießt von da aus einen umfassenden Überblick des ganzen Deltas der Eider.

Rückwärts blickt man bis zu dem von den Holländern gestifteten und von allen möglichen Religionssecten (ich glaube nur mit Ausnahme der Mohammedaner) bewohnten Friedrichstadt, vorn in den weiten Busen, in den die Eider strömt; links hat man das Land Dithmarschen und rechts das ganze Eiderstedt, dessen grüne, mit buntem Vieh besetzte Wiesen wie ein Teppich ausgebreitet sind. Viele einzelne reiche Gehöfte sind in diesem Teppiche eingewirkt, und rings umzingelt ihn des Landes „goldener Saum". So wird selbst von prosaischen Schriftstellern des Mittelalters der das Land umzingelnde Deich genannt. Man kann diesen Ausdruck zwiefach nehmen, entweder weil dieser Rasensaum den Leuten fast so theuer zu stehen kommt, wie ein goldener Saum, oder weil er ihnen ihr Geld zusammenhält, wie eine aus Goldfäden gewundene Geldbeutelschnur.

Am äußersten Ende im Westen ist der besagte schöne Teppich der Eiderstedtischen Wiesen völlig zerlappt und zerrissen. Denn hier endigt das Land mit einem wüsten Dünenstriche, der so aussieht, als wäre eine zweite Insel Amrum hier an den Strand getrieben. Man findet dort Dünen, arme Leute, Strandläufer, Fischer, Robbenschläger, Alles wie auf der Düneninsel. Die Dünen stäuben hier landeinwärts und bedecken die benachbarten Marschen mit Sand, und im Meere erkennt man ihre Spur an einer weit hinausreichenden Sandbank, welche sie bei ihren landeinwärts gerichteten Wanderungen hinter sich ließen. Diese Sandbank heißt die

„Hitzbank" oder auch schlechtweg „die Hitze" (vielleicht weil die
See so häufig auf ihr „brennt" und in schäumenden flammenden
Wogen aufsteigt).

Die benachbarten Leute, welche diese Sandbank fleißig be-
wandern, um Strandgut, Bernstein, Fische, Purren, Robben, oder
sonst etwas einzuernten, werden daher auch „Hitzläufer" genannt.

Diese Eiderstedtischen Dünen sind um so bemerkenswerther,
weil sie die südlichsten Trümmer des großen Dünengürtels sind,
der sich an der Westküste der cimbrischen Halbinsel hin zieht.

Piscis Eiderostadensis

Heinrich Peters (1965)

Uns Eiderstedt, so eben as en Disch,
Dat liggt in't Water as en platte Fisch;
Een Goldbütt, inwöhlt in de Nordseesand,
Rundum de Dieken sünd de glatte Kant,
Dat Vörland butendieks dat sünd de Flossen
Und in de Huut de Priggen luder Ossen;
De gele Kringeln, akkerat verstreut,
As hier und dor een Kroog, een Karktoorn steht.
Bi Tümmlau hett de Bütt sin schewe Snut,
Sin Atenwater spölt he rin und rut,
De Slüsenprieln dat sünd sin breede Kiemen,
De Nord- und Süderfahrt de Ingedümen;
Wat utföhrt ward, dat geiht na't Achterenn,
Dor liggt de Haben, unse Kreisstadt Tönn,
De stunk in ole Tiet mit Kees sik riek,
Veel beter deiht dat hüt de Poornfabrik.
Bit Herrenhallig reckt de Steert,
De hohe Rüch is Garrn-Kathrinenheerd,
De tage Kopp dat sünd St. Peters Dünen,
Dor stakt se Weisheit in de Möhlmannschünen,
Dat runne Fischoog lurt in alle Welt
Und Hus bi Hus de Lüd na fremme Geld.

Son Bütt de is gemütli vun Natur,
Deiht anners nix as Freten, Slapen, Supen;
Wat gliekt he doch de Eiderstedter Bur,
Blot wenn he afsnurrt, kann de Bütt nich – hupen!

„ein grünes lebendiges Bild des Wohlstandes"

Theodor Mügge (1846)

Wenn man von den hohen Seedeichen herunter, auf deren Kronen
gewöhnlich die Fahrwege laufen, in die Marsch blickt, gewahrt
man erst recht den eigenthümlichen und eintönigen Character
derselben. – Zwischen mächtigen Festungswällen liegt die grüne,
gesegnete Ebene tief unten, durchschnitten von zahllosen, breite-
ren und schmäleren Wassergräben, welche der Marschbewohner
nur mit Hülfe seines beständigen Begleiters, des Springstockes,
leicht passiren kann. Auf den Feldern zwischen diesen Gräben rei-
fen alle Getreidearten dicht und hoch; die gelben Waizenähren ziehen schwerwogend bis an die Hügel der fernen Geest; Gerste,
Raps und Bohnen mischen sich damit, und auf dem saftigen Grün
des Grases weiden Heerden von bunten glatten Rindern; Pferde
und Jungvieh aller Art und in großer Zahl springt und schreit und
wiehert muthig und voll Lust Dir entgegen. Wohin Du das Auge
wendest, ist die Marsch ein grünes, lebendiges Bild des Wohlstandes. Zerstreut liegen die Höfe, soweit der Blick reicht, auf den
Werften, zwischen Bäumen, Gebüschen und kleinen Gärten. [. . .]
Der wohlhabende Marschhofbesitzer hat hinter den schirmenden
Deichen Zeit und Geld gesammelt, um diese künstlichen Höhen
zu erweitern und zu verfestigen. Der rauhe Seewind und die Stürme, welche auf den Außeninseln den Baumwuchs nicht dulden,
werden an den hohen Deichkronen gebrochen; so ist denn die
Marsch mit ihren tausenden, buschigen Werften, aus denen die rothen Steinhäuser, halb versteckt vom Grün, hervorschauen, mit
eben so vielen Blumen und blüthenvollen Inseln besät, welche
ganz wunderbar die völlig baum- und strauchlose Ebene besetzt
halten. Wo man einen Kranz von Gebüsch in der Ferne erblickt, da
steht sicher auch ein Marschhof mitten darin, und um ihn auf der

Werft liegt der Garten, wo Beete und dunkelrothe Marschlevkojen und farbige Nelken von besonderer Schönheit und herrlichem Wohlgeruch blühen, wo aber auch alle Gemüsearten vortrefflich wachsen und gedeihen.

„. . . die Luft oft feucht, die Witterung unbeständig, die Winde häufig . . ."

Friedrich Feddersen (1853)

Nach der Wohnung achten wir, ehe wir die Landes- und Hausbewohner näher ins Auge fassen, auf das Klima und dessen Einfluß. Der Breitengrad, auf welchem Eiderstedt liegt und den es mit Newcastle, Belfast, Labrador, Hudsonbai, auf der andern Seite mit Königsberg, Tula und Irkutzk ungefähr gleich hat, zwischen 54 und 55 nördlicher Breite, die Belegenheit an der See und die Niedrigkeit des Bodens sind hier zu berücksichtigen. Es ist, wie in Küstenländern, wie in England und Holland, die Luft oft feucht, die Witterung unbeständig, die Winde häufig, angeregt auch von den täglichen Fluthen und der Nähe des Meeres, – Land- und Seewinde –, manchmal auch heftig, besonders im Frühling und im Herbst; im Winter oft verhältnismäßig warme, im Sommer oft kalte Tage; die Abende sind auch nach heißen Tagen manchmal kalt, daher man sich auch im Sommer nicht zu leicht kleiden darf. Diese Witterung begünstigt gichtische, rheumatische Übel; doch die Fieber, besonders das sogenannte Stoppelfieber, wodurch das Land früher übelberüchtigt war, haben in dieser Witterung oftmals weniger ihren Grund, als in der Unmäßigkeit, besonders der fremden Arbeiter u. Ankömmlinge, im Trinken des Biers und des im Sommer manchmal schlechten Wassers und im Essen der ungewohnten fetten, derberen Speisen, die hier gereicht werden. Freilich zu Zeiten wie 1826 liegt in der verdorbenen Atmosphäre bei anhaltender Dürre und öfterem Heerrauch der Ursprung der grassirenden Stoppelfieber. Durchgängig kennen die Aerzte auch die kalten, Wechsel- und gastrischen Fieber besser, als früher, und wissen sie schneller und sicherer zu heilen, und den Ruf des gesundheitsschädlichen Klimas verliert die Landschaft immer mehr. Nasse Jahre sind hier die gesundesten. Andere Uebel, besonders Brustübel und Auszehrung, sind hier weniger häufig, als auf der den kalten Ostwinden mehr ausgesetzten höheren Gegend und auf der Ostseite des Herzogthums.

„. . . ist die Fahrt mit Schwierigkeiten verknüpft"

Friedrich Feddersen (1853)

Die Umgebung Eiderstedts sind, wie gesagt, auf der Landseite die zum Husumer Amt und Mildstedter Kirchspiel gehörige Südermarsch, Schwabstedter Land, dann Stapelholmer namentlich Drager Gebiet in der Herrenhallig, die Treene und das Gebiet der Stadt Friedrichstadt. An der Südseite fließt die Eider, für Eiderstedt der wichtigste Strom, weil er die Landschaft nicht nur mit der West- oder Nordsee, der Elbe und Hamburg, sondern auch mittelst des Kanals, von Rendsburg bis Holtenau, mit der Ostsee und den Ostseehäfen und mit den Landschaften und Städten, die an ihm und in der Nähe sich befinden, in Verbindung setzt. Bei Friedrichstadt hat die Eider noch keine größere Breite, als daß die Beförderung über dieselbe nach Dithmarschen, Ksp. St. Annen, mittelst eines Fährprahms bewerkstelligt werden kann. Die Fähren bei Wollersum unweit Lunden von Dithmarscher Seite nach dem Oldensworter Deich, und bei Tönning, wo der Strom 150 Fuß Breite, 14–15 Fuß Tiefe hat, nach dem Karolinenkoog, Kirchspiels Hemme, in Dithmarschen, werden durch große Böte besorgt. Westlich von Tönning erweitert sich die Eider immer mehr, und es muß das Fahrwasser zwischen den Untiefen, wovon eine die Drögde heißt, schon genau beachtet werden. Auch weiter hinaus, wo das Dithmarsische Ufer immer mehr nach Süden, das Eiderstedtische nach Norden umbiegt, ist die Fahrt mit Schwierigkeiten verknüpft, und deshalb müssen Lootsen von Tönning oder Helgoland beim Aus- und Einfahren mitgenommen werden. Eine Lootsengalliote, Seetonnen, Baaken und andere Zeichen sichern auch die Fahrt. Oft-

mals muß, wenn den Untiefen während des Ebbens zu nahe gekommen ist, die neue Fluth abgewartet werden.

Anfahrten und Ladungsplätze sind hauptsächlich in der Nähe
von Schleusen, wo das Wasser aus dem Innern des Landes in den
Strom und so in die See geleitet wird, und also eine gewisse Tiefe
immer offen gehalten werden muß. Solche Anfahrten an der Eider
sind bei Reimersbode in Witzwort, beim rothen Spieker in Oldenswort. Der Haupthafen aber ist bei Tönning, der beste Hafen
an der Westsee in Schleswig und Jütland, der schon 1613 von Herzog Joh. Adolph mit einem Aufwande von 30 000 Rthl. gegraben,
seitdem noch ausgebessert und tief genug ist für ziemlich große
Schiffe, auch geräumig und geschützt genug, um deren viele zu
bergen. Nächstdem ist die wichtigste Anfahrt bei Catingsiel, wo
die von Garding bis hier führende Bootfahrt, welche 1393 Ruthen
lang sein und 12 737 Mark gekostet haben soll und 1612 verfertigt
ist, ausmündet. In diesem Canal können indessen nur kleinere
Schiffe, Jollen, Boyer und Böte fahren. Nachher ist bei Ehstingsiel
oder beim Wilhelminenkoog noch ein Landungsplatz.

Auf der Westseite können wohl auch Schiffe aus der Westsee (so
wird die Nordsee wegen ihrer Belegenheit zum Lande hier gewöhnlich benannt) auf Stellen ankommen; doch sind hier keine
bedeutenden Ladungsplätze. Auch sind hier nicht nur Untiefen in
der See, sondern auch an der Küste Sandhöhen, Hügel, Dünen,
hauptsächlich an St. Peter und Ording entlang, von Süderhöft bis
Nordhöft. Die Westsee macht nördlich von Ording eine Einbucht
ins Land, wodurch Westerhever eine kleine Halbinsel wird.

Zu Norden der Landschaft haben wir im Meerwasser den Ausfluß
der Hever, von der Husumer Au ausgehend bis in die offene See;
nämlich des Süderarms derselben, der zwischen Nordstrand,
Südfall und Pellworm auf der einen, und Simonsberg, noch zum
Amte Husum gehörig, und Eiderstedt auf der andern Seite, seinen
Lauf hat. Hier ist mehr oder weniger Vorufer an Eiderstedt ent-
lang, und nur ein ordentlicher, vielbenutzter Ladungsplatz, beim
Tetenbüller Spieker.

„... es wird hoffentlich in Zukunft mehr geschehen!"

Friedrich Feddersen (1853)

Die Landwege, so eben und so schön, fast chausseemäßig, sie in guten Sommerzeiten sind, so schlecht und manchmal unpassabel werden sie bei anhaltendem Regen, besonders im Herbst und Frühjahr. Im westlichen und nördlichen Theile Eiderstedts muß man sich noch mit solchen Wegen behelfen; doch wird auf die Verbesserung derselben nun mehr als sonst gehalten, und kann auch durch Abrundung und durch den Sand, der leicht zu haben ist, Viel dafür gethan werden; was ebenfalls von den Fußsteigen gilt, die selten wie in Dithmarschen gehörig abgekleiet und aufgeworfen und mit Sand erhöhet sind; es wird hoffentlich in Zukunft mehr geschehen. Früher mußten, weil die Wege manchmal nicht zu passiren waren und die Wagen darin stecken blieben, auch die Sielzüge als Wege benutzt werden, und namentlich fuhr man zu Herbst- und Winterzeiten auf dem Sielzuge von Cathrinenheerd und Tetenbüll nach Tönning in Böten, die fortgeschoben wurden (daher Norderbootfahrt). Das ist nun überflüssig geworden durch die Chausseen und durch die Grandwege, die sich an dieselben anschließen. Die erste Chaussee wurde 1844 angelegt, von Husum aus durch die Südermarsch, durch Witzworter und Coldenbüttler Gebiet gehend, beim zweiten Chausseehause umbiegend auf der einen Seite an Coldenbüttel vorbei nach Friedrichstadt, auf der andern Seite nahe an der Eider durch Witzworter, Oldensworter und Tönninger Gebiet nach Tönning gehend, groß 1,34 und –,60, zusammen 1,94 M. nach Friedrichstadt, und 1,34 und 1,40, zusammen 2,74 M. nach Tönning. In diese mündet ein eine im Jahre 1848 vollendete Chaussee von dem Flecken Oldenswort nach dem rothen Spieker. Ein Grandweg von Witzwort-Straße bis zur Chaussee über die Siedwending ist 1852 in Angriff genommen. – Die zweite Chaussee ist von der Landschaft 1848 und 49 im Vorwege gemacht und soll seiner Zeit vom Staat eingelöst werden, nämlich die von Tönning nach Garding, zu Norden der Cotzenbüller Kirche vorbei und durch Cathrinenheerd und über die Geest nach Garding gehend, groß 1,46 M. Sie kostete 243 504 Mark 11 $^1/_2$ ß. Ein Grandweg mündet ein von Kleihörn und ein fernerer Anschluß ist im Werke, von der Tetenbüller Straße bis zur Cathrinenheerder Geest.

Daß im Jahre 1852 noch einer Englischen Gesellschaft die Conces-
sion ertheilt ist, eine Eisenbahn auch hier anzulegen, ist oben erwähnt. Sie wird nun gebaut und geht von Tönning, um die West-
und Nordseite herum über Ellworth, Langenhemme, Büttel, wo
für Friedrichstadt ein Anhaltspunkt sein wird, durch die Südermarsch nach Rödemis bei Husum, von da weiter nach Ost-
Ohrstedt und dann theils nach Flensburg, theils nach Rendsburg.

„von Wind und Wetter abhängig . . .“

Reinhold Meiborg (1896)

Wenn die Bauern und die Knechte über Land gehen, so führen sie
vier bis sechs Ellen lange Springstöcke, mit denen sie behend über
alle Gräben hinwegsetzen. Frauen und Kinder müssen wie die
Fremden den Fußsteigen folgen und oft weite Umwege machen,
um zum nächsten Nachbarn zu kommen. Der Verkehr in der
Marsch ist übrigens weit mehr als anderswo von Wind und Wetter
abhängig. Bei trockener Witterung sind die Wege fest und eben
wie der Boden einer Dreschtenne, aber nach tagelangem Regen
weichen sie so auf, daß die Fußgänger bis über die Knöchel einsin-
ken und die Fahrenden mit Kot bespritzt werden. Hält die nasse
Witterung länger an, so kommen Pferde und Wagen überhaupt
nicht mehr vorwärts, und dann stockt aller Verkehr, der sich nicht
der ganz schmalen Kirchensteige bedienen kann, die in der Regel
mit Backsteinen belegt sind. Die meisten von diesen sind übrigens
erst während des letzten Menschenalters angelegt; noch zu Ende
des vorigen Jahrhunderts galt es für etwas besonderes, wenn hie
und da auf kurzen Strecken ein paar Feldsteine in einer Reihe lagen, und man war nicht selten auf Wochen und Monate von aller
Verbindung mit der Außenwelt abgeschlossen.

Aus Eiderstedts Geschichte

Dree Schepe sehch ick seilen

Felix Schmeißer (1927)

Dree Schepe sehch ick seilen
Dree Schep op gröne Waggen frie,
Un wat för Schep dat weeren,
Dat will ick seggen di:

Dat eene nömt sick Utholm
Un Everschop dat tweet,
Un Eiderstedt de drütte
Stewige Ewer heet.

An wat de dree verkünnen
Ut ohle Tid an unse Dag,
Steiht in de Krönk wull schrewen
Un klingt uns hüt as Sag . . .

Vör menni hunnert Johren,
Ahn Dik dat Eider-Inseln-Land
Weer deelt dör Gat un Prielen
Mit wöste Sand und Strand.

Dor sünd de Freesen kamen
Un hebbt dat Land tohopen smed'
Mit Dämme un mit Dike
To't faste Eiderstedt.

So wussen de dree Lannen
Tohopen to een eenzi Land.
Dor reckt vun Harde sick to Hard
De Ohln de Broderhand.

De blanke Hans leep wull noch Storm
In menni leege Nacht.
Doch an'e Strand de Eiderfrees
Bemött em op de Wacht!

Un gung en Dik mal öwer Stür
Un bleew uck menni Wehl –
De Keern vun't Eiderstedter Land
In'n gollen Ring bleev heel!

„De rechte Wohrheit Krone"
Bekrön dat Wark toguderletzt
Un slot um de Dreelannen
Ehr eegen hilligte Gesetz.

Leggt fast de eegen Küren,
Schreev op dat ohle gude Recht,
Dat lang vun Mund to Mund weer gahn
Geslecht all op Geslecht.

Un sackt uck mit de Tiden
Vel eegen Gudes in'e Grov,
Stahn de Dreelann'n doch fast un tag
In ohle Tru un Glov.

So lang en Haubarg ut sin Böm
Noch kickt vun'n gröne Warf,
Höllt Eiderstedt vull Leev un Tru
In Ehrn sin Vadderarf!

Un wahnt blots achter Dik un Dün
Sin ohle Landesort,
Beholn uck sin dree Wapenschep,
Will't Gott, en gude Fohrt!

„de Krone der rechten Wahrheit"

(1426)

Hir schaltu hören und sehen de Krone der rechten Warheit, alse idt ein Recht wilkortes Recht is, in Eidersted, Everschop und Utholm und unse voroldern hebben dith nachbeschreven Recht uns anbeervet, van Natiden an, alse dat dith Land erst gestifftet is, und forth Kind na Kindt, na tho Ervende, und noch de Könige, noch Ere Regenten, noch Hertogen, dar de Lande je under beschermet hebben, unse willköhrtes Recht nicht gestraffet.

„dyt bok": Das Rote Buch von Tönning

(1466)

1466. Juli 29.

Na der bort cristi dusent verhundert dar na an deme lxvjten Jare des dinghes daghes vor sunte peters daghe an der vasten weren vorsammelt to gardingh an der kerken der dryger lande raed alze Eiyderstede Euerscup vnde Vtholm vnde der lant vulmechtich vnde beleueden dyt na schreuene lant recht stede vnde vast to holdende sunder Jenigherleye rugge sproke vnde arghelist to ewighen tijden vnde kynt na kynde dat recht to brukende vnde des to eyner witlicheit hebbe wy myt endracht vnser dryger lande yngheseghele henghen heten vor dyt bok.

34

Wie es zwischen Dithmarschern und Eiderstedtern zuging

Albert Panten (1991)

Aus den Klageschriften, die zeigen, wie es zwischen Dithmarschern und Eiderstedtern zuging!

1429: Die Dithmarscher zogen über die Eider und nahmen in der Nacht alles Vieh vom Felde im Kirchspiel zu Witzwort. Die Einwohner wagten es nicht, die Fragen zu beantworten, ob die Dithmarscher das Vieh behalten oder ob sie es von ihnen zurückgekauft hätten, weil sie sich vor den Dithmarschern fürchteten.

1436: Die Dithmarscher griffen gegenüber ihrem Lande einen aus Utholm mit dem Namen Peper auf, als dieser in Seenot war; er mußte ihnen 200 Mark lübsch als Lösegeld geben, und sie nahmen ihm alles Bergegut. Trotz herzoglicher Schreiben konnte er nichts wiedererlangen.

Zwischen 1417 und 1435: Die Dithmarscher aus Oldenwörden fingen in Eiderstedt vierzehn Mann, deren vier totblieben, und die anderen verwundeten sie in den Tod; das taten sie innerhalb nachtschlafender Zeit.

Ebenso fingen sie fünf Mann aus Koldenbüttel.

Ebenso schlugen die Dithmarscher zwei Mann tot in Großalversum und verwundeten Frauen und Mädchen.

Ebenso nahmen Hans von Kolne und Claus Meier aus Lunden Nickel Wilts von Sylt im Hafen Tönning an guter Ware im Werte von 15 Mark.

Nach 1459 setzten sich die Übergriffe fort. Hierunter ist besonders die Ermordung des Stallers Jon Jonson hervorzuheben, an der fünf Dithmarscher beteiligt waren.

Die Wirren um König Christians Bruder, Graf Gerhard, führten seit 1470 zu einer gewissen Annäherung zwischen Christian und den Dithmarschern. Er bestätigte die Vergleiche von 1447 und 1456 und gab den Dithmarschern 1473 neue Privilegien. So einigte man sich über die Gerichtsbarkeit zwischen den beiderseitigen Eingesessenen und legte einen Bußkatalog nach dithmarsischem Landrecht fest. Nach diesem sollten sich die 2 mal 8 Vertreter des Schlichtungsausschusses richten. Aus diesem Katalog seien einige Bußen genannt:

Abgehauene Nase – 80 Mark

Ausgestochenes Auge – 50 Mark

Eine Lähmung – 40 Mark

Abgehauener Daumen – 25 Mark

Doch traten immer wieder Verzögerungen ein, so daß man erst 1480 zum Austausch von Schadenslisten kam. Der Tod des Königs machte aber alles zunichte.

Einige Punkte aus diesen Listen sollen hier zur Illustration angeführt werden.

Reiner Fährmann zu Tönning klagt über Suwels Jeben und Hans Claus Drewes zu Wollersum, daß sie ihm in nachtschlafender Zeit sein Boot wegschleppten, daß ihm nur die Ruder blieben; der Schaden beträgt zwei Mark.

Es klagt Detlef Tetens zu Oldenswort, daß Roggen Wyber mit seinen Helfern ihm zu nachtschlafender Zeit fünf Ochsen genommen habe im Wert von 40 Mark.

Eke Jons zu Witzwort klagt über Eler Topen zu Lunden, daß er seinen Vater im Jahre 1440 in seinem eigenen Hause verwundete und ihm durch den Kopf stach, zwei Zähne aus dem Munde schlug, ihm durch den Arm stach und ihm im Rücken eine Wunde zufügte; daran lag er wohl 12 Wochen zu Bette.

Peter Heddes zu Tating klagt über Focken Peter zu Büsum und Mertens Claus und ihre Helfer, daß sie ihn blau und blutig schlugen und ihm durch die Knochen stachen, daß er davon lahm wurde und blieb. Der Schaden wurde auf 24 Pfund Englisch gerechnet. Das geschah 1479.

So nahmen die von Büsum bei des Stallers Jon Jonsen Zeiten zu Ording von des Königs Sand 2 Schläuche mit Öl und eine verschlossene Kiste mit Gewalt.

Edeleff Deerthes zu Osterhever klagt über Maes Haringk aus dem Geschlecht zu Oldenwörden, daß er ihm einen Ochsen vom Leibe brachte, welcher 8 Mark wert war; dies geschah etwa 1462 im neuen Sankt Johannis-Koog.

Jerre Boyens zu Kating klagt über Claus Roleske, daß er und seine Helfer seinem Bruder die Kleider auszogen und ihn verprügelten.

Wulrekes Jave zu Garding klagt über Wybers Johann, daß er ihm seinen Vater tot schlug.

Dorliges Nickels Kinder zu Tetenbüll klagen über das Kirchspiel zu Neuenkirchen, daß sie ihren Vater totschlugen, ihn in den Kirchturm legten und sagen, er hätte sich dort zu Tode gestürzt.

Botte Gierdes zu Koldenbüttel klagt über Elsebe Jarren Sohn zu Wenningstedt, daß er Sirick Broder einen Kapuzenmantel nahm im Werte von fünf Mark und ihm einen Schaden der Größe von 30 Rheinischen Gulden antat.

Diese Meldungen ließen sich zwanglos fortsetzen.

Der Sieg der Dithmarscher bei Hemmingstedt vergrößerte deren Selbstgefühl ins Unermeßliche. So sind schon von 1508 weitere Schadenslisten bekannt, und noch 1546 wird eine solche aufgestellt. Das Jahr 1559 brachte dann aber mit der Unterwerfung Dithmarschens endgültig ein Ende der gegenseitigen Übergriffe, nachdem bereits 1527 ein Vergleich zwischen den Dithmarschern und Eiderfriesen gelungen war. Es heißt hierzu in der Eiderstedtischen Chronik:

„Anno 1527 auf Sankt Martens Tag war der Tag zu Tönning mit den Dithmarschern und dem Großvogt zu Gottorp und dem Vogt zu Eiderstedt und mit den 36 Vollmächtigen dieser Dreilande. Da ward geschieden und gefunden, was der eine auf den anderen zu klagen hatte von toten Leuten, lahmen Gliedern usw., Ausgleich zu tun und guten Frieden zu halten zwischen beiden Landen; und was der eine dem anderen schadet, das steht bei 16 Mann, acht aus Eiderstedt und acht aus Dithmarschen, die sollen scheiden zum Besten in gutem Frieden."

Wußten die Teilnehmer jener Konferenz, daß ihre Zwistigkeiten damals gerade vor 300 Jahren begonnen hatten?

„Dieser berühmte, gelehrte und kluge Mann . . ."

Petrus Petrejus (1745)

Nachdem also vorangezogener maaßen die Eyderstedtische Probstey durch die Hofprediger und General-Pröbste des Schleswig Hollsteinischen Hofes war verwaltet worden, erhielte diese Landschaft endlich zum sonderbaren Privilegio ihren eigenen Landprobst. Die vornehmste Persohn welcher dieses Werck beförderte und zum Stande brachte, war der vortreffliche Staller in Eyderstedt Caspar Hoyer, zu Sudersen in Angeln und auf Hoyerswort in Eyderstedt erbherr. Dieser berühmte, gelehrte und kluge Mann, der dem Lande Eyderstedt die importantesten Dienste von der

Welt erwiesen hat, stand allenthalben in sehr großem Ansehen und vermogte auch bey Hofe alles, was er nur verlangte zu erhalten; daher solches an gelegentl. Werke einen desto glücklicheren Fortgang durch ihn gewinnen konnte.

„Ach, wie viele betrübte Herzen sein überall in diesen Landen ..."

Peter Sax (1637)

Anno C. 1627

In diesem Jahre, Nachdeme wider Ihre Königl: Maist zu Dennemarck, der hochrespectirlicher Kayserl: General, Graff Johan von Tilly Anno 1626. den 27. Augusti, für Lutter, im Braun(sch)weig: Lande, eine offene Feldschlacht hette erhalten, und im folgenden Jahre Anno 1627, den 28. Julii, die Schiffbrüggen, zu Boisenburg hette erobert, und darauf mit großer Heereskrafft, über die Elbe gesetzet, Sein Ihr: F: Gn:, unser allerseits Gned: Fürst, und Herr, welcher mit diesem Kriege nichtes zu schaffen gehabt, und mit Ihr: Keiserl: Maist, in guten vornemen gestanden, zu dem General Tilly, im Monat Aug: gereiset, und mit Ihme der Quartiere halber abrede genommen, worauf dan, den 3. Octobr: Anno 1627. in der Friederichstadt 4 Compagnien sein einquartieret worden, dieweil aber in der Friederichstadt nicht raum genug war, auch kein fouragie für die Pferde, sein in Coldenbüttell den 4. et 5. Octobr: etzl: Soldaten und Pferde einlogiret worden; Den 17. Octobr: hiernegest, ist der Keiserl: Obrister Thomaso Cerboni von Geburth ein Italian, mit 5. Compagnien Teutsch Kriegesvolck zu fueß, und dem Stabe, dabei ein solcher Droß und Zulauff, an Weiber, Huren, Kinder, Jungen, auch Pferde und bagagie, daß derselbe an der Zahl den Compagnien fast gleich war, zu Coldenbüttell angekommen. [...]

Von den 30. Nov., Anno 1628 an, haben dieße drey Lande Eiderst:, Evers:, und Uthholm, 9 Compagnien, und den Stab unterhalten, und nam von dem dato an, die Winter Contribution Ihren Anfang, und ward in ein: jegl: Wochen, auf ein Pflug 5. Dahler, zu mehrmahlen 7. 8. Dahler, und selten minder geschlagen, hirinne ist

nicht einmahl gerechnet, und abgekürtzet, was an Meel, Habern, und Brettern ist außgethan worden, das werete also biß an den Junium, daß dieße schwere Last alleine auf den Armen schon auf Marck und Bein außgesogenen Leuten, auf dem Lande, gehangen; Was nun die Einwohnere dieser dreie Landen, E: E: und U:, bei der Keis: überschweren, und unermeßlichen Einquartierunge haben außgestanden, solches kan mit keines Menschen Zunge außgesprochen werden, wan Ich daran gedencke, und so offt Ich daran gedacht habe.
[. . .]
Ach! wie viele betrübte Hertzen sein überall in diesen Landen gefunden worden. Eß ist dieße Einquartierung, über Städte und Lande, Bürger und Land Leute, Arm und Reich, Alt und Jung, et nisi insolens, et inauditum sit dicere, über die unvernüfftige Thiere gegangen, Wer ist der der da sagen könte, Er sei frei geblieben, doch hatt diß unglück, den einen mehr, alß den andern, auch ein Caspell mehr, alß das Ander getroffen, Ich bedinge aber, und protestire hiemit solenniter, daß Ich alle rechtschaffene KriegesLeute, von Officirn, und Soldaten, die an solchen Thaten sein unschuldig, nicht wil gemeinet haben; In der Stadt Tönningen, war das Haubtquartier, die Stadt ward dergestalt zugerichtet, daß über 128 Heuser wüste gestanden, über niedergerißen, und alles, was darinnen war, wardt verkaufft, und verbrandt; Zu Witzwort hette der Conte de Nagarolla, ein Haubtman sein Quartier, für publicirung der Walstein: Ordinantz lebete daselbst die Soldatesca in diem, und wardt immer gesoffen, und gefreßen, deßgleichen ist auch geschehen, zu andern Zeiten, in Vollerwig, Westerhever, und andern örtern mehr, Unter allen Caspelln aber im gantzen Lande ist kein höher beschweret, und mehr verdorben worden, alße Coldenbüttell, alda war die allgemeine, und gewöhnl: passagie, und repassagie, wer auß und in dem Lande, auch wer auß den Nordischen Harden, in Holstein wolte, der muste auf Coldenbüttell zugehen, an dem orte muste allezeit Nacht:, Still:, und feldlager gehalten werden.
[. . .]
Aber dem Herren aller Herren, haben wir zufoderst, von Grund unser Seelen zu dancken, daß Er uns von dießer gewesenen schweren Einquartierunge hatt erlöset, und den Güldinen Frieden widergegeben, pax optima rerum Quas homini novisse datum est, pax una triumphis Innumeris potior.
Darnach auch Ihr: F: Dlt:, unsem Gned: Landesfürst: und Herren,

daß S: F: Dlt: bei diesen entstanden sorglichen sachen, darauß dem vatterlande groß Jammer, und Noth, Ja eußerste ruin und verderb, hette erfolgen können, noch allezeit, vermittelß Göttl: Beistandes, eß dahin hatt dirigiret, daß das exercitium religionis frey gelaßen, und an Ihrem hohen orte fleißig befördert, daß der Liebe Friede, zwischen diesen beiden Mechtigen Kriegenden Partheyen ist endlich behandelt worden.

„... wan ein Fürst mit seinen Jährlichen Einkünfften nicht kann auskommen ..."

Peter Sax (1637)

Anno C. 1624.

Kurtz nach Himelfart, ist Ihr: Fürstl: Durchl: zu Schleßw: Holstein, etc. unser Gned: Landesfürst, Alhie im Lande zu Tönningen angekommen, und hette bey sich, die Hoch- und wol Edelgeborne, Gestrenge, Veste, und Hochgelarte Respectivè Herren AmbtLeute, Landräthe, Oberhoffmeister, Land- Hoff- Cantzeley, und Geheimbte Räthe, Herrn Gosche Wensyn, Herrn Aegidius von der Lancken, Herrn Wolf Blüm, und die beyden Herrn Doctores, Peter Jügert, und Georg Heistermann, und hatt, durch dero Land- Hoff- Cantzley und Geheimen Rahtt, und Oratorem, Herrn Doctorem Georg Heisterman, dem Rahtt, LehensLeuten, Gevolmechtigen, und sembtlichen Eingeseßenen, der Landen Eyderst: Eversch: und Uthholm, auf dem Fürstl: Schloße, in Tönningen, in Ihr: F: Durchl: und wolgemelten Herrn Gegenwart, fürtragen laßen, waß gestalt Ihr: F: D: bey Antritt der Regierung ein Onerosam Haereditatem für sich gefunden.

Ihr: F: D: Fraw Mutter, hette das Wittumbs-Ambt Husum ein daraus könten sie nichtes haben. Ihr: F: D: müsten deroselben Fürstl: Herrn Brüdern Jährl: aus dero Cammer ein gewißes Abfolgen laßen.

Und dabeneben, dero Fürstl: vielgeliebten Schwestern zur Ausstewr ein großes mitgeben

Ihr: ErtzBisch: Durchl: zu Bremen hetten auch immer etwas zu foderen:

40

Auch hetten Ihr: F: D: diese schwere Zeiten erlebet, daß sie müsten molem Imperii mittragen, und ging deroselben, auß den Intraden Jährlich, viel Abe

Ihr: F: D: hetten die Hoffhaltung Contrahiret, und die Bestallung auf so weinige Ministros gebracht, Alß immer müglich, lebeten piè, et sobriè, und könten dennoch nicht bey, so beschaffenen Sachen, mit den Jährlichen Gefällen zu kommen, wolten geschweigen, daß man von der Schulden Last, an Terminen etwas Abbringen solte.

Nun vermügen, Alle Göttl: Geistl:, und Weltl: Rechte, wan ein Fürst, mit seinen Jährl: Einkünfften nicht kan auskommen, daß Alßdan die unterthanen müßen zutretten, und ein Allgemeine Darlage verschaffen. Diesem negst hetten Ihr: F: Durchl: ein Summe von 125000 Dahler Abzutragen,

Gned: begehrende, daß die Eingeseß: dieser Landen, E:, E:, und U:, sothane Summe auf sich nemen, und für deroselben es bezahlen wolten,

Ihr: F: D: weren des Gn: Erbietens die LandLeute sambt, und sonders, bey Ihren hergebrachten Privilegiis sie zu schützen, einem jeden einen geziemenden Zutritt zu verstatten, einem Jeden unpartheylich Recht widerfahren zu laßen, die Justitz schleunig zu administriren, bey Ihren Rechten sie zu vertretten und dawider Niemand zu beschweren, oder beschweren zu laßen, und da sie sonsten Gravamina hetten dieselbige Abzuschaffen oder zu remediiren, Allermaßen solches alles, und noch ein mehres, die angehörte Proposition, die dan dieser fürtrefflicher Redner, mit solcher Bewegung gethan, daß man Ihm nicht allein willig, und ohne verdruß zuhörete, sondern auch fast darein Consentirte, ehe Er seine rede hette vollendet, hatt gegeben, welche auch hernach den LandLeuten in Schrifften ist zugestellet worden.

Hierauf hatt Ihr: Gestr:, der HochEdelgeborner, Gestrenger, und vester Herr, Jürgen von der Wisch damahliger Staller in E: E: und U: im Namen der LandLeute geantwortet: dieser vortrag begriffe eine schwere Sache in sich, darauf man in der eyll sich nicht resolviren könte, wolte derowegen umb ein Abtritt unterth: gebeten haben, damit man sich dieser wegen miteinander, bereden müchte,

Auff verstatteten Abtritt, und hinc inde gepflogene Rede, ist die Sache auf ein Allgemeine versamblung zu Hemminghörn verwiesen worden. Zu Hemminghörn sein mehr Worte Alß Reden gewechselt worden.

Haben gleichwol etliche Gravamina aufgesetzet. Alß:
daß man ein Probst im Lande haben müchte.
daß das Schießen müchte frey gegeben werden.
daß die Mühlen für Tönningen, nicht solche Gerechtigkeit haben müchte.
daß bey dieser Schatzung kein frey Land sein solte.
daß der Ausfuhr nicht auf etliche Persohnen gewidmet werde.
daß Sie auf den Landtagen ein Votum haben müchten.
daß der Zolle bey der newen Fehre müchte Abgeschaffet werden.
Daß das Landrecht müchte Reviediret werden.
Wan All solche Puncten müchten vollenzogen werden, wolten Ihr: F: D:, Sie, zu unterth: Ehren, 80. Tausend Dahler auf bedingenden Terminen, geben, Durch Gott, Ihr: F: D: bittende, nicht weiter in sie zutringen, und ein mehres von Ihnen zu forderen, Sie vermüchten nicht mehr, sie müsten Jährl: auf Teich und Damme, auf Taglohn auf frembde Leute, auf die Haußhaltung etc. so viel verwenden, daß sie ein mehres nicht thun könten. Aber des Erbieten konte nicht accepptiret werden, Eß müsten 100. Tausend Dahler sein, Darauff sein 100. Tausend Dahler versprochen, Jedoch wan Waßerfluthen, Krieg, Einquartierung, und andere schwere Zeiten, in diesen negistfolgenden 10. Jahren einfielen, daß Alßdan Ihr: F: D:, ein Jahr, der verschriebenen Terminen halber, dilatiren wolte, welches dan zugesaget, und hernach die Confirmatio Privilegiorum, und Obligation gegen einander außgewechselt worden.

„Es war ein großes Elend . . ."

Zacharias Wolff (1713)

„Journal Von dem I. Januar 1713 biß den 26. Maji inclusive / was Seit dem die Königl. Schwedische Armée in Hollstein und hienegst in Tönningen eingerücket / remarquables passiret.
Aufgesetzt und zusammengetragen von mir
Zacharias v. Wolff, Obrister und Commandant."
. . .
Den 23. sind Ihr. Excellences die beyde Herren Geheimbte-Räthe / als der Graff von Reventlau und der Baron von Banier aus Husum

anhero gekommen. / Mir wurde bey Verlust Lebens und Ehren anbefohlen auf benötigten Fall / wenn es der Herr Feld-Marschall Stenbock vor nötig fünde / denselben mit der Königl. Armée nicht allein eine sichere Retirade unter den Canons hiesiger Vestung zu verstatten / sondern auch / wann er es begehrete / in die Vestung zu lassen / und zwar gleich nach Auffweisung dieser Ordre ohne fernere Nachfrage bey jemand zu thun.

Den 31. Januar haben die Moscoviter unter dem Hrn. General Major Baur in Dithmarschen posto gefaßet. Die Schwedische Armée ist vor Römß und Mildstett drey Tage und Nächte in der großen Kälte en ordre de Bataille gestanden / hienegst haben sie alle Posten an sich gezogen / ihre Retarite in das Eyderstedsche genommen / und den General Major Schomber mit 1000 Mann bey Ulßbüll postiret / den General Major Stackelberg in Friedrichstadt mit 1400 Mann / dazu auch Infanterie in Coldenbüttel und Witzwort geleget: – Das Hauptquartier nahmen Se. Excell. der Hr. Feld-Marschall in Oldenswort.

Die Armée blieb in den guten quartieren / da sie alles voll auff hatten / stehen bis den 12. Februar: da wurden sie von den Rußischen, Dänischen und Sächsischen Trouppen delogirt. Wobey Ihr Czaarische Majst.1) und Ihr. Königl. Majst. von Dennemarck Selber gegenwertig waren.

Die Retirade anhero war auch so eilig / daß die Infanterie viel bagage in den tieffen Wegen stecken lassen / so auch des Hr. Feld-Mareschal Küch und Keller betroffen, davon die Fässer eingeschlagen und der Rest stehen geblieben. 13 Canons sind auff dießeits Cotzenbüll stecken blieben / welche ich durch unsere Leute einige Tage hernach salviret / und glücklich in die Vestung bringen lassen. 2000 Krancke wurden in die negste Heuberge unter der Vestung verleget.

Den 18. rückten die Regimenter zu Fuß in die Vestung / und weil es unmöglich alle Leute unterzubringen / so bekahm der Hr. General Major Mareschal die disposition wegen der Unterbringung: Die 2 Hospitäl wurden mit Krancken angefüllet / wie auch das ledige Torffhauß: im Kriegs-Hospital lagen bey 500, im Stadt-Hospital 300, und im Torffhause 350.

Die übrigen wurden in ledige Häuser und Ställe untergebracht; Es war ein großes Elend mit dem Gewimmel aller dieser Menschen. Die gantze Cavall: in 8 Regimenter wurde nicht eingelaßen / sondern musten auff dem Wester-Teich bleiben; Sie drengeten sich durch alle Contrescarpes biß an das Hornwerck / und stunden die letzten hinter Oldersen. Die Bagage, die der Hr. Feld-Mareschal nach und nach einließe / wahr sehr groß / daß alle Gaßen damit angefüllet würden.

[…]

„Weil in eenen Gassen ein übel Unflath und Gestanck durch das Schlachten von 1000 stück Vieh / so in das Königl. Magazin gekommen / welches Vieh meist drächtig wesen / und die ungebohrne Kälber / sambt dem Eingeweide und Blut auf den Straßen liegen blieben / solches aus dem Wege möge gebracht werden.

Weil viel Leute sterben / und keine Särcker anzuschaffen seyn / sothane Leichen aber auf den Kirchhöfen zu begraben die Medici nicht rathsam befunden / so sollen zwey Kirchhöfe / und die Leute / so keine Sarcke haben / vor dem Norder und Wester-Thor zu begraben angewiesen werden."

Von der Schwedischen Armée sind von der Zeit ihres Einmarschs vor und inwendig der Vestung bey 3000 Mann begraben worden."

„Mordbrenner, schäme dich!"

Anonymus (1713)

Steenbuck in Tönningen – Altona in Brand!

Wann ich so glücklich nur
als jener Heide were.
Er war in seinem Faß
vergnügt mit Sonnenschein
Ich hab' ein Feuer gemachet
par ma raison de guerre
So mir in dieser Tonn
verzehret Mark und Bein

Sieh nur durch eine Brille
waß du hast mir gethan
wodurch du dich verhaßt
gemacht bei jedermann.
Mordbrenner, berge dich
auch in des Meeres Wellen
dir wird das hölisch feur
sich dort schon zugesellen.

Dein Meckern kann nicht helfen!

„Harro Harring ... ein ewiges Lebewohl"

August Westphalen (1911)

Besonderer Ereignisse aus dem Jahre 1848 erinnere ich mich weiter nicht. Eine Abteilung Freischaren, welche mit einem Hornisten an der Spitze einmal durch die Stadt zog, machte einen mehr kläglichen Eindruck auf mich. Sonst mag noch ein Erlebnis, das einer gewissen Komik nicht entbehrte, hier Platz finden. Gerade 1848 bereisten politische Agitatoren in großer Anzahl das Land, um Stimmung für ihre Anschauung zu machen, unter ihnen auch Harro Harring, als Schriftsteller und Revolutionär damals sehr bekannt und häufig verfolgt und eingekerkert. In Tönning wollte der demokratisch gesinnte Teil der Bürgerschaft ihm einen feierlichen Empfang bereiten, und der Gastwirt und Ratsherr Claus Boyens, welcher sich durch große leibliche, aber recht geringe geistige Begabung auszeichnete, sollte ihn in seinem Hause empfangen. Harro Harring fuhr in der besten Equipage, welche man hatte auftreiben können, vor, und Claus Boyens erwartete ihn mit lebhaft gerötetem Kopfe vor seiner Haustür, um ihn mit feierlicher Rede zu begrüßen und ihn der Teilnahme und der besten Wünsche seiner Gesinnungsgenossen zu versichern. Nach mehrfachem Räuspern und dreimaligem Anlauf, der ihn nicht weiterbrachte als „Harro Harring", nahm der Redner alle Kraft zusammen und begrüßte seinen Gast mit den Worten „Harro Harring, wir wünschen Dir ein ewiges Lebewohl!"

„... die Schrecken des Krieges"

August Westphalen (1911)

Im Laufe des Spätsommers hatte die schleswig-holsteinische Armee sich bis in das südliche Schleswig hinter Sorge und Treene zurückgezogen. Friedrichstadt war von den Dänen besetzt und in eine starke Festung verwandelt worden. Auch Tönning erhielt eine dänische Besatzung unter Befehl des Capt. Buhl, eines humanen Mannes, welcher strenge Manneszucht hielt und die Bürgerschaft schonte, soweit er irgend konnte. Am Sonntag, dem 29. September morgens, war ich mit meinem Bruder und Gustav Lempelius aufs Feld gegangen, um Futter für unsere Kaninchen zu holen, als wir die dänische Besatzung auf ihren Sammelplatz eilen sahen, und gleich nachher hörten wir schon von Dithmarschen Kanonendonner herüberschallen (auf dem Eiderdeich zwei kleine Haubitzen). Wir wollten schleunigst nach Hause zurückkehren, kamen aber nur bis zum Lempeliusschen Hause und suchten dort Schutz vor den Kugeln, welche schon vereinzelt in die Stadt flogen. Wir hatten kaum ein Eckzimmer, von welchem man die Straße übersehen konnte, erreicht, als Schrapnellgeschosse, allerdings in einiger Höhe, die Straße hinabfegten und mit beängstigendem Geprassel die Dachziegel von den Häusern herabwarfen. Dann folgte plötzlich nahes heftiges Gewehrfeuer, und vom Hafendeich hinunter kam im gedrängten Haufen, geführt von einem ganz verstört aussehenden Offizier, neben ihm ein Soldat, dem die von einem Granatsplitter abgerissene Stirnhaut über den Augen hing, in eiliger Flucht die dänische Besatzung. Unmittelbar folgten ihr erst vereinzelt, bald aber in größerer Anzahl, schleswig-holsteinische Jäger und Infanteristen, alle pulvergeschwärzt und bis an die Brust mit Schlamm bespritzt. In den Straßen der Stadt wurden noch verschiedentlich Schüsse gewechselt, zu einem eigentlichen Kampf kam es aber nicht mehr, und das Gros der dänischen Kompanie konnte entkommen, da es für eine energische Verfolgung an Streitkräften fehlte.

Als Ruhe eingetreten war, eilte ich mit meinem Freund Ferdinand Ancker auf das Gefechtsfeld. Die Dänen hatten da, wo der schanzenförmig an der inneren Seite abgegrabene Deich etwas östlich von Tönning ein Knie bildet, in vortrefflicher Stellung den bei Wollersum in Kähnen über die Eider gesetzten Schleswig-Holsteinern zur Verteidigung gestellt und die zum Sturm auf den Deich vorrückenden Jäger und Infanteristen mit lebhaftem, aber unwirksamem Gewehrfeuer empfangen. Die Dänen waren wahrscheinlich dadurch in Verwirrung geraten, daß einer der ersten Schüsse aus der kleinen am Dithmarscher Ufer aufgestellten Granatkanone ihren Kommandeur, den Capt. Buhl, tödlich verwundete. Auf schleswig-holsteinischer Seite fiel nur der 60jährige Gutsbesitzer Vollertsen von Freienwillen, der beim 1. Jägerkorps eingetreten war. Capt. Buhl wurde einige Tage später auf dem Tönninger Friedhof beerdigt, und die Stadt hat ihm in Anerkennung seines humanen Auftretens in schwerer Zeit dort ein Denk-

mal gesetzt. Auf mich, der ich die Schrecken des Krieges zum er-
stenmal mit eigenen Augen sah, machte namentlich der Anblick
des schrecklich verwundeten Capt. Buhl [. . .] einen tiefen Eindruck, welcher noch verstärkt wurde, als ich bald nachher auf
dem Gefechtsfelde in einem Graben hinter dem Deich die Leiche
eines dänischen Soldaten sah, welcher mir, als die Kompanie sich
zum Ausrücken aufstellte, dadurch aufgefallen war, daß er im Gegensatz zu seinen erregten Kameraden käsebleich und geistesab-
wesend in ihren Reihen stand.
Aber dergleichen Eindrücke verschwinden schnell. Wir waren
bald voller Jubel über den Abzug der Dänen und halfen mit Hin-
gabe, unseren Jägern und Infanteristen das Mittagsmahl auf den
Schloßplatz hinauszutragen. Jeder in der Stadt hatte gekocht und
gebraten, soweit ihm seine Mittel erlaubten, und keiner ahnte, daß
dies das letztemal sein sollte, daß wir schleswig-holsteinische
Krieger sahen. Schon in der Nacht mußte der Kommandeur
Hauptmann Schöning vom 1. Jägerkorps [. . .] mit seinen beiden
Halbkompanien über die Eider zurückgehen.

„. . . stiftete den bekannten silbernen Pokal"

August Geerkens (1930)

Der Höchstkommandierende der schleswig-holsteinischen Armee, Prinz Friedrich von Augustenburg, genannt von Noer – nach
seinem Gut Noer – schied schon im September 1848 nach fortge-
setzten Differenzen mit der ihm abgeneigten demokratischen
Mehrheit der provisorischen Regierung aus dieser aus und nahm
seinen Wohnsitz in Hamburg. Hier schrieb er seine „Aufzeichnungen", ein 1861 in Zürich erschienenes Werk, in dem er u. a. seiner Erbitterung über die ihm in der Heimat angetane Behandlung
Luft macht. Von hier stiftete er auch seinen 25 Eiderstedter Ordon-
nanzreitern den bekannten silbernen Pokal, den eine Abordnung
des Ordonnanzkorps bei ihm in Empfang nahm, um ihn später,
auf einem Frachtschiff versteckt, nach Eiderstedt bringen zu lassen. Der Pokal sollte nach Bestimmung des Stifters alle zwei Jahre
zu einem anderen seiner ehemaligen Reiter kommen, man ließ ihn

aber, um ihn nicht der Beschlagnahme auszusetzen, in sicherem Gewahrsam. Als letzter der Reiterkameraden ist dann Ratmann Hartwig, damals im Alter von 85 Jahren, wenige Jahre vor dem ersten Weltkrieg und vor seinem Tode, auf Veranlassung des Kreises Eiderstedt mit dem Pokal photographiert worden, welches Bild im Heimatmuseum in Tönning und an allgemein zugänglicher Stelle in den Gemeinden des Landes seinen Platz gefunden hat. Der Prinz von Noer war ein soldatisch grader Charakter, der die ihm zugefallenen militärischen Aufgaben in vorbildlicher Weise gelöst hat. Eiderstedt tat recht daran, ihm die Treue zu halten, auch über das Grab hinaus.

„Die Deputation fuhr Anfang Juni 1865 nach Berlin"

August Geerkens (1930)

Schleswig kam jetzt unter preußische Verwaltung. Das war keineswegs nach dem Sinn unserer Bevölkerung. Besonders drastisch benahm sich der Tönninger Posthalter. Er nannte seine Pferde Bismarck und Garribaldi (abenteuernder italienischer General). Fuhr er am preußischen Amtshause vorbei, auf dem die preußische Fahne wehte, dann ließ er regelmäßig seine Pferde scheuen, um sie anzuschreien. „Wat, jüm sind doch wul ni bang vör de preußiche Kuckuck?" Eines Tages hatte er einen hohen preußischen Beamten zu fahren, da blies er: „Und du bist der beste Bruder auch nicht." Das Rad der Weltgeschichte und Preußens zielbewußter Ministerpräsident von Bismarck nahmen aber von solchen Sinnesäußerungen keine Notiz. Nachdem die Waffen im deutschen Bruderkrieg von 1866 zu Gunsten Preußens entschieden hatten, sprach dieses unter dem 24. Dezember 1866 die Einverleibung Schleswig-Holsteins aus, das damit preußische Provinz wurde.
Als diese Entwickelung sich anbahnte und schon ein preußischer Landrat eingesetzt worden war, hielt es die Eiderstedter Landesversammlung für angebracht, eine Deputation an König Wilhelm

von Preußen und den Herrn von Bismarck zu senden, damit der Landschaft ihre Privilegien erhalten blieben. Hierzu wurden der Landsekretär Justizrat Haase, Pfennigmeister Petersen – Ksp. Garding und bei Erkrankung des Pfennigmeisters Hönck – Ksp. Tönning, dessen Sohn, Senator Hönck – Tönning, der die Stadt in der Landesversammlung vertrat, gewählt. Letzterer, damals 28 Jahre alt, ist mehr als 90jährig, erst vor wenigen Jahren gestorben. Sein Einwand, wegen seiner Jugend lieber jemand anders mitzusenden, wurde entkräftet: „Du hest je en Sniepel, kumm Du man mit."

Die Deputation fuhr Anfang Juni 1865 nach Berlin. Sie wurde zuerst von Herrn von Bismarck, unserem späteren Fürsten – Reichskanzler, empfangen. Nachdem Justizrat Haase die Wünsche der Landesversammlung vorgetragen hatte, wurde der Deputation die Antwort, daß die Landschaft Eiderstedt alles, was sich mit der preußischen Verfassung vertrüge, behalten solle. Dann erkundigte sich Bismarck, der sich sehr ungezwungen gab und die Audienz unter den Dampf einer guten Zigarre setzte, eingehend nach der Stimmung in Schleswig-Holstein und fragte, ob man auch lieber den eigenen Herzog gehabt hätte. Es sei ihm der Thron angeboten worden, wenn das Militär unter Preußen käme, darüber habe er aber erst die Stände befragen wollen. Bismarck sagte dann weiter: „Hatten wir das Huhn gerupft und gebraten, konnten wir es auch selber essen." Bei der Verabschiedung stand die Deputation noch einen Augenblick der reckenhaften Gestalt des Kanzlers gegenüber. Aber auch der Pfennigmeister Petersen war nicht von schlechten Eltern geboren und gab Bismarck an Größe und Breite nicht sehr viel nach. Dieser schien dafür wohlwollendes Verständnis zu empfinden, er trat auf Petersen zu, faßte ihn mit beiden Händen fest unter die Arme und sagte: „Wo solche Pflanzen wachsen, muß eine gute Gegend sein." Darauf Petersen lachend: „Ja, ja, bei uns ist 'ne ganz gute Gegend."

Zwei Tage später wurde die Deputation vom alten König Wilhelm in Audienz empfangen. Justizrat Haase sagte wieder sein Sprüchlein auf, und der König entließ die Deputation nach einigen freundlichen Worten mit der Versicherung, die schon Bismarck für sie gehabt, daß Eiderstedt alle alten Gerechtsamen behalten solle, soweit sie sich mit der preußischen Verfassung vertrügen. Wieder draußen angelangt, sagte Pfennigmeister Petersen zu seinen Kollegen: „De hebb al mit'nanner snackt."

Auf Veranlassung des Königs besuchte die Deputation noch den Finanzminister v. d. Heyd und den Minister des Innern, Grafen

Eulenburg. Da letzterer nicht wußte, wo Eiderstedt lag, mußten die Herren der Deputation es ihm auf der Landkarte zeigen. Damit hatte die Deputation ihre Aufgabe erfüllt, und mit der privilegierten Selbständigkeit Eiderstedts war es auch vorbei. Schon als die Deputation Bismarck verließ, hatte Justizrat Haase die tiefsinnige Bemerkung fallen lassen: „Alles, was sich mit der preußischen Verfassung verträgt, sollen wir behalten, hat er gesagt, aber ich wette, unsere Wünsche vertragen sich nicht mit der preußischen Verfassung."

Von Schleswig-Holstein hatte die deutsche Einigung, die mit der Errichtung des deutschen Kaisertums 1871 ihre Krönung fand, ihren Ausgang genommen. Eine aktive Rolle in der deutschen Politik zu spielen aber war ihm nicht mehr vergönnt, denn es war preußische Provinz geworden. Schleswig-Holsteins Schicksal wurde auch das Eiderstedts.

„Kämpfen bringt das Volk in Bewegung ..."

Walter Luetgebrune (1931)

Claus Heim und Wilhelm Hamkens erscheinen jetzt im Sommer 1928 fast unvermittelt als die Vorkämpfer der in der Nordmark über alle Parteiungen hinweg gewordenen Landvolkbewegung. Sie sind solchen Naturgewalten gleich. Dithmarschen und Eiderstedt sind ihre Stammlande. Wie der Dithmarscher seit grauer Vorzeit schnell die Entscheidung in Fehde und Krieg mit Streitaxt und Schwert gesucht hat, wie der Eiderstedter Bauer in stetem, unablässigen, zähen Ringen sein Land dem Meere abgewonnen und sich erhalten hat, so ist die Wesensart ihrer Stämmlinge. Aber beider Wesen Gleichheit ist der Kampf. „Niemals hat sich ein Volk gesund gewählt, es hat sich nur gesund gekämpft", ist ein bezeichnendes Wort von Wilhelm Hamkens. „Kämpfen bringt die natürliche Auswahl. Kämpfen bringt das Volk in Bewegung gegen seine Widersacher." Kämpfen dort, wo man steht und der Widerstand sich zeigt. Tun, was vorliegt, und warten, was wird. Wer Steuern zahlen kann, soll Steuern zahlen, wer keine zahlen kann, soll sich wehren bis zum letzten, und alle sollen ihm helfen. Der Bauer liebt die Tat. So steht bald in den Zeitungen zu lesen: „Die Pfandversteigerung eines Ochsen verlief ergebnislos, da kein Gebot abgegeben wurde. Wie berichtet wird, ist der Ochse alsbald wieder mit behaglichem Gebrüll in den Stall seines Besitzers eingezogen. Wäre das Tier versteigert worden, so wäre die Nachzucht des betroffenen Kleinbauern vernichtet worden." Und: „Auch in Östenfeld, Ohrstedt und Wittbeck sind Pfändungen und Versteigerungen ergebnislos verlaufen, da zahlreiche Bauern erschienen waren, die dafür sorgten, daß kein Gebot abgegeben wurde. Auf einer großen Bauernkundgebung teilte ein Bauer mit, daß sich bei einer Versteigerung, die letzthin in Eiderstedt stattgefunden habe, tatsächlich ein Mann gefunden habe, der mit Geboten aufgetreten sei. Auf entrüstete Zurufe aus der Versammlung wurde der Name des Mannes öffentlich bekanntgegeben." Und endlich: „Als in einem Dorfe der Pfändungsbeamte für Abgaben an Pfandobjekten alles zusammengekratzt hatte, was er noch als letzte Substanz vorfand, glaubte er besonders schlau zu sein, als er diese herrlichen Gegenstände mit fünf großen Lastwagen in die nächste Stadt zur Versteigerung brachte. Aber auch hier fand sich kein Bieter außer einem mit 15 Pfennig für eine Wanduhr. Nun forderte der Gemeindevorsteher die Eigentümer auf, sich ihre Sachen wieder abzuholen, doch niemand rührte sich. Es blieb nichts anderes übrig, als mit 100 Reichsmark Transportkosten aus der Gemeindekasse alle Sachen wieder zurückzuschaffen. Sicherlich wird sich dieser Gemeindevorsteher in der Zukunft nicht wieder an der letzten Substanz seiner Bauern vergreifen." Daß diese Abwehrmaßnahmen, das Nichtbieten, das Einschüchtern Bietungslustiger, das Ablehnen der Wegbeförderung von Pfandsachen kein ungesetzliches Tun darstellen, hat erst kürzlich das in Landvolkangelegenheiten schon fast zum Spezialgericht gewordene Schöffengericht Itzehoe unter seinem energischen und klugen Vorsitzenden Landgerichtsdirektor Dr. Block entschieden. „Kein Bürger ist verpflichtet, Wegbeförderung von Pfandsachen zu leisten oder auf Versteigerungen mitzubieten. Er begeht deshalb nichts Ungesetzliches, wenn er sich den Versteigerungen (und dem Bieten) enthält oder die Wegbeförderung ablehnt. Kein Schuldner ist verpflichtet, sein Vermögen so zu verwalten, daß seine Gläubiger einschließlich des Fiskus auf die leichteste Weise zu ihrem Gelde kommen."

Es war nicht etwa die dem Bauern eigene Lust am Schelmenstreich, die so vorgehen ließ. Schon oft hat ja der Schelmenstreich des Bauern ernsten Klageruf versteckt.

Wenn Gemeindevorsteher, von denen die Regierung verlangte, unbedingt für Steuern Pfändungen vorzunehmen, sich weigerten, solchen Anordnungen nachzukommen und lieber ihr Amt niederlegen wollten, so ist es nicht verwunderlich, daß der Bauer auch zur Selbsthilfe greift. Um diese Zeit erließ Wilhelm Hamkens seinen offenen Brief:

„An die
Herren Gemeindevorsteher des Kreises Eiderstedt.
Nachdem die Reichsbehörden uns die Niederschlagung sämtlicher unmöglichen Steuern zugesichert haben, ersuchen wir Sie höflich, uns bis zum 20. November 1928 mitzuteilen, ob Sie in Anbetracht der Notlage der Landwirtschaft und des Mittelstandes bereit sind, an Ihre zuständige Behörde umgehend wie folgt zu berichten: ... Die meisten Steuerzahler meiner Gemeinde sind nicht mehr in der Lage, Steuern aufzubringen, wenn sie nicht gänzlich dem jüdischen Großkapital und der Enteignung zum Opfer fallen sollen. Ich ersuche daher, mir Gelder zur Aufrechterhaltung des Gemeindeetats anzuweisen. — Wir erwarten von Ihnen, daß Sie sich in diesem Sinne für Ihre Wähler einsetzen. Ein jeder, der noch Steuern aus der Substanz bezahlt oder dazu anhält, handelt unehrlich gegen sich, seine Familie und den Staat und macht sich mitschuldig an dem Untergange und an der Versklavung des deutschen Volkes.
Die Vertrauensmänner der Landvolkvereinigung
des Kreises Eiderstedt.
I. A.: Wilhelm Hamkens

Holt fast tohoop, treckt enen Strang
Von Bayern bett taur Waterkant!
Bur, denn muck up un wis de Tään,
Denn nu steihst du nich mehr alleen.
Kannst mit din starke Burnhand
Din Howw noch redden un dütsches Land!

„. . . das unerreichte Muster des autonomen Kommunalstaates"

von Lavergne-Peguilhen (1867)

„Die von bäuerlichen Staatsmännern aufgebaute Verfassung der Landschaft Eiderstedt hat länger als ein Jahrtausend bestanden und ihren Zweck nach allen Richtungen erfüllt, obwohl oder vielmehr weil sie im übrigen in diametralem Gegensatz zu den Anforderungen der liberalen Doktrin steht. Denn der Gesamtwille des Volkes findet selbstverständlich nicht Ausdruck, wo 84 Prozent der Einwohnerschaft von der politischen Vollberechtigung ausgeschlossen sind. Die Anstellung der Gemeindebeamten auf Lebenszeit, die Ernennung derselben im Wege der Kooptation, die Vereinigung der administrativen und der richterlichen Funktionen in derselben Person, die Repräsentation der Landschaft lediglich durch die Beamten der Kirchspiele – es sind dies vom Standpunkte der fortschrittlichen Doktrin wahre politische Ungeheuerlichkeiten. Wo bleibt hier das konstitutionelle Prinzip der Gewaltenteilung? Wie steht es um das konstitutionelle Prinzip der Gleichheit, wenn das Kirchspiel Ording und das fast zwanzigfach größere Oldenswort in der Landesversammlung dasselbe Stimmrecht ausüben? Und was soll man dazu sagen, daß in Ehesachen dem Propst die Prozeßleitung gebührt; daß die Kirchen- und die Schulbedienten dem bäuerlichen Richter, d. h. dem ordentlichen Gericht entzogen sind, sie vor dem Visitorialgericht einen eximirten Gerichtsstand haben? Nicht die organische Staatslehre hat diese Bedenken gegen die Verfassung von Eiderstedt zu erheben, diese berücksichtigt vielmehr, daß diese Verfassung der Periode angehört, wo das lokalstaatliche Leben vorwaltete, dasselbe sich nahezu bis zur Souveränität entwickelt hatte, die Zentralgewalt fast unausgebildet war. – Die Verfassung der Landschaft Eiderstedt stellt das unerreichte Muster des autonomen Kommunalstaates dar."

„... ein bäuerliches Patriziat"

Volquart Pauls (1932)

Wer zum ersten Mal Eiderstedter Boden betritt und das Landschaftsbild der Eiderstedter Marsch auf sich wirken läßt, der wird sicherlich gefesselt werden von dem hier heimischen, imposanten bäuerlichen Wohnhaus, dem Eiderstedter Haubarg, der als einer der letzten weithin sichtbaren Zeugen einer längst vergangenen Zeit in die Gegenwart hineinragt. Er ist der sinnfällige Ausdruck der wirtschaftlichen Blüte Eiderstedts um die Wende des 16. und 17. Jahrhunderts, von der die Sage berichtet, es sei damals mehr Silber und Gold im Lande gewesen als Eisen und Messing, so daß die Einwohner ihres Reichtums kein Ende gewußt hätten. Gleichzeitig aber ist er in seiner wuchtigen Größe ein Sinnbild jenes selbstbewußten und unabhängigen Bauerntums, das hier in der Landschaft Eiderstedt eine fast völlig autonome Kommunalverfassung und -verwaltung schuf, die selbst das Zeitalter des Absolutismus überdauerte und erst mit den Verfassungseinrichtungen der preußischen Zeit ein Ende fand. Hier in den Haubargen wohnten die Ratmänner, Lehnsleute, Pfennigmeister und Deichoffizialen, jene Männer, die als gewählte Vertreter der Kirchspiele und der Landschaft Verwaltung und Justiz in Eiderstedt in Händen hielten, ein bäuerliches Patriziat, das für Eiderstedt die gleiche Bedeutung gehabt hat, wie das bürgerliche Patriziat in den deutschen Städten des Mittelalters. Diese hochentwickelte und alle Gebiete des öffentlichen Lebens erfassende Selbstverwaltung aber, die der staatlichen Gewalt und ihren Organen nur einen engen Spielraum gewährte, sie im wesentlichen auf die Oberaufsicht beschränkte, ist nicht die Schöpfung eines einzelnen oder die Wirkung eines einmaligen gesetzgeberischen Aktes, sondern sie ist naturgewachsen hier auf Eiderstedter Boden, im Kampf mit dem Meer und der landesfürstlichen Gewalt. Sie ist das Werk vieler Generationen und geht in ihren Anfängen zurück ins frühe Mittelalter, als in den unwegsamen, durch Meeresarme in einzelne Inseln aufgelösten und nur durch unvollkommene Deiche gegen den Einbruch des Meeres schwach geschützten friesischen Marschen der Staat nur schwer Fuß fassen konnte. Das Wasser, das sonst den Menschen und seine Arbeit ständig bedrohte, wurde gleichzeitig sein stärkster Bundesgenosse im Kampf um seine Freiheit. Damals ist die besondere staatsrechtliche Stellung der friesischen Utlande begründet worden, die ihre weitgehende Selbständigkeit und Unabhängigkeit im Innern sicherte. Inhaber der kommunalen Rechte aber waren die einzelnen Kirchspiele und in ihnen die sogen. Interessenten, die Eigentümer eines Grundbesitzes von bestimmter Größe, die in den einzelnen Gemeinden verschieden war und zwischen 5 Demat in Ording und 60 Demat in Witzwort schwankte. In der überwiegenden Mehrzahl der Kirchspiele war die Interessentschaft an den Besitz von 20 oder 30 Demat Land geknüpft. In den Interessentenversammlungen wurden die Kirchspiels- und landschaftlichen Beamten gewählt bezw. präsentiert, die Lehnsleute, die Pfennigmeister, der Deichgraf und die übrigen Deichoffizialen; die Lehnsleute aber waren wieder die Vertreter der Kirchspiele in der Landesversammlung, in der nach Kirchspielen abgestimmt wurde. Die Interessentschaft war aber auch die Voraussetzung für das passive Wahlrecht. Nur Interessenten konnten zu den genannten kommunalen Beamtenstellungen präsentiert und gewählt werden. So trägt die landschaftliche Verfassung Eiderstedts durchaus aristokratische Züge; es war ein bäuerliches Patriziat, in dessen Händen die Verwaltung der Kirchspiele und Landschaft lag. Im Jahre 1840 betrug die Zahl der Interessenten in Eiderstedt 452 bei einer Gesamtbevölkerung von rund 17000. Die Interessenten verfügten aber über dreiviertel der Gesamtfläche der Landschaft und auf ihren Schultern lagen demgemäß auch dreiviertel sämtlicher Lasten, da die überwiegende Zahl der Abgaben Grundsteuern waren. Diese Verfassung entsprach gewiß nicht der liberalen Doktrin des 19. Jahrhunderts. Aber wenn je das Leistungsprinzip mit einiger Berechtigung zum Maßstab für die Abstufung der Rechte und Pflichten gemacht worden ist, so ist das in der Eiderstedter Kommunalverfassung geschehen. Wichtiger aber als die äußere Form der Verfassung und Verwaltung ist der Geist, der in ihr waltet und sie mit Leben erfüllt. [. . .] Der Geist des Gemeinsinns und des Verantwortungsgefühls, in dem sie wurzelte, bedingt durch die Schicksalsverbundenheit im Kampf mit dem Meer, hat ihr dazu die Kraft verliehen. In diesem Geist aber ist Jahrhunderte hindurch der bodenständige Eiderstedter geschult und erzogen worden. Er hat seinen Charakter ebenso geformt, wie der ständige Kampf gegen das Meer für die Erhaltung und Sicherung der Scholle, die er baute und die ihn und seine Familie trug.

Mögen sich auch in Zukunft in Eiderstedt stets die Männer finden, die von dem gleichen Gefühl der Verantwortung für die Gesamtheit erfüllt sind.

Von Tönning, Garding und St. Peter-Ording

Tönning

Hinrich Georg Petzel (1819)

Fernher schifft auf einer Tonne,
In dem Stral der Morgensonne,
Aus dem weiten Ocean,
Wankend auf dem runden Schiffe,
Glücklich meidend Klipp' und Riffe,
Blendend weiß ein schöner Schwan.

Flatternd springt er an's Gestade
Dort, wo selten Menschenpfade
Sich dem Sande eingedrückt;
Doch er blieb nicht unverborgen;
Ihn am schönsten aller Morgen
Dort ein greiser Hirt' erblickt.

Ob dem Wunder in die Hütte,
In der lieben Trauten Mitte,
Der entzückte Schäfer rann,
Und von dem, was er erschauet,
Er den Lieblingen vertrauet,
Hoch begeistert von dem Schwan!

Kinder sprach der ernste Alte,
Daß ein Gott hier alles wallte,
Rief ich stets euch ins Gemüth;
Darum laßt uns ihm vertrauen;
Laßt uns Hütten hier erbauen,
Bis die neue Stadt erblüht,

Die von dieser seltnen Tonne,
Einst bestralt von bessrer Sonne
Ihren schönen Namen zieht!
Und des Greises Feuerworte
Flügelten. An diesem Orte
Tönning weltbekannt nun blüht!

„Es waren in der Tat fette Jahre ..."

Johannes Jasper (1913)

Es waren in der Tat fette Jahre, die Jahre der Sperre für Tönning, und der sonst so still bescheidenen Daseins sich erfreuende Ort, dessen Einwohnerzahl sich unter der Wucht der Verhältnisse um das zwei- bis dreifache, von 1924 im Jahre 1803 auf 4000 im April 1805, später noch auf 6000 vermehrte, bot über Nacht einen Anblick wunderseltsamen Aufblühens. Überall herrschte geschäftiges Leben, überall munteres frohes Treiben. Durch Handelserwerb mühelos und leicht erworbenes Geld floß in Strömen daher. Die Armut ward gebannt von dieser Stätte und blieb es, solange die Periode des Glanzes ihre strahlenden Schwingen darüber weitete. Der Reichtum jedoch, dieser „Heuchler mit dem doppelten Gesicht", bewirkte nur allzuleicht eine „Umwertung aller Werte". Er weckte in allen Schichten der infolge Zuflusses vieler Fremden aus den verschiedenartigsten Elementen sich zusammensetzenden Bevölkerung das ungezügelte, übermächtige Streben nach Lebensgenuß in jeglicher Gestalt. Die alte Einfachheit der Sitten bekam einen schlimmen Stoß und schwand dahin. Die Quellen edlerer Freuden versiegten, Phantomen wurden nachgejagt.
Prunkender Aufwand und Vergnügungssucht nahmen schier überhand, in buntem Wechsel drängte ein Fest das andere. Ehemalige Bettler lebten verschwenderisch, übermütig, prahlend. Bei frohem Becher versammelten sich allabendlich, oft bis spät in die Nacht hinein, der angesehensten Bürger viele – „die gentile Klasse" – in dem von einem Hamburger, Liltburn, erst kürzlich eingerichteten vornehmsten Gasthof zu einem Klub (auf Subskription). In einer zu einem Schauspielhause umgewandelten Dreschscheu-

ne zeigten Mimen [. . .] ihre Kunst und ernteten dort der Menge lauten Beifall. Arg fröhnte man den altgermanischen Lastern des Trunks und Spiels, und mancher, der in einer einzigen Nacht 10000 Mk. verlor, ließ ohne Skrupel noch am folgenden Morgen die Würfel rauschen. Ein Erfreuen an zehrenden Zerstreuungen, ein Taumeln von Begierde zum Genuß war über die Menschen gekommen, und nur eine geringe Minderheit stand seitab und ließ sich von dem Geist der neuen Zeit mit seinem leichten losen Treiben nicht ergreifen. Diese Wenigen aber, die es verstanden, bei redlicher Arbeit und ehrsamer Sparsamkeit in ihren gewohnten ruhigen Bahnen zu bleiben, sie allein brachten es zu angenehmem und behaglichem Wohlstande. –

Das Ende der Sperre kam, die Fremden zogen stracks fürbaß, Tönning sank in seine frühere Unbedeutenheit zurück. Wo waren doch so plötzlich aller Glanz und aller Reichtum? Unvermittelt und unaufhaltsam traten die mageren Jahre über die Schwelle, dünne und versengte Ähren überall, viel Not und Elend!

„Den Hafen konnte man vor 1803 geräumig nennen"

Philipp Andreas Nemnich (1805)

Tönning schreibt man heut zu Tage. In älteren Zeiten schrieb man Tönningen. Fremde pflegen Tönningen auszusprechen; Es aber so zu schreiben, wie man wohl noch findet, verräth Unkunde der Schriftsprache.

Den Namen Tönning wollen die Meisten von Tonne herleiten. Warum? weiß man nicht. Wahrscheinlich ist eine Seetonne darunter zu verstehen. Das ältere Stadtsiegel, wovon man noch das Wapen am Flügel des Thurms wahrnimmt, führte eine Tonne mit einem Schwan. Das gegenwärtige Gerichtssiegel hat ein Schiff mit einer Tonne darinn. Die Behörde lies mir einen Abdruck desselben verweigern; Ich fand es nicht der Mühe werth, ihn auf einem andern Wege zu suchen.

Man findet noch eine andere Ableitung des Namens Tönningen,

nämlich von Döne, womit mehrere Flüsse belegt werden. Doch genug davon!

Tönning, der Hauptort der Landschaft Eiderstedt, liegt am rechten Ufer der Eider, 6 Meilen von der Mündung derselben, – auf einer Anhöhe, wie in Niemann steht, kann man nicht sagen. Einige Häuser der Stadt liegen auf dem Deich, der übrige Theil aber in der flachen Marsch. Zwey Meilen von Husum, anderthalb von Fridrichstadt, eine von Garding u. s. w.

Schöne Gegenden besitzt Tönning im mindesten nicht. Keine Promenaden. Der kleine Schloßplatz wird von Honoratioren wenig besucht. Die kahlen Ufer bieten keine angenehme Prospecte dar. Das Auge amusirt sich jetzt lediglich mit der Menge, und der immerwährenden Abwechslung von Schiffen.

Die Luft ist feucht, kalt, und sehr veränderlich. Doch hält die frische Seeluft manche Krankheiten ab. Meistens sind die Abende rauh, und angenehme Sommerabende eine Seltenheit.

Hals- und andere Erkältungs-Krankheiten sind hier vorherrschend. Ausserdem giebt es wenig Beyspiele von Fremden, die sich längere Zeit in der Stadt aufhalten, und siech werden. Ein Anderes ist es auf dem Lande der hiesigen Gegend, mit der fatalen, sogenannten Marschkrankheit, oder dem Stoppelfieber. Dies bekommen die fremden Drescher aus der Geest, wenn sie zur Herbstzeit sich auf der Marsch verdingen. Die hungrigen Geestländer erfüllen sich dann übergierig mit den starken und schweren Lebensmitteln des Marschlandes. Daher die Krankheit, wie man behauptet. Uebrigens soll sie sich sehr verseltenen.

Seit der Elb-Blockade, wechseln die hiesigen schweren oder fetten Speisen, mit manchen leichteren Nahrungs-Mitteln ab. Sie werden dem gegenwärtigen Luxus von allen Gegenden zugeführt. Ungleich besser, als vor der Blockade, fällt das Rindfleisch, sonst ein Entbehrungs-Artikel des Landes, für Hamburg.

Trinkwasser ist hier sehr schlecht. Brunnen giebt es in diesen Marschgegenden nicht. Regenwasser wird von den Dächern in Cisternen fast von allen Einwohnern aufgesammelt.

Bey der letzten Volks-Zählung, 13ten Februar 1803, hatte Tönning 1924 Einwohner. Seit der Elb-Blockade hat die Zahl sich wohl bis auf 4000 vermehrt.

Was Tönning vor Blockirung der Elbe, oder bis zum Sommer 1803, war, ist aus älteren Schriften zu sehen. Nur Weniges werde ich davon beyläufig erwähnen. Das Ganze, was nun folgt, ist fast durchaus von jener Epoche an, zu verstehen.

Der Fluß, sagt Niemann, hat hier 150 Fuß Breite. Dies ist ein Druckfehler. Lexow meint, die Breite könnte wohl eben so viele Faden seyn.

Die Eider ist mit Tonnen und Baaken gut versehen. So lange das Eis und starke Stürme keine Hindernisse in den Weg legen, kreuzen mehrere Lootsböte vor der Eider, um Schiffe, welche keine Helgoländer Lootsen haben, hinein zu lootsen. Jetzt ist die dänische Regierung damit beschäftigt, eine Loots-Galiote, welche zugleich ein Feuerschiff seyn soll, vor die Eider legen zu wollen. Lexow hat, auf Anforderung derselben, den Riß und Plan dazu eingesandt. Geht diese Einrichtung durch, woran man nicht zweifelt, so würde sie für die Handlung unstreitig vom größten Nutzen seyn.

Im vorigen Jahre sind Schiffe, 19 Fuß tief gehend, ungehindert hier angekommen. Wegen der Flächen aussen in der Eider, ist es aber nicht rathsam, so tief gehende Schiffe hieher segeln zu lassen. Auch ist die Eider kein feststehendes Fahrwasser, sondern, da der Grund zum Theil Wellsand ist, verändert es sich sehr oft bey Stürmen und Eisgängen.

Den Hafen konnte man vor 1803 geräumig nennen; Seitdem kann man es nicht mehr. Es werden seit der Elb-Blockade keine Schiffe, die tiefer, als 10 Fuß gehen, in den Hafen gelassen, um die Fahrt nicht zu stören. Größere Schiffe müssen im Winter am Strande, und im Sommer auf dem Strom vor Anker liegen.

Die Rhede ist ganz sicher. In vorigen Zeiten fuhren kleinere Fahrzeuge, bey anhaltenden westlichen Stürmen, eine halbe Meile hinauf. Jetzt aber liegen die größeren Schiffe auf dem Strom ganz sicher, und dürfen nicht so weit hinauf laufen.

So viel, wie möglich, löscht man alle Schiffe gleich bey ihrer Ankunft. Da aber zuweilen so viele auf einmal kommen, daß der Zoll und die Controlleurs nicht Alles bestreiten können, so geschieht es wohl, daß das Löschen von mehreren Schiffen, auf einige Tage eingestellt wird. Fruchtschiffe, und diejenigen, welche Manufaktur-Waaren für die Messen geladen haben, gehen den übrigen beym Löschen vor.

Im Hafen wird die Ordnung durch einen Hafenmeister erhalten, und, auf dem Strom, durch den Kommandanten des Wachtschiffes, welches hier seit dem vorigen Jahr stationnirt ist.

Es können hier, wenn auch die Wattenfahrt nicht existirte, nie so viele Güter kommen, daß sie nicht alle schnell zu befördern wären. Denn die Eider oberhalb Tönning besitzt eine Menge guter Landungs-Plätze, wohin die Güter zur Weiterbeförderung in kleineren Fahrzeuge transportirt werden können.

[...]

Ein offenes Plätzchen nahe beym Hafen, wird die Börse, auch spottweise The Royal Exchange, genannt. Hier versammeln sich, Nachmittags zwischen 4 und 6 Uhr, Spediteurs, Mäkler, Schiffer u. s. w.

Fast jedes Haus in Tönning beherbergt Fremde. Der gewöhnliche Preis für ein garnirtes Zimmer nach Tönninger Art, ist für einzelne Tage Ein Species-Reichsthaler per Tag. Man hat mir ein Beyspiel von 5 Rthlr. per Tag erzählt. Sonst aber 5 Rthlr. die Woche. Wirthshäuser für die gentile Klasse waren nicht des Nennens werth. Kürzlich aber hat ein geschickter Gastwirth, Namens Lillburn, aus Hamburg, ein Hotel in Tönning etablirt, das mit vielem Beyfall beehrt wird. Auf Subscription ist jeden Abend in seinem Hause Club, woran der eingeführte Fremde Theil nehmen kann.

Ein Schauspielhaus, wie eine Dresch-Scheune. Die Schauspieler sollen aber auch darnach seyn.

Die große Stunde der Stadt Tönning

Edmund Hoehne (1947)

Eines späten Nachmittags endlich hielt die Kutsche an der Eiderfähre südlich Tönnings. Breit lag die Mündung des Flusses da, imposant und mächtig, und ergoß sich in das heranbrausende Meer, denn es war gerade Flut. Der Anblick der schaumgekrönten Wellen im Glitzern der Abendsonne war so stolz, daß Georgs Herz hoffnungsvoll schlug. Möwen kreischten die Wogenhymne! Daß der Fährmann jetzt keine Überfahrt mehr wagte, sondern auf den Morgen vertröstete, nahm er als gutes Zeichen: So ungestüm drängte die See gegen das Land, daß sie alle Gewalt an sich riß, und eben das hatte er hier ja gesucht. Meer, werde Fluß! Fluß, werde Meer! Ein spitzer grüner Kirchturm jenseits der Eider, die wie eine Nixe dem Seesturm erlag, keuchend vor Lust, verhieß Wikingermacht.

Am nächsten Tage aber bot sich ein anderes Bild. Die Flut war zurückgetreten. Breit und schlammig lag der Uferstreifen da, und dort, wo gestern nichts als das unabsehbare Silberschild der See gefunkelt hatte, dehnten sich jetzt Watt- und Sandstreifen, Bänke und schilfgedeckte Inseln. Die Ebbe grinste fett und faul. Statt geradeaus auf Tönning zuzusteuern, wählte der Fährmann eine gewundene Strecke und landete schließlich in einem Häflein, aus dem der Wagen mühsam herausmanövriert wurde, sehr umständlich und sehr gemächlich. Vom Deich herab sah man auf ein paar Straßenzüge niedriger Backsteinhäuschen um einen Krötenpfuhl, in dem ein paar Kähne schief im Morast dösten. Das war Tönning, das Venedig des Nordens, die große Seemetropole! Gut, daß Großvater nicht dabei war! Wie hätte er geknurrt: „Wat heff ick seggt? Nix as'n Drecknest!" Zunächst kam aus dem Hafenkontor ein graubärtiger Beamter mit dänischem Käppi und wünschte den Paß zu sehen, war man doch jetzt nicht mehr im Holsteinischen, sondern im Herzogtum Schleswig mit seinen Sonderbestimmungen, das in Kopenhagen stillschweigend als dänische Provinz betrachtet wurde, wennschon nur wenige Heißsporne laut darüber redeten. Aber das Käppi sprach gut Deutsch und erwies sich als abgedankter Helgolandfahrer. Eine Rahe hatte ihm den linken Arm lahm geschlagen; er war nicht mehr seetüchtig. Mit seinen Kameraden sprach er in unverständlichen Sätzen. Georg hielt es für Dänisch, aber das stimmte nicht. Es war Eiderfriesisch, von dem der gerade anwesende Inspektor aus Tondern, ein Jüte, kein Wort verstand.

Der weite Marktplatz war mit Kopfsteinen gepflastert, zwischen denen Gras wuchs. Er diente dem halbjährlichen Pferdemarkt. Heute standen da nur drei, vier kümmerliche Buden von Gemüsefrauen. „Zum König von Dänemark" hieß der am vornehmsten wirkende Gasthof. Es war ein altväterliches Haus, in dem es nach Speck und anderen deftigen Speisen roch, dazu nach Tönninger Bier und Eiderstedter Korn. Im Gastzimmer hing das Bild des Kronprinzen Friedrich, und auf dem Tisch lagen die „Berlingske Tidende" und das „Schleswigsche Intelligenzblatt für die gebildeten Stände". Über dem Schenktisch stand an der Wand geschrieben: „It gaa üs wol up use oolen Dage."

Als Georg sich in das Gästebuch eintrug, stellte er mit Befriedigung fest, daß er der einzige Hamburger war. Ja, außer ihm hatte sich überhaupt nur ein Detlef Marxen aus Husum, Viehhändler, eingeschrieben. Nachdem das Gepäck sowie Pferde und Wagen untergebracht waren, begab sich der junge Entdecker in den Ort, um das Wie und Wo zu erkunden. Es war eine rechte, verschlafene Kleinstadt. Eine klobige Kirche duckte sich als Glaubenskoloß mit ungefügen Mauerpfeilern zwischen die engen Gassen, aber ihr hoher, zierlicher Turm züngelte als grüne Sumpfflamme aus all dem Niedersacken aufwärts. In den schmalfenstrigen Läden lag der Bedarf der umwohnenden Bauern für Feld, Hof und Stall. Wo spürte man eigentlich die nahe See? Zurück zum „Hafen"! Vielleicht verbarg er versteckten Ozeanglanz in einem Seitenwinkel.

Ein Möwenloch grüßte, kein Handelsbecken. Ein paar Torfewer hatten an den Pfählen vertäut, die aber kamen eiderabwärts aus dem Binnenland und nicht vom Meere. Nur ein Sylter Kutter aus Munkmarsch hatte den Ozean gestreift und war wieder ängstlich zur Küste gewichen.

Das Königliche Packhaus an der Kanaleinfahrt erwies sich als gut und geräumig, war aber auch so ziemlich der einzige Lagerraum. Man müßte schon Keller, Ställe, Dachböden und Scheunen dieser amphibischen Stadt zur Hilfe heranziehen, sollte hier Handel gedeihen können. Doch schien es, daß die Tonnen- und Bakenbezeichnung der Stromrinne ausreichte und in guter Ordnung war. Beim Streifen durch die Gäßlein fiel Georg auf, daß in den Hinterhöfen und auf freien Plätzen zisternenartige Gruben waren. Und richtig – es gab hier im Jahre des Herrn 1803 noch kein Brunnenwasser! Wie auf den Halligen sammelte man den Regen in Fennen, bis er faulig roch und algenbedeckt verschlammte. Ein Duft von Fisch und Moder hing über dem Fleck Ziegelbau im Eiderschilf, der sich Stadt nannte.

„In einem alten Brunnen haben wir eine arabische Lampe gefunden", erzählte stolz ein verhutzeltes Mütterchen, als er kopfschüttelnd in die grüne Brühe ihres Gartenteichs schaute. „Sie ist auf dem Stadthaus zu sehen. Auch römische Münzen!" Nun ja, man wußte aus der Geschichte, daß sogar die alten Griechen sich hier herauf verirrt hatten, um Bernstein einzutauschen. Das macht aus Tönning noch kein Marsilia. Endlich stand er vor einem untrüglichen Zeichen von Seebetrieb. „Uwe Kai Exum, Reederei", stand an einem ehrwürdigen Haus angeschrieben. Ohne langes Zögern trat er ein und bat, den Chef sprechen zu können. Die Türglocke schepperte wie eine redselige Tante dazwischen und verstummte ehrfürchtig vor dem Hausherrn.

Es erschien ein stämmiger Mann in mittleren Jahren in einem altfränkischen Rock aus holländischem Tuch. Georg stellte sich als Sohn eines Kaufmanns aus Wismar vor. Es sei eine Schiffslast russischer Pelze durch den schleswig-holsteinischen Kanal zu befördern. Wegen der Zeitläufte wolle man diesen Weg wählen. Die Flottendemonstration der Engländer vor Kopenhagen ließe Seitenwege der Sundstraße vorziehen, aber man wage auch nicht, ohne weiteres nach England hinüberzusegeln, sondern wolle die Fracht an der Eidermündung aufstapeln, um sie für eine günstige Gelegenheit rasch zur Hand zu haben. Ob Georg auf ein halbes Jahr Lagerraum mieten und Auskunft über die Hafenanlagen erhalten könne?

Exum lachte dröhnend auf und rief in den Kontorraum hinein: „Kommen Sie raus, Sörensen, das nenne ich prompte Erledigung!" Er stellte dann den Neuerschienenen als seinen Prokuristen vor und fuhr fort: „Vor ein paar Minuten sprach ich mit Sörensen, was wir mit unserm überflüssigen Schuppen machen sollen. Wir stellen nämlich unsere Arbeit vorläufig ein. Unsere Hollandroute ist uns zu unsicher geworden. Den Schuppen können Sie daher gern haben, der Zeit entsprechend billig. Und die weiteren Auskünfte möchte ich Ihnen am liebsten drüben in den ‚Drei Hirschen' geben, oder ‚Tre Hjorte', wie Sie wollen, der Wirt hört auf beides. Denn es ist Zeit zum Frühstück, und was der Mensch braucht, muß er haben, ob nun Krieg oder Frieden ist; im Krieg muß er sogar doppelt frühstücken, weil er mehr an die Nerven geht. Waren Sie schon mal in Tönning? Nein? Nun, da sollen Sie einmal richtige eiderstedtische Kost probieren, und was uns von drüben die verdammten Dithmarscher liefern, ist auch nicht schlecht. Los, meine Herren! Sörensen, Sie kommen mit. Was gäbe es wohl hier viel zu tun?"

Man fing mit einem Magenschnaps an und Georg betrachtete mit etwas bedenklicher Miene die schweren Körper der beiden Anglofriesen, die ihn auf einen Zug hinuntergossen und schon wieder nach der bäuchigen Flasche langten. War er einem derartigen Geschäftsfrühstück gewachsen? Aber er wußte als guter Hamburger, daß das nun einmal zur Sache gehörte, und nahm sich vor, seinen Mann zu stehen. „Was soll ich Ihnen über Tönning sagen?", begann Exum. „Der Ort zählt 503 Häuser und hat nicht ganz 2000 Einwohner, was sich immerhin sehen lassen kann. Im letzten Jahr passierten 827 Schiffe den Kanal. Ich habe die Zahlen im Kopf, weil ich natürlich in der Hafenkommission sitze. Neuerdings sind wir sogar eine kleine Garnison und haben zwei Strandbatterien bei Vollerwyk. Aber die drei Offiziere, richtige Heringsjüten, haben nicht viel zu verzehren, auch die Kanalbeamten nicht. Wir halten ordnungsgemäß Quarantäne, besonders wenn aus Westindien Rohrzucker einläuft, und den brauchen wir hier in Mengen. Wir saufen nämlich Teepunsch, in dem ist mehr Rum und Zucker als Wasser! Wir haben sogar zwei Ärzte, beide haben in Kiel studiert, der eine macht die Quarantäne nebenbei. Alles geht seinen guten Gang. Min Jung, du supst nich."

„Können größere Schiffe einlaufen?" fragte Georg wie von ungefähr und nahm mit verbissener Miene den dritten Schnaps.

„Sie müssen wohl schon draußen auf der Stromreede liegen. Aber sie ist sicher. Die Hauptrinne verlagert sich oft, aber sie wird ständig kontrolliert. Löschen und Laden dauert natürlich seine Zeit, weil unsere Leichter man klein sind. Aber unser Haus hat vier und mein Konkurrent Asmussen zwei. Seine Werft kann kleinere Reparaturen vornehmen; größere müssen natürlich in Cuxhaven oder Hamburg vorgenommen werden. Eine Schiffslinie betreibt er nicht, wir vertragen uns daher ganz gut, hahaha! Das bißchen Leichtern gönne ich ihm."

Der Wirt tischte gebratene Aale von Armdicke auf, dazu Gurkensalat und geröstete Kartoffeln. Man trank dazu ein schweres dunkles Bier, das Georg sehr behagte, ihm aber auch rasch in den Kopf stieg. „Tönninger Ware", sagte Exum schmatzend, nachdem er sich den sahnigen Schaum vom Schifferrundbart abgewischt hatte. „Da kommen die Dithmarscher nicht mit, trotz der Meldorfer Brauer. Sie holen sich das faßweise von uns."

„Die Dithmarscher scheinen so etwas wie Gegner der Stadt zu sein", sagte Georg. „Sie erwähnten sie schon einmal."

„Ja, das sind alte Geschichten", lachte Exum. „Wir haben uns früher nicht schlecht geprügelt. Und als es endgültig gegen ihren Bauernstaat ging, waren die Tönninger Bürger mit Wonne dabei. Das ging immer hin und her. Im Jahre 1403 hatten die Eiderstedter sieben ehrbare Frauen in Dithmarschen geraubt und sie in der Kirche von Tönning gefangen gehalten; weiß der Teufel, was sie mit den Besen wollten. Na ja, da wurden sie eben mit Mord, Brand und Plünderung zurückerobert. Bald danach hängten wir vier Dithmarscher als Pferdediebe. Dann gab's wieder einen wilden Rachezug von Süden her, und Tönning mußte sich mit schwerem Geld frei kaufen und zur ewigen Sühne ein Dithmarscher Schiedsgericht anerkennen. Auch der Dithmarscher Seeräuber, der Kurt Widerick, hat uns nicht übel mitgespielt und manches von unsern Schiffen geschnappt. Wir sind eben Friesen und sie Sachsen. Heute sind wir gemeinsam treue Untertanen des Königs Friedrich.

Von Skagen bis zur Elbe
ist alles ein dasselbe!"

Es war nicht ganz klar, ob dieser Vers ernst oder ironisch gemeint war. Mit undurchdringlicher Miene kraulte sich der alte Bauernkapitän in seinem Kranzbart, der das Kinn frei ließ, und zupfte ein Endchen Aalgräte heraus. Die Schlammtiermahlzeit, die so recht in dies Wattstrandstädtchen paßte, war beendet.

Uns Tönning

Ernst Wagener (1890)

Uns Tönning an de Eiderdiek
Kennt jedes Kind in't dütsche Riek,
Wil hier de Ossen warrn versandt
Na Hamborg un na Engelland.

Dat se to Grotes is geborn,
Bewiist de Stadt ehr hoge Thorn,
Hett ock en grot' Vergangenheit,
As in de ohle Chronik steiht.

Gar tweemal is se Festung wen,
De Sporen kann man hüt noch sehn.
Se hett de Dänen tapfer mött
Un düchti vör de Kopp se stött.

Ock später gung dat hog un sid,
Denk blot an de Blokadetid!
Wat wer hier do vör'n Weltverkehr,
As wenn dat so'n lütt Hamborg wer.

As darop keem de Engelsmann
Un lä de erste Bahn hier an,
Do leep dat Geld gewalti rund,
Un wat en Mark wer, wor en Pund.

Alleen dat har man korte Duer
Un schließli weren wi de Buer,
De Handel gung an uns vörbi,
As Hannemann gev de Sundtoll fri.

Doch is hier noch so Veles blevn,
Wat uns de Stadt makt angenehm.
Uns Tönning swömt noch immer bab'n
Trotz Mißgeschick un trotz Chikan.

Ick frag, wo in de ganse Welt
Givt so veel Porrn vör weni Geld?
Wo fangt man wol so schöne Bütt,
Un sünd de Rackers ock man lütt?

Wo sünd wol so veel schöne Böm,
As op de Schloßplatz hier to sehn?
Un wat för feines Publikum
Geiht dägli dar in Kreis herum!

Wo wid süht man von'n Eiderdiek
Herin in't grote dütsche Riek!
De Schäp de segeln ut un in
Un bring'n uns männi schön Gewinn.

Un ehrs dat Peermark schulln jüm sehn!
De ganse Stadt is op de Been.
De Schloßplatz ward illumineert,
De Spaß is dusend Daler werth.

Wo sehr de Börgers sünd solid,
Man regelmäßi abends süht.
Sodra de Köster bingeln deiht,
Een Jeder still na Muttern geiht.

Drum löv ick mi min Vaderstadt.
Un jeden Fremden segg ick dat:
„Is Di Din Leben nich egal,
So lat Di hier in Tönning dal!"

Hüt steiht de Stadt dreehunnert Jahr
Un zwar in Ehren, dat is wahr!
Wi wünschen ehr ut vollem Hart,
Dat hier dat niemals slechter ward.

„...alle Vorzüge eines Nordseebades..."

Tönning-Nordsee-Bad (um 1930)

Tönning vereinigt in sich alle Vorzüge eines Nordseebades mit denen einer ruhigen Sommerfrische, die in erster Linie der Erholung dienen soll. Abgeschlossen vom lärmenden Getriebe, zeichnet es sich durch eine Beschaulichkeit aus, die die Voraussetzung für eine innere Entspannung der Erholungsuchenden ist. Alle, die das geräuschvolle und nervenanspannende Leben der Modebäder meiden wollen, finden in Tönning die Stätte, die für eine Auffrischung der Nerven, für eine Wiederherstellung der Gesundheit geradezu ideal ist.

Tönning liegt an der als Nordseebucht in das Land einschneidenden Eidermündung, die hier eine Breite von 2 Kilometern hat, sich nach der See zu schnell auf 6 Kilometer verbreitert. Tönning bietet die gleichen klimatischen Verhältnisse wie die Nordseebäder. Die Luft ist an der Eider bei westlichen Winden, die hier vorherrschen, von einer Weichheit und Reinheit, auch bei stürmischem Wetter, wie sie selbst unmittelbar an der See nicht übertroffen wird. Die Rauheit der Nordwinde wird wesentlich gemildert durch den Schutz des Hinterlandes und der hohen Deiche, so daß das Klima im großen Ganzen durchaus mild und ganz ähnlich dem des ebenfalls gegen Norden geschützten Seebades Wyk a. F. ist. Besonders in der frühen Jahreszeit, in der die Nord- und Nordwestwinde in anderen Bädern als kalt und ungemütlich empfunden werden, wirkt sich der Deichschutz günstig aus. Diese meist kühlen Winde können den Tönninger Badestrand nicht fassen. Es kommt außerdem hinzu, daß er in seiner seltenen Südlage der Einstrahlung der Sonnenwärme voll ausgesetzt ist.

Abgesehen von der angenehmen und wohltuenden Frische, übt der Aufenthalt in Tönning die günstigste Einwirkung auch in gesundheitlicher Beziehung auf den menschlichen Organismus aus. Nicht allein, daß die Feuchtigkeit und Reinheit der salzhaltigen Seeluft die Atmungsorgane und die Neubildung des Blutes günstig beeinflußt und anregt, auch auf den Zentralnervenapparat (auf überreizte, überspannte und überarbeitete Nerven), auf Sinn und Gemüt wirken die Faktoren des Seeklimas in Verbindung mit der wohltuenden Ruhe hier aufs heilsamste ein. Nirgends an der See gibt es für all die Erscheinungen der Skrofulose und beginnenden Tuberkulose, der Ernährungsstörungen und Nervosität einen gesunderen Ort, und deshalb ist ein mehrwöchiger Aufenthalt in Tönning für an Rachitis und Skrofulose leidende Kinder sowie für alle an oben angeführten Krankheiten Leidenden vom ärztlichen Standpunkt aus durchaus zu empfehlen. Da von der Meeresoberfläche besonders die kurzwelligen Sonnenstrahlungen stark und bei bewegter See fast restlos zurückgeworfen werden, so kommt es zu einer außerordentlichen Steigerung des Stoffwechsels. Die Einwirkung der kurzwelligen Strahlen bringt schon beim Gesunden eine Steigerung des Sauerstoffverbrauchs um 15 bis 30 ccm in der Minute; beim Kranken ist diese Reaktion noch stärker. Da die Zellen der inneren Organe also ohne vermehrte Muskeltätigkeit mit einer vermehrten Verbrennung antworten, so muß das Protoplasma, der Träger aller Lebenserscheinungen, der Hauptbestandteil der Körperzellen, sich selbst angreifen und mit einer Erneuerung d. h. einer derartigen Stoffwechselsteigerung antworten, daß echtes, junges erneuerungsfähiges Protoplasma entsteht. Durch diese Umsetzungen im Körper wird der Appetit gesteigert, so daß die Eßlust besonders der unterernährten Kinder stark zunimmt. Bei der Klimawirkung der Nordsee wirken verschiedene Faktoren zusammen: Sonnenstrahlen, Wind, Hautreiz durch das Seewasser und der Wellenschlag. Der Seebadeort ist also ein Kurort, der seine Wirkung hauptsächlich klimatischen Eigenschaften verdankt, wobei allerdings dem Seebad eine nicht zu unterschätzende Bedeutung zufällt. Gerade das Nordseewasser mit seinem hohen Salzgehalt und seiner ständigen Erneuerung im regelmäßigen Pulsschlag von Ebbe und Flut ist ein wesentlicher Heilfaktor Tönnings.

„ . . . der herrliche grüne, breite Strand . . . "

Tönning-Nordsee-Bad (um 1930)

Gleich an die Stadt schließt sich, kilometerlang nach Westen aus-
laufend, der herrliche grüne, breite Strand mit seinem hohen Eiderdeich an.

Das zwischen Eiderdeich und Eiderstrand liegende, mit alter Rasennarbe bedeckte, vollständig trockene und steinfreie Vorland
bietet den denkbar angenehmsten Aufenthalt für Erwachsene und
Kinder.

Soweit das Auge reicht, sieht es auf das ihm so wohltuende satte
Grün des Rasens, auf der einen Seite begrenzt durch die rauschen-
den Fluten der Eider, nach dem Binnenland zu durch den hohen,
gleichfalls mit grüner Rasennarbe bedeckten Deich. Dieser gewährt nach der einen Seite einen herrlichen Blick über die von
Schiffen belebte Eider; Fischerboote, Segler, größere und kleinere
Dampfer ziehen oft in buntem Wechsel an unserem Auge vorüber;
nach der anderen Seite genießt man einen weiten Ausblick in die
blühende, reiche Marsch, einzelne von Baumgruppen malerisch
umgebene Gehöfte, ganze Ortschaften, weidende Viehherden beleben dies anziehende Bild.

Hier am Vorlande liegen auch die Badeanstalten, 40 saubere,
geräumige Umkleidekabinen stehen hier zur Verfügung. Die
Schwimmbecken sind gegen die Eider durch Lattenwerk abgegrenzt, um bei der Gezeitenströmung ein Abtreiben der Badenden
unter allen Umständen zu verhindern. Das Nichtschwimmer-
becken ist mit Betonplatten ausgelegt. Sichere Schwimmer können auch in die offene Eider hinausschwimmen. Das Schwimmen
ist leicht, da das Wasser infolge seines hohen Salzgehaltes überraschend gut trägt. Die Badezeiten liegen etwa von 2 Stunden vor bis
2 Stunden nach Hochwasser. Das Hochwasser verschiebt sich von
Tag zu Tag um etwa eine Stunde. Die Badezeiten werden regelmäßig bekannt gemacht. Für die Kinder ist ein besonderes, ständig mit Seewasser gefülltes Planschbecken vorhanden, in dem sie
sich jederzeit tummeln können. Große Sandspielplätze schließen
sich an das Planschbecken an. Die Benutzung ist kostenlos.

Am Badestrand die Badewirtschaft „Fernsicht".

Bootfahrten zur nahen Peinsinsel, Segelpartien, Tümmlerjagden,
Begleitung von Krabbenfischern unter fachmännischer Führung
bieten reichliche Gelegenheit, die See und ihre Reize kennen zu

lernen. Öfters ist im Sommer Gelegenheit gegeben, mit modernen Bäderdampfern Ausflüge nach Helgoland und Hamburg zu machen. Auskunft erteilt die Badeverwaltung.

Gesund und unterhaltend ist das beliebte Wattenlaufen.

Dampfschiff- und Motorbootfahrten vermitteln den Verkehr nach den auf dithmarscher Seite der Eider gelegenen Ausflugspunkten.

Für die Unterkunft stehen zahlreiche gute Hotels, einfachere Gasthöfe sowie Privatpensionen zur Verfügung.

Die Verpflegung in Tönning ist dem vermehrten Stoffwechsel angepaßt, reichlich und kräftig, dabei aber nicht teuer. Das ganze Badeleben in Tönning ist überhaupt darauf eingestellt, den Fremden eine billige Erholung zu bieten. Die Pensionspreise liegen je nach den gestellten Anforderungen zwischen 4,50 RM. und 7,50 RM., worin sämtliche Unkosten enthalten sind. Da die Badeverwaltung keine Kurabgabe erhebt, entstehen also keine weiteren Unkosten.

Die Gebühren für die Benutzung der Badeanstalten sind äußerst niedrig bemessen.

Sie betragen	Einzelk.	Dutzendk.	Dauerk.
für Erwachsene	0,40 RM	4,— RM	7,— RM
für Kinder	0,25 RM	2,50 RM	4,— RM
	Familienkarten 15,— RM.		

„Die kleine Stadt Garding ... im Westertheil dieser Landschaft"

Marcus Detlev Voß (1791)

Die kleine Stadt Garding liegt freilich im allgemeinen Verstande in der Landschaft Eiderstedt, eigentlich aber im Westertheil dieser Landschaft und noch bestimter in dem Lande Everschop. Vordem war der Ort nur ein Flekken. Auf Veranstaltung des eiderstedtischen Stallers Kaspar Hoyer aber, hat er im Jahre 1590, von dem Herzoge Johann Adolf zugleich mit Tönning das Stadtrecht erhalten.

Die damaligen Flekkenbewohner haben ungerne in diese städtische Veränderung willigen wollen. Sie würden auch wol niemals das Stadtrecht angenommen haben.

[...]

In den frühesten Zeiten war an dem Orte wo nun Garding steht, nichts als ein hoher Sand, der endlich eine Erdkruste gewann und darauf – nach der damaligen Sprachgebrauch des Landes – die Gaarde, zum Unterschied aller ähnlichen Höhen im Lande aber, der Gaardesand, auch Gardesand genennet wurde.

Gardesand ist wahrscheinlich die erste Gegend gewesen, welche von den Nordfriesen angebauet worden, wo sie auch ihren ersten Gottesdienst gehabt haben.

[...]

Die kleine Stadt ist gut gepflastert. Häuser hat sie kaum zweihundert und darunter wenig ansehnliche Gebäude. Die Gemeinde besteht zwar aus etwa dreihundert und elf Gebäuden, allein die übrigen sind ausserhalb der Stadt auf dem Lande gelegen. Oeffentliche Gebäude der Stadt sind in Garding nur das Rathhaus und zwei sogenannte unbedeutende Armenhäuser; öffentliche der Stadt und dem Kirchspiele gemeinschaftliche Häuser aber sind ausser dem Gasthause, die Wohnhäuser des Pastoren, des Diakons, des Rektors, des Kantors, des Organisten und das Sprüzenhaus mit dem Dingstock. Auch hat die Landschaft Eiderstedt hier ein öffentliches Gebäude, nämlich das Stockhaus, bei welchem zugleich eine ehrliche Kustodie befindlich ist, woran auch die Stadt einen gewissen Antheil hat.

Die Einwohner bestehen ausser den Magistratspersonen und den Kirchen- und Schulbedienten aus einigen wenigen Standespersonen, die theils in königlichen und landschaftlichen Bedienungen stehn, theils von ihrem Vermögen leben. Es sind hier ferner einige Privatpersonen, die in der Stille leben, ein Paar Advokaten und Prokuratoren, zwei Wundärzte, zwei Apotheker und vier oder fünf bedeutende Kaufleute. An Künstlern sind zwei Gold- und Silberarbeiter und zwei Uhrmacher. Unter den Handwerkern befinden sich viele Schuster und Schneider, mehrere Bäkker und Schlachter, verschiedene Zimmerleute, Tischler und Böttcher, Schmiede, Glaser , Mahler, zwei Schlösser, drei oder vier Weber, zwei Knopfmacher, zwei Rademacher, ein Knochendrechsler, ein Lohgärber, ein Sattler und Riemer, ein Drechsler, ein Kupferschmid und zwei Maurer. Ausser diesen verarbeitenden Handtierungen sind zwei Fuhrleute, viele Höker und Krugwirthe und verschiedene Arbeitsleute, die sich hauptsächlich mit allerlei Feld-,

Garten- und sonstigen Haushandarbeiten nähren und um einen Tagelohn andern dienen. Auch hat die Stadt einen Stadtmusikanten. Dagegen fehlen hier manche wichtige Gewerbe ganz, als Brauer, Branteweinbrenner, Färber, Weisgärber, Hosen und Handschuhmacher, Hutmacher, Klempner oder Blechschläger, Seiler und Reepschläger etc.

Garding hat an jedem Dienstage ein freies Wochenmarkt, das gegenwärtig nicht unbedeutend, wenigstens wichtiger als das Montags Wochenmarkt zu Tönning ist. Es sind jährlich zwei öffentliche Kram und Viehmärkte.

Nahrung und Gewerbe haben seit zwanzig Jahren merklich zugenommen. Im Herbste, wenn der Kornhandel hier im Lande geführet wird, ist hier ein so lebhaftes Verkehr, daß vielleicht an einem Dienstage mehrere tausend Tonnen Korn umgesetzt werden. Der Kornhandel dieser Landschaft hat sich in den lezten Jahren fast ganz nach Garding gezogen. Wenn der kleinere Ort bequemer zur Handlung, etwa hart an einem der benachbarten Flüsse, der Eider oder dem Hever gelegen wäre; so dürfte er unter den gegenwärtigen Aussichten bald eine nicht unwichtige Handelsstadt werden können.

Freilich hat Garding durch die sogenannte Fahrt einige Verbindung mit der nahen Eider. Diese Verbindung ist auch allerdings der Stadt und der hiesigen Handlung wichtig. Allein sie ist ihr doch nicht, was ein unmittelbarer Hafen an der Eider oder an dem Hever sein könte und noch immer mehr werden müste. Nur kleine Fahrzeuge können gegenwärtig an die Stadt kommen.

St. Peter

K. Röhrig (um 1920)

Gepriesener Strand,
gesegnetes Land,
St. Peter, ich grüße dich.
Du hast mich erquickt,
gestärkt und beglückt
Voll Lebensmut fühl ich mich.

Du Land, wo die Milch nur in Strömen so fließt,
daß weithin ein Strom sich von Segen ergießt,
St. Peter, ich grüße dich.

In Ebbe und Flut,
in Kälte und Glut,
St. Peter, ich liebe dich.
In Watten und Priel,
im Ernst und im Spiel,
wie nichts sonst erfrischst du mich.
Im Wasser, im Sand, in den Dünen, am Deich,
wie ist doch dein Leben so bunt und so reich!
St. Peter, ich liebe dich.

Im segelnden Boot,
In Sturm und in Not,
St. Peter, ich segne dich.
In lustigem Tanz,
in sonnigem Glanz,
ja, immer erfreust du mich.
Geht's einst in den Hafen der Ewigkeit ein,
dann läßt uns St. Peter zum Himmel hinein.
St. Peter, ich segne dich.

„Hier ist der interessanteste Teil von Eiderstedt"

Theodor Möller (1912)

Je weiter du dich der Westküste näherst, um so mannigfaltiger
wird das Landschaftsbild. Die immer gleiche, leichtgeschwunge-
ne Linie des Deiches, die bisher deinen Gesichtskreis einschloß,
beginnt mit einem Male ungleich und zackig zu werden, und helle Flächen leuchten dir, wie Spitzen schneebedeckter Hügel, entgegen. Du näherst dich der Hitzebank, jener Kette von Dünen, die
in der Länge von einigen Kilometern sich von St. Peter nach Or-

ding erstreckt und das Ländchen wie durch einen Wall vom Meer absperrt. Hier ist der interessanteste und an malerischen Motiven reichste Teil von Eiderstedt.

[...]

Vollkommen machtlos stand man dem verheerenden Sandflug gegenüber. Gegen die Fluten schützten in früherer Zeit, wenn auch nur unvollkommen, Deiche und Wurten; was aber schützte gegen den unheimlichen Sandflug? Nichts! Die Menschen erschöpften ihre Kräfte im vergeblichen Kampfe mit diesem „Element" und wurden dabei, wie z. B. auf Röm, mutlos und arm. Erst in jüngster Zeit hat man gelernt, wie man den Riesen bändigen muß. Als man seine heimtückische Natur gründlich erforscht hatte, gelang es, ihm Fesseln anzulegen. Da fing man ihn in einem Spinnennetz! Ueberall, wo sich der Sandflug in gefahrdrohender Weise bemerkbar macht, bepflanzt man die Düne mit Sandhalm oder Strandhafer. Diese überaus genügsame Pflanze treibt ihre Wurzeln und unterirdischen Stengel nach allen Richtungen und bildet bald ein engmaschiges, nach allen Seiten sich verzweigendes Gewebe. So wird die Düne gleichsam „fest", daß der Wind ihr nichts mehr anhaben kann. Mit ihren Köpfen fangen die Pflanzen den herüberwehenden Sand auf.

Mögen sie auch heute von ihm fast verschüttet werden – morgen schieben sie ihre Spitzen wieder durch die Sanddecke und grünen lustig weiter. So überzieht die Düne sich bald mit einem schmucklosen Kleid, das den Boden für andere Pflanzen (Heidekraut, Krähenbeere, Dünenrose) vorbereitet.

Der Riese muß es dulden, daß auf seinem Rücken eine bunte, vielgestaltige Flora sich entwickelt.

Zwischen Watt und Deich hat sich bei Ording ein rechtes kleines Gebirge mit Kämmen und Kuppen, Schluchten und Kesseln entwickelt, und mitten drin liegt, mit unsäglicher Mühe großgezogen, ein Kiefernwäldchen, auf das man dort nicht wenig stolz ist. Mit Recht!

„Gott segnete unseren Strand"

Erna Jöns (1978)

Ganz ole Lüd hebbt mi vun een russische Schoner vertellt, de hier bi Störm op de Sandbank fastseet. Wi schreeben dat Joahr 1899. In't Bad stunn blos dree bit veer Hotels, dat „Strandhotel" mit dördi Betten un mit een Veranda ut Holt vör't Hus. Denn dat „Hotel St. Peter", „Wilhelminenhöh" un „Hotel Germania". Ok wär dor noch dat Hus vun Fräulein Zapf, dat spätere „Café Lorelei". In disse Hüs keemen de ersten Gäste. Dat wärn de Wegbereiter vun unse jetzige Nordseeheil- un Schwefelbad. De Pangschonspries vör een Person bi volle Verpflegung wär dormoals dree bit veer Reichsmark. Een Kurtaxe geef dat noch nich. De Priel vör't Bad wär breet un deep, un de Gäste boaden bi schöne Wellenschlag glieks achder de Dünen, de dormoals noch hoch un breet wärn. Een beten wieder lang, noa de Dörpstrand to, stunn een Reeg Boadekoarn. Bi Flot wurrn de vun de Husknechten mit een Peerd kneedeep in't Woader foahrt. Dat Antrecken noa't Boaden wär denn nich so schaneerli. De Gäste leeten sich mitünner vun de Fischers röver rudern noa de Sandbank för twindi Penn. Man kunn sunst nirgens, ok nich bi Ebb, röverkoam.

Jo, un nu seet achder de Sandbank een russische Frachder fast, de dormoals keener mehr loskreeg, un toletz utannerbrok. De Fischers wärn toers bi't Schipp un vertellten: „Minsch, de hett de Buk vull Korn. Oaver de Käppn mit sin Mannschaft passen Dag un Nacht op, dat nix wegkummt. Ok hebbt se een Kanon un een grode Hund an Bord."

Ünnerdessen harr de Toll dor ok all Wind vun kreegen, un wiel dat Schipp nich woller loskeem, holten se dat Korn mit Bööt övern Priel, un foahrten dat in een Schuppen, ünner Obsicht vun de Toll, versteiht sick. Oabends fegten de Fischer de Ecken ut vun't Boot. In de Holtschoh un Büxentaschen full ok jo moal wat rin, dor kunn se nix för, un darum harrn se jo immer een beeten för de Höhner; de sind bestimmt ni so fett ween als 1899.

De Käppn wohnt in't „Strandhotel", bet dat Schipp löscht wär. Den Inhaber schenkt he de Kanon. Veele Joahrn hett se vör dat ole Hotel stoahn, un ok noch vör dat nie Hotel. To Sedanfier am 2. September wurr denn dormit schoaten. Nu steiht se noch bi een Dochder an't Hus. – De Hund kreeg de Besitzer vun „Wilhelminenhöh" schenkt. De grötste Verdeenst harrn wull de Fischers, de sick de Metallplatten ut de Kapitänskojüt holten. Ok harrn all düchdi wat to brenn. Dat Schipp full mit de Tied ganz utanner. Minschen wärn dor nich to Schoaden koam, un so kunn man seggen: „Gott segnete unsern Strand."

„Das Bad liegt in romantischer Gegend"

Führer durch das Nordseebad (1916)

Bad Sanct-Peter-Ording liegt auf der äußersten Spitze der weit in die Nordsee sich erstreckenden Halbinsel Eiderstedt in der Provinz Schlesw.-Holst.

Wie ein Blick auf die Karte zeigt, ist die Lage nahezu inselgleich. Macht doch das die ganze Halbinsel auf drei Seiten umspülende Meer etwas nördlich vom Bade eine tiefe Bucht, so daß auch Sanct-Peter-Ording wiederum auf drei Seiten von der freien Nordsee umgeben ist. Ein Vergleich des durch solche Lage ausgezeichneten Bades mit anderen Küstenbädern ergibt die Richtigkeit des von Dr. Scheby-Buch in seiner Schrift „Nordseebad Sanct-Peter und Ording" (Verlag von H. Lühr & Dircks in Garding) gefällten Urteils: Sanct-Peter ist das einzige Küstenbad, das durch seine Lage am offenen Meere den Namen eines Nordseebades verdient.

Das Bad liegt in romantischer Gegend. Nach Osten ist es durch die etwa 1 Meile lange Dünenkette abgeschlossen und gegen Ostwinde geschützt. Einen besonderen Vorzug besitzt es noch vor anderen Nordseebädern dadurch, daß es auch Wald hat. Es befinden sich in den Dünen große hochgewachsene Tannen-, Kiefern- und Erlenanpflanzungen.

Die Besucher Sanct-Peter-Ordings preisen an diesem Bad außer seinen großen Naturvorzügen besonders auch die hier im Badeleben herrschende Stille, Gemütlichkeit und Zwanglosigkeit, die nicht zum wenigsten dazu beiträgt, daß die Gäste an diesem von der Natur zu einer Erholungstätte geschaffenen Ort auch wirklich die ersehnte Ruhe und Stärkung finden. Diesem Umstande zumal hat Sanct-Peter-Ording sein Aufblühen zu verdanken. Die Zahl der Gäste betrug im Jahre 1913: 4695, in den Kriegsjahren 1914: 2418, 1915: 2166.

Logis und Pensionspreise.

Betr. Logis- und Pensionspreise verweisen wir auf die Inserate.

Kurtaxe, Bäder, Strandkörbe usw.

Die Kurtaxe beträgt für

eine Person	3 Mk
eine Familie aus 2 Personen	4 "
eine Familie aus 3–4 Personen	5 "
eine Familie aus mehr als 4 Personen	6 "

Das Baden geschieht im Bad St.Peter von Karren aus (Erwachsene 50 Pfg., Kinder 30 Pfg.; Dutzend 5 resp. 3 Mk.), in Ording von feststehenden Badehütten aus oder auf der vorliegenden Sandbank St. Peter-Ording (Baden frei; Ueberfahrt 30 Pfg.).

Warme Bäder in der Warmbadeanstalt.

Strandkörbe und Stühle sind in den Hotels Pensionen etc. nach Uebereinkunft zu haben.

„der Strand in Sanct Peter . . . ein vorzüglicher"

Dr. Oscar Scheby-Buch (um 1910)

Sehr wichtig ist es, die Technik des einzelnen Seebades zu besprechen, wogegen von den meisten Badegästen leider erheblich gefehlt wird, und welchem Umstande vorzugsweise der mangelhafte Erfolg zuzuschreiben ist. Man bade möglichst immer vor den Hauptmahlzeiten, frühestens drei Stunden nach dem Mittagessen, keine Spirituosen, keine erhitzende Bewegung vor dem Bade. Sehr wichtig ist die Frage nach der Dauer des Einzelbades. Man hat hier die verschiedensten Lehren gegeben. Der Engländer sagt: „three dips and then out", „dreimal untertauchen und dann heraus", oder man sagt, nicht länger als zwei bis fünf Minuten. Wir sagen, die Dauer des Seebades richtet sich in erster Instanz nach der Wärme des Wassers, welche kongruent der Wärme der Luft geht.Im Juli und meist auch noch im August ist das Wasser am wärmsten und betreffs der Tageszeit, wie wir gesehen haben, kurz vor Sonnenuntergang. Jeder Badende sollte daher sein eigenes Badethermometer haben und vor dem Bade von der Karre aus die Wassertemperatur messen. Je höher sie ist, desto länger kann er sich im Bade ergehen. Unter 15° R sollten Kinder, schwächliche und ältere Personen überhaupt nicht baden, und selbst kräftigere das Bad nicht über drei Minuten ausdehnen. Bei 15°–17° (in Sanct-Peter sind diese im Juli und August, selbst noch in der ersten Hälfte des Septembers nachmittags fast die Regel) kann man bis fünf Minuten im Wasser sein. Über 17°–20°, wie solche Temperaturen in der Hochsaison und selbst noch Anfang September in Sanct-Peter keineswegs so selten vorkommen, kann alles baden, was überhaupt das kalte Bad verträgt, und kräftigere Naturen können dieses, wenn sie sich wohl dabei befinden, bis zu zehn Minuten ausdehnen. Länger sollte man überhaupt nie ein Nordseebad, selbst bei dem wärmsten Wasser, ausdehnen. Man beachte noch in Sanct-Peter, daß man sich hierbei nicht zu weit von der Badekarre, der See zu, entfernt, da das Wasser bei ruhigem Wetter, wie man bald merken wird, sich erheblich abkühlt.

Da in Sanct-Peter die Herren- und Damenkarren nicht allzuweit von einander entfernt sind, so müssen die Damen leider Badekostüme tragen, welches die volle Wirkung des Seebades erheblich abschwächt. Entgegen dem Ratschlag von Fromm, raten wir entschieden nicht zu leinenen, sondern zu rein wollenen, aber ganz dünnen und möglichst porösen Stoffen und am besten ganz einfarbig und zwar naturfarbig, da die meisten bunten im Seebade abfärben. Das Seewasser durchdringt diese Art Wollstoffe viel leichter und schneller, als die leinenen, und sie verursachen, da sich dieselben auch viel besser anschmiegen, ein viel angenehmeres, weniger kaltes Gefühl auf der Haut, als die leinenen. Die beliebten Wachstuchhauben der Damen sind entschieden zu verwerfen als schädlich und auch völlig entbehrlich. Obschon wir ein entschiedener Anhänger der jetzt vielfach aufkommenden englischen Mode sind, ohne jegliche Kopfbedeckung in der See zu baden und das gut abgetrocknete, aufgelöste Haar am Strande völlig trocknen zu lassen, so werden sich unsere deutschen Damen doch schwerlich hierzu verstehen. Dann raten wir, Hauben aus porös-wasserdichtem, weißem Leinen zu tragen. Diese halten dem Seewasser fast völlig, wenigstens während einer Badesaison, stand, und wenn auch einige Tropfen durchdringen, so ist das kein Unglück und weniger schädlich, wie die die Luft völlig abschließenden Wachstuchkappen. Es sei bemerkt, daß der Badewirt Matthiesen in Sanct-Peter Badeanzüge und Hauben, nach unserer Angabe angefertigt, vorrätig hält. Man entkleide sich langsam in den Badekarren, etwaige Schweiße müssen erst trocken mit dem Handtuch abgerieben werden; dann benetze man, auf der Badetreppe stehend, sich Gesicht, Brust und Hals und lasse sich rückwärts in das seichte Wasser mit kräftigem Abstoße fallen. Die Schwimmer können schwimmen, möglichst auf dem Rücken; die Nichtschwimmer sollen sich stets bis auf den Kopf unter Wasser halten und nicht, wie die meisten es fälschlich thun, in dem seichten Wasser spazierengehender Weise den Oberkörper der Seeluft ausgesetzt, bewegen. Da der Strand in Sanct-Peter ein vorzüglicher und ohne Schlick und Steine ist, so ist dies sehr gut möglich. Ebenso soll man beim Zurückgehen in die Karre sich bis auf den Kopf stets unter Wasser halten. Man kriecht eben auf allen Vieren wie die Krebse, welches auf dem erwärmten weichen Sande keineswegs unangenehm ist. Diese kleine Mühe wird sich durch die dann viel bessere Bekömmlichkeit des Seebades reichlich lohnen.

Die Badefrequenz, anfänglich nur 2–300, betrug in den letzten Jahren schon 600, und viele noch mußten wegen mangelnden Quartiers in der Hochsaison, in welcher sich eben, der Schulferien wegen, fast alles zusammendrängt, abgewiesen werden. Die Zahl der Badegäste Sanct-Peters aber wird langsam und stetig steigen und der Zufluchtsort aller wirklich Erholungsbedürftigen bleiben, die hier, im Anblicke einer erhabenen Natur, in stiller, seeumspülter Dünenlandschaft dieses alten Friesenlandes ihre Gesundheit erstarken fühlen, um neugekräftigt in die Mühen des Lebens eintreten zu können. Möge Sanct-Peter auch ferner vom Geräusch des modernen Badelebens verschont bleiben, damit seinen vielen Naturvorteilen seine friedliche Einsamkeit als Schönstes nicht verloren gehe!

„Das Barometer vom Nordseebad St. Peter"

Anonym, Postkarte (um 1900)

„Wer ankommt, ruft:
‚Wie schrecklich!'
Wer hierbleibt bald: ‚Wie schön!'
Wer fortgeht, sagt: ‚Wie schade,
daß ich schon fort muß gehn'n!'
Das ist das Barometer
vom Nordseebad St. Peter."

Gruß des Scheidenden

(Fremdenbuch Strandhotel)

Anonym (um 1910)

Vor der Halle steh'n die Pferde,
Stampfen den geduld'gen Sand,
Du gesegnet Fleckchen Erde
Sei gegrüsst Sanct-Peters Strand!

Noch einmal will ich dich schauen,
Mal, das von der Eider blinkt;
Streifen über Ording's Auen
Bis wo Amrums Küste winkt.

Alle Plätzchen still und lauschig,
Seid mir noch einmal gegrüsst,
Jedes Wellchen, flink und rauschig,
Das mir je den Fuss geküsst.

Reine Lüfte, eure Kühle
Bot erquickend Morgengruss,

Linderte des Mittags Schwüle,
Hauchte mir den Abendkuss.

Stolze Wogen, euer Rauschen
Wiegte mich in Melodien;
Wie ihr necktet, Platz zu tauschen
Hier zu haschen, dort zu flieh'n.

Lichte Dünen, eure Zinnen
Waren mir statt Berg und Wald,
Und ihr gabt zu stillem Sinnen
Träumerischen Aufenthalt.

Auch von dir, du duft'ge Heide
Mit den Kindern hart und mild,
Von der prangend grünen Weide
Bleibt mir treu ein liebes Bild.

Immer wieder in der Stille
Habt ihr meinen Pfad geschmückt,
Neue Form- und Farbenfülle
Meinem Geiste eingedrückt.

Denk' ich auch der Menschenkinder
Die der Sand herangeweht?
Weiss zwar wohl, wie mehr und minder
Rasch Erinnerung vergeht.

Doch vielleicht, wenn unterdessen
Kein Gedächtnisrad mir bricht,
Will ich sie nicht ganz vergessen,
Wenigstens fürs erste nicht.

Vor der Halle steh'n die Pferde,
Halten kaum dem Abschied stand.
Lebe wohl, Sanct-Peters Erde,
Lebe wohl, mein Nordseestrand!

Von den Menschen in Eiderstedt

„. . . lauter Haußleute, davon die meiste und vornehmste der Friesischen Nation . . ."

Caspar Danckwerth (1652)

Es wohnen zu dieser Zeit keine vom Adel in dem Lande / sondern lauter Haußleute / davon die meiste und vornehmste der Friesischen Nation / wiewol sie durchgehends zum wenigsten im Osterteihl Niedersächsisch reden. Es wissen aber die so nicht gestudiret / den articulum so wenig als die Dänen recht zusetzen. Sie seynd von Gemühte etwas hochtrabend / zumahlen die aus ihrer Heimat den Fueß nicht weit gesetzet haben / halten viel auff sich und ihre Nation / verachten die Frembdelinge / als ob sie nicht so edel wären wie sie.

„. . . ein vermischtes Volk", doch „der Stamm ist friesisch"

Johann Nicolaus Tetens (1788)

Ich reiste zwey Tage im Zikzak herum, um einige alte Bekannte aufzusuchen und zu sehen, ob und wie viel sich mitten im Lande seit zwanzig Jahren verändert habe, da ich bisher mich bloß um den äußern Rand desselben bekümmert hatte. Von den Menschen, die zu meinem Jugendkreise gehört hatten, waren natürlich viele nicht mehr da. Uebrigens fand ich in dem Nahrungsstande, in der Lebensart, der Kleidung und den Sitten alles wieder, so, wie vorher, ohne auf etwas neues zu stoßen, was erheblich war. Ich fand noch die nervenfeste und knochenstarke Menschenart, etwas kaltgründig von Seiten der Phantasie und der Empfindsamkeit, aber von festem und starkem gesunden Verstand, großmüthig; und auf ihrem fetten Boden und ihrem Rest von Freyheit etwas stolz. Das feinere Frauenzimmer hat eine blasse Wasserfarbe mehr als anderswo. Die jetzigen Eyerstedter sind ein vermischtes Volk. Der alte Stamm ist friesisch, aber es sind so viele fremde Reiser aus Holland, und sonst ihm eingepfropft, daß jener nicht mehr kenntlich ist. Die friesische Sprache ist ganz aus dem Lande weg, aber die Landessprache, welche im Ganzen das gewöhnliche Niedersächsische ist, hat doch manches eigene in den Wörtern und in der Verbindung, und ist von der jenseit der Eyder in Dithmarschen eben so verschieden, als die Menschen selbst hier und dort es sind. [...]

Moralität in den Sitten habe ich mit Vergnügen überall gefunden, und nirgends einige Spuren der alten Wildheit, die man sonst in den abgelegenen Winkeln mancher Länder antrifft, und wofür einzelne Reisende auf ihrer Hut seyn müssen. In Eyerstedt und Dithmarschen kann ein Fremder allenthalben, in dem kleinsten Kathen und in jedem Winkel, sich sicher zum Schlafen hinlegen. Eben so wenig und noch weniger finde ich hier Fortschritte des Luxus. Man ißt, was der fruchtbare Boden giebt, und trinkt sein Bier, wie in meiner Jugend; und Meublen und Verzierungen in den Häusern und Kleider haben noch ihren alten Schnitt, wie sie vielleicht im Anfang dieses Jahrhunderts schon gehabt haben. So geht es in den meisten Ländern bey dem Volk, wenn man den vornehmern Theil und insonderheit die auf Universitäten, oder sonst auf Reisen gewesen sind, davon ausnimmt. Allein in den Marschen sind die neuen Moden der letztern eben kein Gegenstand der Verehrung bey dem erstern. Sie werden allenfalls angestaunt, aber mehr kritisirt, und oft mehr verachtet, als nachgeahmt. Der westliche Eyerstedter kommt überdieß selten aus seinem Lande, selten weiter als bis Garding und Tönning, und ein paarmal im Jahr nach Friedrichstadt und Husum.

„Es hat die Charakterschilderung eines Volkes ... ihre großen Schwierigkeiten"

Friedrich Feddersen (1853)

Die Bewohner Eiderstedts werden in der Geschichte als Nordfriesen bezeichnet, und gewiß sind dieselben meistens von friesischer Abkunft, theils von Alters her, theils auch, weil viele Friesen nachher hier eingezogen sind und sich namentlich wegen der damaligen Freiheit Eiderstedts vom Militairdienste hier angekauft haben. Jedoch sind auch, besonders nach den menschenverderblichen Ueberfluthungen des Landes, anderswoher neue Anbauer ins Land gezogen. Manche Familiennamen deuten auf holländische Abstammung.

Die Sprache ist freilich nicht die friesische mehr, sondern die plattdeutsche; doch finden sich manche Spuren des Friesischen auch in dem jetzigen Deutsch der Eiderstedter. Die Endsylbe büll bei den Ortsnamen, ausgesprochen böll, fast wie das friesische bell; Hörn, fr. Hährn, Ecke, Winkel, auch in vielen Ortsnamen: Kohl (Kalten) hörn, Warmhörn, Kleihörn etc., Lei, fr. Lajl, Blitz; Boos, fr. Bausem, Stall; Loo, fr. Laa, Tenne; Pesel, fr. Pisel, Staatszimmer; Dörns, fr. Dörnsk, Wohnstube; Rook, fr. Ruhk, Heudiemen; Haiz on Firrig, rechts und links beim Pferdeabspannen und leiten; Hock, fr. Hohke, Korngarbe; Kluthstock, fr. Klaudt, Springstock; [. . .]

Mit den Friesen gemein hat der Eiderstedter das freie, zuversichtliche Wesen. Eigenthümliches hat er vielleicht am mehrsten von der Ergiebigkeit seines Bodens und von der eigenen Verfassung seines Landes. Jene giebt ihm das Vertrauen des Reichen, der die Arbeit bezahlen kann und selbst nicht schwer arbeiten darf, und die Liebe zur Bequemlichkeit; diese macht mit den Verhältnissen der Gemeinde bekannt, führt ihn zur Theilnahme an Gemeinde- und Landes-Angelegenheiten, zur Kenntniß davon, zum Mitsprechen darüber. Es ist wohl wahr, was schon Dankwerth vor 200 Jahren von den Eiderstedtern sagte: „Sie seynd von Gemüthe etwas hochtrabend, zumalen die aus ihrer Heimath den Fuß nicht weit gesetzt haben, halten viel auf sich und ihre Nation, verachten den Fremdlingen, als ob sie nicht so ädel wären als sie;" – doch ist dies Letzte durch den Weltverkehr etwas abgestreift. Die Eiderstedter sind dem, der sie nur etwas gelten läßt, wohl zugänglich, und wenn auch nicht von Hause aus so gesprächig und lebendig, als die Dithmarscher, so doch auch keineswegs verschlossen und zurückhaltend. Zu Gefälligkeiten sind sie bereit, wenn auch nicht gerade ungebeten und zuvorkommend. Freie Sprache lieben sie; jenes Falsche und Heimtückische, Lauernde, jenes Kriechende, Schleichende, welches in anderen Gegenden an den Bewohnern oft mißfällig bemerkt wird, begegnet Einem hier selten. Besonders gastfrei kann man sie nicht nennen, doch auch nicht ungastlich, und wenn erst Einer als Gast aufgenommen ist, so wird er auch freundlich und gastfrei behandelt. Gegen Geringere und Untergebene ist der Eiderstedter meistens kurz, befehlerisch; doch findet man auch sehr oft ein gutes Verhältniß zwischen Herren und Dienstboten, Reichen und Armen, Vorgesetzten und Untergebenen. Dies ist indessen die Seite, wo der Eiderstedter über sich wachen sollte, daß der Geldstolz ihn nicht erfasse und ihn lieblos gegen Geringere mache, daß das Glück ihn nicht übermüthig, der Besitz ihn nicht sicher mache; – und der kleine Mann müßte sich nicht bloß von der Noth zur Arbeit treiben lassen und nicht den Reichen beneiden, nicht leichtsinnig, wenn er einmal reichlicher verdient, das Verdiente verbringen. Das Verhältniß zu den Dienstboten ist in neuerer Zeit meistens noch mehr absondernd als annähernd geworden. Das gemeinschaftliche Essen hat an den meisten Stellen aufgehört, das Leben mit und neben dem Gesinde ist weniger geworden; das Gesinde ist mehr für sich, und über dessen Ausartung wird viel geklagt. – Ein ferneres Tadelnswerthes ist die geringe Kirchlichkeit und Religiösität, die das Tischgebet, die Hausandacht und das regelmäßige Besuchen der Kirche mehr und mehr verdrängt hat. Der Eiderstedter, wenn auch nicht gottlos und frivol, ist doch im Allgemeinen nicht kirchlich-fromm und gottesfürchtig zu nennen. Aeußere Sittlichkeit, Anständigkeit, Vermeidung von groben Verirrungen kann man ihm mehr als früher einräumen. Es waren wenigstens einige Kirchspiele früher wegen Trunkfälligkeit und Liederlichkeit mancher Angesehenen, die denn Andere nach sich zogen, etwas in Verruf, wo man doch jetzt dergleichen weniger hört. Aeußere Politur hat zugenommen, auf die Zierde der Stuben, des Ameublements, der Equipagen, auf Kleiderstaat und das Mitmachen der Moden wird viel gesehen und verwandt; und wenn man in das Haus eines Hofbesitzers tritt, glaubt man oft in einer eleganten Stadtwohnung zu sein. Das ist, wie gesagt, eine Folge des regeren Weltverkehrs, in den der Eiderstedter mehr, als solche, die tiefer im Lande wohnen, hineingesetzt wird. Humor hat der

Eiderstedter durchgängig nicht viel, keine lebendige Phantasie; – ein Dichter wird hier wohl nicht so leicht sich entwickeln, wie denn auch für Kunst weniger Sinn ist, als für das Wissen, das Praktische, das Erfahrungsmäßige. – Volksgesang hört man wenig, wenn auch es nicht an Sinn für Musik fehlt. Schauspieler finden guten Zuspruch. Eigenthümliche Volksvergnügungen und Feste, die wohl nie häufig waren, haben fast aufgehört, Ringreiten u. dgl. hat fast nur die Jugend. Statt des Jordtens, der frohen Zusammenkünfte nach Weihnachten, die gewöhnlich durch Musik und Tanz belebter wurden, sind Bälle aufgekommen, und auch das Boseln, das Wettwerfen mit Boseln, hölzernen durch Blei beschwerten Kugeln, welches mit einer Zeche und oft mit Tanz schließt, findet jetzt seltener Statt als früher.

Es hat die Charakterschilderung eines Volkes im Allgemeinen ihre große Schwierigkeit. Ich wollte auch nur jenem Ausspruch Dankwerths die scharfe Spitze nehmen und ihn auf den rechten Gehalt und Grund zurückführen.

„Gespenster sind hier lange in die Spinnstuben verwiesen"

Carl Friedrich Volckmar (1795)

Eben so gehört es mit zu dem, dem Eiderstädter eignen Charakter, daß er, im Durchschnitt gerechnet, mehr mit seinem Schicksale zufrieden ist, als es sonst Landwirthe gewöhnlich zu seyn pflegen. Der Wechsel des Glücks oder seiner Einnahme ist ihm weniger fremde als andern. Der nahe Anblick der benachbarten unfruchtbaren Gegenden, hilft ihm sehr bald zu einer für sein Vaterland sehr günstigen Vergleichung, er weiß, daß man ihn ausser seiner Heimath noch glücklicher preißt, als er es wirklich ist, und daß er also nirgends Hintansetzung befürchten darf. Die innere Regierung seines Landes läßt ihm einen Schatten von Freiheit, den wenig seiner Nachbarn in dem Grade kennen. Auch hört man hier nie Klagen über die Regierung oder über das Drückende der Abgaben, die in andern Ländern so häufig daher entstehn, weil der Bauer glaubt, daß alle seine Abgaben unmittelbar in des Königs Chatoulle fliessen, und blos zu seinem Vergnügen verwandt werden; dahingegen hier derjenige, der in den gewöhnlichen Zahlungsterminen auch Tausende einzunehmen hat, immer nur einen sehr kleinen Theil davon für sich behält, und es also schon weiß, daß auch in der Landescasse ähnliche Ausgaben vorfallen. Und überhaupt sind alle seine herrschaftlichen Abgaben, die an andern Orten die größte Last des Landmanns sind, hier gerade der geringste Theil seiner jährlichen Ausgaben.

Als eins der schätzenswürdigsten Güter aber, das man bey Bestimmung der Vorzüge Eiderstädts nicht übersehn darf, ist auch die hier befindliche Aufklärung zu rechnen. Was alles zur positiven Aufklärung gehört, und welch ein hoher Grad derselben dem gemeinen Manne angemessen ist, darüber haben wir freilich noch keine allgemeingeltende Bestimmung; und wenn wir auf das sehen, was in dieser Hinsicht noch allgemein zu wünschen wäre, und was also auch dem Eiderstädter noch fehlt, so lassen sich freilich noch immer Mängel genug auffinden. Aber Aufklärung negative betrachtet, in soferne sie eine Freiheit von solchen Vorurtheilen ist, die allgemein als solche anerkannt sind, herrscht hier unter dem gemeinen Manne in Eiderstädt sehr viel mehr, als bey dem gemeinen Manne auf der Geest. Gespenster und Nachtgeister die, auffallend genug, noch häufig in dem sonst wahrlich nicht zurückgebliebenen benachbarten Dithmarschen, ihr Wesen haben, und sogar noch Predigern selbst erscheinen, sind hier lange in die Spinnstuben verwiesen. Kein Alp drückt den Eiderstädter mehr; kein Zauberer oder Hexe stört sein Gewerbe; obgleich alle diese Unholde mitten in Schleswig und Hollstein noch weit furchtbarer sind, als man es in unsern Zeiten vermuthen sollte. Hier kommen häufig Taschenspieler, Gaukler und Komödianten her, weil sie wissen, daß hier Geld zu machen ist; und auch der ärmste wendet doch einmal seinen Groschen daran, ihnen zuzusehn. Und wenn er sich gleich nicht lange den Kopf darüber zerbricht, wie das alles wohl zugehn mag, so ist er doch überzeugt, daß alles natürlich zugeht, und schreibt also auch in andern Fällen nicht gleich jede Wirkung, deren Ursache er nicht begreifen kann, übernatürlichen Kräften zu.

Juden wohnen zwar nicht unmittelbar im Lande, aber doch gleich neben an in Friederichsstadt. Katholiken, Mennonisten, und andre fremde Religionsverwandte, wohnen auch zum Theil unter uns: deßwegen hört man hier nichts von jener Intoleranz, mit der

Dummheit und Aberglaube an so vielen andern Orten, alle diejenigen verachtet und wohl gar mißhandelt, die nicht seine Dogmatik annehmen. Man denkt dieser Ungleichheit nicht, und macht in gegenseitigen Diensten keinen Unterschied.

„...worüber man sich ... am besten mit dem Eiderstädter unterhalten kann"

Carl Friedrich Volckmar (1795)

Ackerbau, Viehzucht, Deichwesen, Landgerichtsprogresse, Armenwesen, Landesverfassung etc. – das sind so die gewöhnlichen Artikel, worüber man sich allenthalben und am besten mit dem Eiderstädter unterhalten kann, und man wird finden, daß der Landmann hier sehr oft aus guten Gründen darüber räsonnirt, ohne sich immer blos auf das Mechanische dieser Gegenstände einzuschränken. Aber bey einem sehr großen Theile der hiesigen Hausleute kann man sich auch schon über diese Dinge hinausschwingen, und von wissenschaftlichen Gegenständen sich unterhalten. Auch der Aermste hört, wenn es irgend möglich ist, gerne die Zeitungen, und es ist fast kein einziges Kirchspiel, in dem nicht der Altonaer Mercur und der Hamburger Correspondent auf gemeinschaftliche Kosten mehrerer gehalten, und im Kirchspielskruge und andern Wirthshäusern öffentlich vorgelesen würde. Wer es weiß und fühlt, welch einen ausserordentlichen Einfluß die Zeitungen auf die Aufklärung ihrer Leser haben, und wie sehr ihre Lectüre zugleich wieder Beweiß von Aufklärung ist, der wird gewiß wünschen, daß dieß immer allgemeiner würde, und nun auch in jedem Kirchspiele wenigstens ein zweckmäßiges Zeitungslexicon, nebst einigen Generalcharten und einem guten geographischen Compendium zu finden seyn mögte.

Ausserdem aber existiren hier noch mehrere Lesegesellschaften, von denen einige fast blos von Bauern unterhalten werden. Die von dem Herrn Conrad Forchhammer in Husum gestiftete Leseanstalt, so wie die des Hrn. Buchbinder Schmidt in Schleswig, und eine andere in Friederichsstadt bestehende, debitiren hier viele

Bücher her. In Tönning ist der Hr. Pastor Harz Stifter einer eignen Lesegesellschaft geworden, deren Mitglieder in der ganzen Landschaft zerstreuet sind. Zur allgemeinen Litteraturzeitung, so wie zu einigen andern der besten Journäle sind noch besondre Verbindungen: kurz, wir haben hier in Eiderstädt alle die besten und vorzüglichsten Monatsschriften im litterarischen, artistischen und politischen Fache: Und diese, so wie die neuesten und besten Schriften in mehrern Fächern, finden sich nicht blos in den Häusern der Honoratioren, sondern sehr vieler Hausleute. Eins der nützlichsten Institute dieser Art, ist von den beyden sehr verdienstvollen Predigern in Witzworth, den Herrn G. J. C. Coch und J. Boysen errichtet, und enthält eine auserlesene Sammlung von Büchern, die besonders der Verbreitung gemeinnütziger Kenntnisse und guter Grundsätze gewidmet sind.

[...]

Die Ursachen, weßwegen der Eiderstädter im Ganzen genommen, auf diese höhere Stuffe der Kultur steht, liegen noch zur Zeit wohl größtentheils in der Beschaffenheit und Lage seines Landes. Der Eiderstädter Bauer schließt sich schon mehr an die bürgerlichen Stände als der Geestbauer; er kennt also mehrere Bedürfnisse des Luxus; er ist den gebildetern Klassen näher und sammlet mehrere Ideen, weil er im Umgang mit ihnen mehrere braucht. Er bedarf eben so oft der Anstrengung seines Kopfes als seiner Hände; sein Tagewerk ist bey ihm weniger mechanisch und keine immer wiederkehrende Reihe von Arbeiten. Er wird gewöhnt mit seinen Ideen mehr ins Ganze zu gehen, da ein jeder einzelne Mann ein gewisses Interesse am Wohl des ganzen Landes hat, und wenn er auch nicht unmittelbar an den dahin gehörigen Geschäften selbst Theil nimmt, doch die Handlungen der Geschäftsmänner beurtheilt und darüber debattirt.

„. . . gehört zu den kräftigen, untergesetzten Personen"

Friedrich Feddersen (1853)

Der äußern Gestalt nach gehört der Eiderstedter meist zu den kräftigen, untergesetzten Personen von mittlerer Größe, und ist ein solcher, dem man das Wohlleben ansieht. Der norddeutsche Charakter tritt aus seinem Aeußern lebendig hervor, so wie der Unterschied von dem Süddeutschen. Edle schöne Formen, wenigstens wenn man auf das Hervorschauen eines reichen Gemüths und gebildeten Geistes sieht, findet man seltener; jedoch sind recht viele junge Mädchen und Frauen von angenehmer Gestalt und Gesichtsbildung, und die Jünglinge und Männer wohlgebildet.

Minschen – as de Karkenböker vertellen

Otto Hintze (um 1930)

St. Peter, 31. 1. 1667:
„Ward der gottlose Jacob Vordies zu Brösum in seiner Hobe tot gefunden und weil Er von 1634 hero alle Mittel seiner Seligkeit verletzet, in sonderheit des H. Nachtmahls sich nicht gebrauchet, wie freundlich Er auch dazu gelenket, ohne das er in der Zeit zu Ording, da er drey Jahr gewohnet zweymahl hingewesen auch sonsten gegen sein Weib, Kinder und andere gottlos und tyrannisch gelebt, ist Er ohne christlichen Gesang nach dem 26. Visitatorial Articul den 4. Febr. an einem aborth auf unseren Kirchhoffe begraben."

Vollerwiek, Dom. 2. p. Trin. 1715:
„Getauft (das Kind von) Antje, Hans Jürgens (der in Algier als ein Sclave unter denen Türcken gefangen, und nun schon eintzige Jahre weg gewesen, eheliche Frau) und also aus ehebrecherischen Bette erzeuget, mehr als ein spurius; es ist das Kind genannt Hans

Jürgens und ist zum Vater ausgesetzet ein Soldat oder Fußknecht, so allhier in Quartier gelegen."

Osterhever, 23. 5. 1724:
„Am 23. 5. 1724 wollten Jacob von der Loo u. Margaretha Peter Hans sich copulieren lassen, besannen sich aber hernach eines anderen und ließen sich den 25. Juni in Altona trauen, doch sind sie hier proclamiret worden; aber verloben lassen wollten sie sich nicht, warum oder warum nicht, ist Gott und ihnen bekannt." – Sie war eine Witwe gewesen, als sie von der Loo heiratete. Als sie am 3. Pfingsttag, 23. Mai 1752, starb, schrieb der Pastor: „Sie hat mit beiden Männern doch ohne Leibeserben eine so vergnügte und liebevolle Ehe geführt als man nur denken mag ... und starb auch zu meiner (des Pastoren) Betrübnis als meine holdselige u. geliebte Freundin."

Oldenswort, 29. 11. 1785:
Wurde getauft „Johann, des Hausmanns Dirck Ahrens u. der † Elisabeth Nann in Oldenswort ehel. Sohn, alt ins 16. Jahr. Die Eltern sind Mennonistischer Religion, und der Knabe war noch nicht getauft worden welches denn nach vorher erlangten Unterricht in den Wahrheiten unserer Lutherischen Kirche am besagten dato geschehen."

Koldenbüttel, 24. 6. 1816:
Ist gestorben Jacob Harlop, des weil. Claus Harlop in Gonsbüll, Kirchspiels Oldenswort, u. der Christina gebor. Ovens ehel. Sohn. Als Knabe kam er bey dem hiesigen Zimmermann Odefey in die Lehre, um dessen Handwerk zu erlernen. Ein für diesen verfertigter Riß eines Hauses, der sich durch Schönheit u. Präcision auszeichnete, machte den damaligen Deichgraf Christiani aufmerksam auf ihn, und von diesem erhielt er Unterricht in der Mathematik u. im Zeichnen. Unter der Leitung desselben bildete er sich bey der Bedeichung des Kronprinzenkoogs zum praktischen Landmesser, u. seitdem war die Geometrie seine Hauptbeschäftigung. Unermüdeter Fleiß u. die größte Gewissenhaftigkeit, verbunden mit einer fast beyspiellosen Sanftmuth, waren die Grundzüge seines Charakters, und überall wurde er deswegen gesucht, wo etwas Wichtiges vorgenommen werden sollte. Seit 1809 war er auch Kirchenvorsteher u. verwaltete die ihm übertragenen Ämter eines Armenvorstehers u. Kirchenbaumeisters mit unermüdlicher

Sorgfalt. Durch die Geschäfte, die er spät im Herbste noch zu verrichten pflegte, wurde seine Gesundheit zerrüttet u. Brustübel waren es hauptsächlich, an denen er litt. Er starb während eines Geschäfts bey einer Schleuse in Husum, wo er vom Schlage gerührt wurde, in einem Alter von 55 Jahren u. 9 Monaten."

Wat dor so seggt wart – in Eiderstedt

August Geerkens (1940)

Lat de Boßel man sien Loop, seggt man in Eiderstedt, wenn an en Saak nich veel meer to ännern is.

Büst nich bang, dat du lüggst, heet dat in Eiderstedt, wenn Een to dull opsnitt.

He is in'e runne Fenn, seggen de Eiderstedters, wenn Een sien Fief nich ganz binanner het.

Du büst en Held in'e Bottermelk, wenn de Klümp dorut sünd, seggt man an'e Westküste to Een, de sik ohne Grund dick deiht.

Wat ut de Nääs in'e Mund fallt, is nich weg, see min Daglöhner bi't Kunstdüngerstraun, do neem de Wind wat mit röver na de anner Fenn, de mi ok tohöört.

Eerst de Piep in'e Brand un denn de Koo ut de Groov, warrt ok bi uns in Eiderstedt seggt, wo man je nich so licht ut'e Ru to bringen is.

Glück un Noot gaat eern Gang as Ebb un Floot, het an'e Strand vun St. Peter Een över sien Huusdöör schreven.

Wat sik de Lüd vertelln

Ut Dr. L. Meyn sin Huskalenner (1928)

De Veehdokter vun anno dummals
De Veehdokters de harrn fröher nich vel lehrt. Dat wussen se ok
sülbn, un een vun unse Buernvehdokters in Eiderstedt – ole Lüd
kenn'n em noch – de sä, wenn man tovel fraagt, wat dat Tier wul
fehl'n de: „Ik kann dar ok nich rinkieken, Finstern sünd dar ja nich
in!" Dat letzte awer, wenn he keen Hülp mehr wuß, weer, dat he sä:
„Sla'n Deuwel dood."

Mehr Glück as Verstand
Jann K. weer Boewerknech bi en Wetfru. Mal harr he Swien afle-
wert un sik darbi, as dat männimal vörkeem, orndli een anpiept.
Un richti fahrt se op'e Rüchtour mit de ganze Kraam in'e Groov.
Dat gung awer all gut, se kreegn alls werrer heel rut, un he keem
orri natt un en bet vernüchtert to Huus an. De Fru empfung em un
sä: „Gott, Jann K., dar weer ok mehr Glück bi as Verstand." Jann,
de nich op'e Mund fulln weer, antwort: „Ja, uns' Fru, Verstand
weer dar oewerhaupt nich bi!"

Swien harr he nich
Hans K., fröher Gutsinspekter in't Osten, weer en bekannte Kröger in Tönn', blos dat he en beten groff un sin Beer mitunner suer
weer. Beklaagt sik denn en Gast oewer dat sure Beer, denn sä he:
„Wo schall ik dar suns mit hen, Swien heff ik nich."

De lüttje Kroat
As de Oesterriekers 1864 mit ern Völkerschaften bi uns in't Land
keem'n, dar leeg dar in Tönn' in'e Fischerstraat bi en lüttje Börger
en Kroat in Quarteer. As he awer weller affrückt, da harr he de
Dochter vun de Börger en Andenken achterlaten. As dat nu ruch-
bar wurr, da weer dar grote Wehklaagn bi de Oellern vun de
Deern, bet de Mudder sik toletz faatn de und sä: „Dat mutt sik ja all
helpen, dat is ja man blot, dat wi dat Lüttje nich verstahn könt,
wenn dat nu anfangt to snacken."

De Lehnsmann und de Paster

De Lehnsmann seet in'e Kroog un spandeert sik 'n Lütten. Dor keem de Paster rin, un de Lehnsmann, de sik geern en beten an em reew, fung an:

„Herr Paster, wat is dat mit Se? Ik weet nich, wat ik dorto seggn schall. Verleden Sünndag hebbt Se glatt gegen de Bibel anpredigt."

„Wie könt Se dat behaupten!" reep de Prester.

„Tscha, Se hebbt seggt, dat de Engels Flüchen harrn un flegen kunn'."

„Dat hebbt se ok un dat kön'se ok."

„Awers, Herr Paster, Jakob seeg doch, dat de Engels en lange Lerrer roplepen na de Himmel; wenn se flegen kunn', denn harrn se doch keen Lerrer nödig hatt."

„Tscha, Herr Lehnsmann", sä do uns' Paster, „dedore Engels, de Jakob seeg, de harrn jüst den Opdrag hatt, en olen besapenen Lehnsmann, de sik in sin Duntje na'n Heben rop verlopen harr, na de Höll daltobringen, un bi dat Geschäft harrn se sik de Flunken versengt un müssen, bet se werrer wussen weern, en Lerrer nehm."

De Lehnsmann drunk sin Punsch ut un gung.

De Landrat und de Kröger.

Dat is al lang her, do keem unse Landrat mal up'e Reis' in en lütt Dörp bi'n Kröger rin, de weer as Sleef bekannt.

„Bringen Sie mir einen Grog", sä de Landrat, denn dat weer kold buten.

„Dat deiht mi leed", antwort de Kröger un reew sik de Hannen, „dat dörf ik nich."

„Wat!" reep de Landrat, „das dürfen Sie nicht? Was soll das heißen? Ich bin der Landrat."

„Tscha, Herr Landrat, dat is't jo jüst. Sehen Sie hier, Herr Landrat, hier de Süperlist: Alkoholische Getränke dürfen nicht erhalten: H. Petersen aus Oldörp, P. Hansen aus Niedörp. Der Landrat."

„de Professer (Otto Mensing) höllt 'n feine Reed ..."

Ut Dr. Meyn sin Huskalenner (1936)

As de Weimarsche Republik an't Ruder weer un de Tostänn ümmer slechter wurrn, seten dar mal wecker Buern in'e Kroog to schimpen. Een maak dat awer besonners slimm un schull op de Regeerung, de nicks verstunn un an allns schuld weer, bet dar een sä, he schull sik man in acht nehmen, dat geew en Republikschutzgesetz, dat he dar ni mit in Palai keem. He weer awer so in'e Fahrt, dat he sä: „Ach wat, ik sch...t op de dar ganze Republik." Dat hörten awer ok Ohrn, de dat nich hörn schulln, un de Buer wurr anklaagt, un ward vörlaad na Flensborg. Do ward em raad, he schall doch de berühmte plattdütsche Professer ut Kiel, de so schön plattdütsch schrifft un Theater spelt, as Sachverständige vörslagen, daroewer uttoseggen, dat „ik sch...t dar op" op plattdütsch garkeen Schimpword is. Dat geiht nu ok los, un de Professer höllt en feine Red vör't Gerich oewer de gemütvulle plattdütsche Spraak, wat unse Moderspraak is, un wo unner de ruge Butersiet en golden Kardl sitt, so dat man jüß to sin beste Fründ am dütlichsten snackt, un wenn't darop ankummt ok mal seggt: „Ick sch...t op din ganze Klookheit oder op de ganze Kraam"; un mehr harr de Angeklagte doch ok eegentli nich seggt. He snackt natürli plattdütsch, de Professer, un all ward se ganz heemli to Mood, de Richters, de Staatsanwalt un de annere Gerichtspersonen, as wenn man lang in'e Fremde weer un is nu ton eersten Mal weller to Huus. De Staatsanwalt markt awer doch, dat unse Professer dat fuustdick achter de Ohrn hett un dat he dat ganze Gericht so'n lütje beten vernarren höllt, un seggt, ok op plattdütsch: „Wat wurrn Se nu seggen, Herr Sachverständiger, wenn ik sä, ik sch...t op Ju ganzes Gootachten". Do seggt unse Professer: „Dat wurr mi banni freun, Herr Staatsanwalt, denn denn wuß ik, dat Se mi verstahn hebbt." – Dat Gerich schall en Insehn hatt hemm, awer doch seggt hemm, de Angeklagte schull sik leewer en beten mehr vörsehn, dat kunn nich ümmer so gut aflopen.

Wat Fründ Hermann mi vertellt hett

Rolf Kuschert (1993)

Een lütje Lump

Dat weer in de Johrn, as in Eiderstedt de Ossen so chräsig chut die-hen dähn. Dor reisten twe Buern na Hamborg und harrn doar düt un dat to beschicken. So bi Middag 'rum, kregen se Hunger. „Du, Peter, mi dücht meist, wi schull'n bi lütten 'n bäten in't Liv krie-gen!" „Ja, Hannes, dat kunn'n wi. Wat dücht di von dat dore Hus? – Wat steiht dor an? ESPLANADE! Dat süht nich' ring ut!" De bei-den stüern dor rin, allens is so fein, dat mögt se liden, kriegen sick 'n Disch, und dor kummt ok al'n ganze vörnehme Mann in'n rich-tige Frack. „Guten Tag, meine Herren, womit kann ich dienen?" „Ja, wie schull'n gern 'n beten to Eten hemm. Wi sind all sit Klock veer in de Been!" „Gewiß meine Herren, ich bringe Ihnen die Kar-te." „Ja, töv mal, erstmal lat uns man 'n lüttje Cognac kriegen!" „Ja-woll, meine Herren, zwei Cognac!" – und he hult af. Dat durt ok nich lang, dor stellt he twe Gläs up de Disch – ganze vornehme: Schwenkers – up de Grund vun de Gläs schwabbelt de Cognac, dor grient Peter un droht den feinen Macker mit de Finger: „Du lütje Lump, wullt du wull vullschenken??!"

Kaiser und Buer

Een rieke Buer ut Eiderstedt weer na Berlin reist. As he „Ünner de Linnen" spazeern de un sick dat Leben in de Hauptstadt bekeek, funn he dor 'n ganze feine Laden mit Möbels. Dat weer wat: Ut de grote Welt 'n paar feine nie Stöhl för de Döns bi 't Hus. Dat kunn Mudder sach' ok gefallen! He stüert in de Laden, un furts kummt dor en Kirl op em to un fragt em na sin Begehr. „Ik wull mi man mal de Stöhl beluern, de ik dor in't Finster seh'n heff!" „Gewiß, mein Herr, dieses hier ist ein Modell von ganz besonderer Quali-tät. Ich kann Ihnen verraten: Wir durften gerade einen davon für Majestät ins Schloß liefern!" „So, för Kaiser Willem seggst du – ja, denn schick mi man mal 'n half Dutz davun na Koo'mbüttel!"

Von einigen Eiderstedter Persönlichkeiten

„. . . drei bedeutende Gelehrte"

Friedrich Hoffmann (1955)

Die kleine Landschaft Eiderstedt hat in der ersten Hälfte des 19. Jahrhunderts drei bedeutende Gelehrte hervorgebracht, die weit über Deutschland hinaus bekannt geworden sind und deren Namen noch lange Zeit nachklingen werden. In Garding wurde der Historiker Roms, Theodor Mommsen, im Jahre 1817 geboren, in Tönning der Chirurg Friedrich Esmarch im Jahre 1823 und ein Menschenalter später im Kirchspiel Oldenswort der Soziologe Ferdinand Tönnies im Jahre 1855. Von ihnen haben Esmarch und Tönnies ihr Leben in ihrem Heimatlande Schleswig-Holstein an und mit der Landesuniversität verbracht und sind in Kiel verstorben. Tönnies war zuletzt ordentlicher Professor der Sozialwissenschaften der Kieler Universität mit dem Titel eines Geheimen Regierungsrats.

„. . . die unauslöschliche Liebe zur Heimat, die Anhänglichkeit an Schleswig-Holstein"

Friedrich von Esmarch (um 1905)

Wenn ich am Abend meines Lebens, das reich an Mühe und Arbeit, an Erfolgen und Anerkennungen, aber auch nicht von Sorgen und Mißgunst verschont geblieben ist, mich daran mache, meine Lebenserinnerungen niederzuschreiben, so erfülle ich nur eine Dankespflicht, wenn ich im ersten Teil, den Kinder- und Lehrjahren, zunächst meines trefflichen Vaters, meiner treusorgenden Mutter gedenke. Beider Charakter, der Vater streng, herbe, aber voll verhaltener Liebe zu seinen Kindern, die Mutter sanft und offenkundiger in ihrer Zärtlichkeit gegen uns, ist, da der Mensch ein Produkt von Anlage und Erziehung ist, natürlich nicht ohne Einfluß auf meinen Charakter und Werdegang geblieben. Eine glückliche Mischung aus beiden, Energie, die das ins Auge gefaßte Ziel streng verfolgt und herbe, bisweilen (namentlich in der Jugend) sogar rücksichtslos die entgegenstehenden Hindernisse aus dem Wege räumt, gepaart mit nachgiebiger Milde, sobald an mein Gefühl appelliert wurde, sind, glaube ich, der Grundzug meines Wesens, ein Erbteil von meinen Eltern, denen ich, solange ich lebe, in herzlicher Dankbarkeit mich verpflichtet fühle.

Mein Vater, Theophilus Christian Caspar Esmarch, stammte aus einer Hauptlinie der Esmarchs, die ihren Stammbaum bis ins Jahr 1450 ins Dorf Esmark im Kirchspiel Satrup in Angeln verfolgen können und tüchtige Männer waren, die als Politiker und Geistliche, als Aerzte und Gerichtspersonen ihrer Heimat manchen Dienst geleistet haben. Meine Mutter, Friederike Brigitte Homan, eine wegen ihrer Schönheit, Liebenswürdigkeit und Weiblichkeit berühmte Frau, und die Tochter eines alten Husumer Patriciergeschlechtes, reichte meinem Vater, einem schon damals trotz seiner Jugend in beiden Herzogtümern sehr angesehenen Chirurgen und beliebten Arzte, den wirkliche Liebe zum Berufe zum Mediziner gemacht hatte, die Hand. Er genoß seine Erziehung im Kopenhagener Kadettenkorps. Wie er zum Offizier befördert werden sollte, entschloß er sich, diese Laufbahn aufzugeben, und einem Triebe seines Herzens folgend, studierte er Medizin.

Das tat er mit so gutem Erfolge, daß er schon nach 3 Jahren ein glänzendes Examen machte und sich 1818, erst 19 Jahre alt, als „Lic. med. et chir." in Husum niederließ, um bald darauf nach Tönning, wo er Physikus der Landschaft Eiderstedt, Tönning und Garding wurde, überzusiedeln. Hier war es, wo ich am 9. Januar 1823 das Licht der Welt erblickte. Meine ersten Erinnerungen sind eng verknüpft mit dem Berufe meines Vaters, der dort der alleinige Arzt war. Erst viel später kam noch ein jüdischer Arzt, Lewestam, hinzu. Infolgedessen war seine Praxis eine sehr ausgedehnte und bei den schlechten, im Winter fast unergründlichen Verkehrswegen äußerst beschwerliche. Die Wege in der Marsch waren so schauderhaft, daß man mit dem Wagen gar nicht, zu Fuß nur sehr mühsam fortkommen konnte und in dem Schlick, einer

lehmigen, zähen Masse, alle Augenblick stecken blieb. Dazu kam, daß die Gräben, die zu beiden Seiten diese Wege begrenzten, und die man nur mit Hilfe von langen Stangen, sogenannten Klotstöcken, überspringen konnte, oft über ihr gewöhnliches Niveau hinaustraten und die Umgebung überschwemmten. Im Sommer dagegen ist die Gegend sehr schön. Von den hohen Deichen, welche das ganze, tiefer oft als der Meeresspiegel gelegene Land vor dem Eindringen der Nordsee – im Sturm der blanke Hans genannt – schützen, hat man eine prächtige Aussicht über die von unzähligen Gräben durchschnittenen Felder, die im Sonnenschein wie Silberbänder glänzen, mit ihren fetten, buntfarbigen Ochsen und über die im Frühsommer blühenden gelben Rapsfelder. In solchen Zeiten nahm mein Vater mich oft mit hinaus auf die Praxis, und auf diesen Touren war es, wo in mir der Wunsch immer klarer und immer greifbarer wurde, auch mein Leben in den Dienst der leidenden Menschheit zu stellen. Noch eins aber verdanke ich diesen Fahrten in die Marsch hinaus mit dem weiten Blick über die fetten Weiden oder vom Deich hinab über das brandende Meer: die unauslöschliche Liebe zur Heimat, die Anhänglichkeit an Schleswig-Holstein und seine Bewohner, die stärker war, als die lockendsten Versprechungen, die man mir machte, um mich anderswohin zu ziehen. Land und Leute Schleswig-Holsteins habe ich schon in meiner Jugend kennen und lieben gelernt. Sonntags statteten wir oft befreundeten Familien unter den Marschbewohnern Besuche ab.
[...]
In Tönning war es auch, wo ich meinen ersten Unterricht erhielt in der dortigen kleinen „Klippschule", einem pädagogischen Institut, das einträchtig Knaben und Mädchen zusammen die ersten Elemente des Wissens beizubringen suchte. Hier war es auch, wo ich zum ersten Mal einen wirklichen lebendigen Soldaten gesehen habe, und zwar einen dänischen, der in seinem roten Rock schwer betrunken vor unserer Klippschule im Rinnstein lag. Der Eindruck, den ich dadurch von dem dänischen Militär erhielt und der ein wenig günstiger war, wollte lange nicht aus meinem Gemüte heraus, und jedesmal, wenn ich später im dänischen Kriege einen roten Rock vor mir sah, tauchte das Bild aus meiner ersten Kinderzeit wieder in mir auf. An sonstigen Erinnerungen aus dieser meiner ersten Kinderzeit habe ich nur noch eine im Gedächtnis bewahrt; sie betrifft einen scherzhaften Unfall meiner Tante, der damals viel belacht wurde.

Die gesellschaftlichen Verpflichtungen, die einem auferlegt wurden, waren oft sehr unbequemer Natur, namentlich für die Damen. Für die Besuche, die recht häufig gemacht wurden, da in der immerhin nur kleinen Stadt ein reger gesellschaftlicher Verkehr herrschte, waren Wagen natürlich nicht vorhanden. Die Herren mußten deshalb zu Fuß durch die oft unergründlichen Straßen ihre Besuche machen, während die Damen sich in Sänften, sogenannten Portechaisen, tragen ließen. Eines solchen Beförderungsmittels bediente sich auch eines Abends bei heftigem Schneegestöber meine Tante, als sie in Gesellschaftstoilette sich zu Bekannten hintragen lassen wollte. Kaum war sie eingestiegen, als auch der Fußboden der Portechaise sich löste. Im selben Augenblicke liefen aber auch die Träger im Trabe fort, den Fußboden ruhig liegen lassend, und meine Tante in leichten Schuhen mußte mit den kräftigen Leuten Schritt halten im aufgeweichten Schnee und Straßenschmutz, zumal die Träger ihren Ausruf, den sie in ihrer Angst verkehrt herausbrachte, nicht verstanden. Sie rief nämlich: „Lat mi öbel, ik war rut!", während sie rufen wollte: „Lat mi rut, ik war öbel". Endlich durch ihr Schreien aufmerksam gemacht, erlösten sie die alte Dame aus ihrer qualvollen Situation. Sie hat aber noch oft nach dem Sprichwort „Wer den Schaden hat, braucht für den Spott nicht zu sorgen", sich auslachen lassen müssen.

„dat Stück mit dat Esmarckdenkmal"

August Geerkens (1944)

Ut disse Tiet stammt dat Stück mit dat Esmarckdenkmal, en Stück unfriwillige Humor, as man seggt. De ole Esmarck, sleswiholsteensche Patriot un düchtige Dokter – in Berlin hangt sien Bild mit in dat Aerztehuus in de Luisenstraat –, dar is nix gegen to seggen, also de ool Esmarck weer tofälli in Tönn boren. He harr denn ok noch de Tante vun'e lezte Kaiserin to'n Fru, weer also sotoseggen de Kaiser sien Onkel. De Börgermeister to domalig Tiet, „Hoheit" nöömten se em, hett sach vun Titels un Ordens darbi droomt, wenn he de ool Esmarck en Denkmal setten wull un em richti sowiet kreeg, dat he na Tönn keem, sik en Stääd för sien Denkmal uttosöken. Hier kreeg de „Kladderadatsch" se al bi de Büx un broch en Bild, Esmarck op'n Tünn, as he Proov steit to sien Denkmal. Natürli sünd dat Tönners ween, de dat utheckt hebbt, man kunn sik ok denken, weer. Dat Denkmal, waa för sammelt wurr, hett denn Professor Brütt maakt, en schöne Bronzestandbild, wat naher in Gegenwart vun Esmarck un sien Famili un allerhand „Koniferen" inwiet wurr. De Biller hangn dar noch vun in Tönn. Esmarck weer in sien Hofuniform, sien Fru, „Tante Jette", vun grote Umfang, in en grote sieden Robe, un erm grote Lulatsch vun Jung as Wandsbeker Husarenleutnant in sien Uniform. Alle Deerns keken na em, un sogar de ole Tine B., Mudder vun en ganze Koppel Kinner, see, Gott wat en smucke Jung, – blots mit sien Rietbüx keem se nich torech, – se meent, se harrn em doch en anner Büx antrecken mußt, mit de grote Flick vör de Steert, waa süüd dat ut. – Dat Denkmal stunn je nu un de Lüüd gewöönten sik dran. As aver vör wicker Jaren de „Woche" mal'n Bildsammlung vun Verrücktheiten ut de Kaisertiet broch, de weer dat Bild vun de Inwiehung vun dat Esmarckdenkmal in Tönn, mit Esmarck ünner sien egen Denkmal, dat Glanzstück in disse Sammlung.

„. . . das Bild eines stillen, behaglichen, ja fast idyllischen Lebens . . ."

Ferdinand Toennies (1935)

Wenn man auf seine frühe Jugend gealtert zurückblickt, so muß man auf der Hut sein, die Jugendzeit und die Vergangenheit nicht zu sehr zu vergolden. Das kann in mannigfacher Weise geschehen. Ich halte es für geboten, zuerst von dem Boden zu reden, „darin unseres Lebens Wurzeln stehn"; dies hat vielleicht um so mehr Interesse, zumal für jüngere Leser, wenn dieser Boden von dem Boden, der ihnen vertraut ist, sehr verschieden ist. In diesem Falle befinde ich mich nicht allein dadurch, daß es ein ländlicher Boden ist, sondern besonders auch, weil es ein solcher von eigener Art war: die Marsch des westlichen Schleswig, also geologisch betrachtet die jüngste Formation der Erde, die aus Anschwemmungen des Meeres gewonnen und durch künstlich gebaute Deiche vor den Launen des Meeres geschützt worden ist. [...]

Wenn ich nun auch an die Zeit meiner frühen Kindheit zurückdenke, so muß ich sogleich der politischen Verhältnisse mich erinnern, die nicht nur seit Jahrhunderten durch das Verhältnis der Herzogtümer (die ja auch die Elbherzogtümer hießen) zum Königreich Dänemark und ihrem Monarchen, der zugleich Herzog in diesen Herzogtümern war, besonders für Schleswig sich schwierig entwickelt hatten, sondern durch die jüngsten Ereignisse sich schwer verdüstert hatten. Sehr bald bin ich dessen innegeworden, daß wenige Jahre vor meiner Geburt die Empörung der Herzogtümer ein für sie trauriges Ende genommen hatte.

Ich gedenke nun meiner lieben Eltern. Die väterliche Familie gehörte den eingewanderten „Holländern" an, die wohl in mehreren Zügen ins Land gekommen waren, hauptsächlich, um als Erbauer der Deiche, worin ihre Heimat ohne Zweifel fortgeschritten war, arbeitend und lehrend zur Geltung kommen. Von da aus machten sie als Gewerbetreibende sich nützlich und blieben – wohl bis in die Mitte des 18. Jahrhunderts ohne Konnubium mit den einheimischen Hausleuten – um so mehr beflissen, ihre Habe zu verbessern, offenbar nicht ohne Erfolg. So hatte der Urgroßvater meines Vaters die Posthalterei in „Oldenswort-Straße", wo auch Kirche und Schule unseres Kirchspiels vorhanden waren. Hier lag also der Mittelpunkt unseres Lebens.

[...]

Der Verkehr mit den kleinen Leuten war durchweg freundlich. Es war üblich, dem Arbeiter auf dem Felde oder bei der schweren Arbeit des „Kleiens" (Erneuerung der Gräben zwischen den Fennen) ein „Gott help" zuzurufen, was dankbar aufgenommen wurde. In der [„Oldenswort]-Straße" gab es immer hülfsbedürftige Familien und manche arme Frau, die gelegentlich zu Diensten herangezogen wurde: die eine als Wartefrau, die andere als Amme zu gelegentlicher Aushilfe (sie hatte selber immer kleine Kinder), die dritte, ein schwer verwachsenes älteres Fräulein, war in jedem Jahre wochenlang im Hause als Gehilfin der Mutter bei der Anfertigung der Kleidungsstücke für uns Kinder. Dies war Tine Tee (sie hieß wohl eigentlich anders), eine notwendige Gestalt meiner Kindheit. Sie sprach plattdeutsch wie alle, konnte aber ein Märchen in hochdeutscher Sprache erzählen, das vom Rotkäppchen, und mußte uns von Zeit zu Zeit damit erfreuen.

Wenn ich mich in die ganze damalige Umgebung zurückversetze, so gewinne ich das Bild eines stillen behaglichen, ja fast idyllischen Lebens, das für mich vielleicht ein zu frühes Ende genommen hat. Ich war noch in meinem fünften Jahre in die Kirchspielschule gekommen, da ich schon zu Hause durch die liebevolle Sorge einer Magd, Gretchen Schulz, lesen gelernt hatte; so mußte ich bald den „Kleinen" helfen, es zu lernen, und ich wurde gleichzeitig mit meinem Bruder Wilhelm in die zweite mittlere Klasse versetzt. Herr Deethmann war ein milder Lehrer. Um zu strafen, ließ er das ungezogene Kind an sein Pult kommen und schlug in die Hand mit einem gespaltenen Lineal, was uns natürlich Töne angeblichen Schmerzes entlockte, in Wirklichkeit aber wohl kaum wehtat.

Von dem Leben meiner Eltern, während sie mit uns, die wir bis zur Zahl von sieben Kindern anwuchsen, in Eiderstedt wohnen blieben, habe ich teils noch eine lebendige Erinnerung, zum anderen Teile belehren mich darüber die Briefe meiner Mutter an ihre Schwester. – Für ihren Verkehr kamen zuallererst nahe Verwandte und Nachbarn in Betracht. In Osterende, einem Teil des Kirchspiels Oldenswort, eine kleine halbe Stunde von unserem Hauberg entfernt, wohnte die ältere Schwester meines Vaters schon seit langem mit ihrem Mann, dem Ratmann Adolf Theodor Thomsen [1814–1891], der durch seine politische Tätigkeit zuerst in der schleswigschen Ständeversammlung, dann auch im Reichsrat zu Kopenhagen als ein Vorkämpfer für das Deutschtum Schleswigs sich Ruhm erworben hat. Er ist viel später noch Mitglied des Preußischen Hauses der Abgeordneten gewesen, mußte aber wegen eines zunehmenden Gehörleidens die politische Tätigkeit aufgeben. Mein Vater war sein vertrauter Freund, und so war der Verkehr lebhaft, der sich auch auf Thomsens Schwager, den Ratmann Hanken, erstreckte, der im gleichen Kirchspiel viel weiter entfernt wohnte, näher bei Tönning. Außerdem pflogen die Eltern näheren Verkehr mit den beiden Pastorenhäusern, dem des Hauptpastors und des Diakonus; beide Häuser waren auch für uns Kinder, besonders durch ihre schönen Obstgärten, Gegenstände der Verehrung. Überdies gab es immer einigen auch häuslichen Verkehr mit den beiden Städten. In Garding wurde wenigstens einmal zu ihrem Geburtstage die dort noch wohnende Großmutter geb. Matthiesen besucht, von der ich eine deutliche Erinnerung habe. Sie scheint eine eifrige Leserin gewesen zu sein und besaß allerhand Bücher.

„Meilenweit wäre ich gewandert, um ihn zu sehen .."

Mark Twain (1891)

„Ich war hocherfreut, einen Sitz an der Mitteltafel zu erhalten, an welcher auch die beiden Helden des Abends saßen, obwohl ich durchaus nicht gelehrt genug bin, um eine derartige Ehre zu verdienen . . . mit Männern zusammen zu sein, welche an einem Tage mehr vergessen, als ich je gewußt habe. . . . In kurzer Zeit war der ganze Saal voll, es hieß, es seien gegen viertausend Personen anwesend. An jeder Tafel stand ein Student im Wichs seiner Verbindung. Diese Trachten sind alle von reichem Stoff in glänzenden Farben und außerordentlich malerisch.

Mancher ausgezeichnete Gast war schon durch die Ehrengaarde an seinen Platz geleitet worden, da erklangen noch einmal die drei Trompetenstöße, und wieder fuhren die Rapiere aus den Scheiden. Vom fernen Eingang her blitzten die erhobenen Schläger – „Mommsen!" ging es flüsternd durch die Reihen. Der ganze Saal erhob sich, rief, stampfte mit den Füßen, klatschte mit den Händen, rasselte mit den Biergläsern. Es war ein wirklicher Sturm. Dann drängte sich der kleine Mann mit dem langen Haar an uns vorbei und nahm seinen Sitz ein. Denkt Euch meine Überraschung! Ich hatte ja nicht im Traum daran gedacht, daß ich den Mann leibhaftig vor mir haben würde, der die ganze römische Welt in seinem lichtvollen Haupte trug. Meilenweit wäre ich gewandert, um ihn zu sehen, und hier saß er, ohne daß es mich die kleinste Mühe oder Reise oder sonst etwas gekostet hätte."

„. . . geprägt durch Besonnenheit, Unbestechlichkeit und Gerechtigkeitssinn . . ."

Olaf Klose (1955)

Volquart Pauls war ein heimatgebundener Mann, wie man ihn sich nicht ausgeprägter vorstellen kann, der aber dabei den weiten

Blick nicht verlor, vielmehr Schleswig-Holstein in den großen geschichtlichen Zusammenhängen sah. Wie ein Bauer auf seinem Besitz stand er fest verwurzelt auf seinem Platz, prüfte, wog ab und urteilte, sprach und schrieb von dieser festen Position aus. Pauls war Friese. Am 23. 1. 1884 wurde er in Kating in Eiderstedt geboren. Sein Vater war der Deichgraf Jacob Friedrich Pauls, ein Mann, zu dessen hervorstechendsten Eigenschaften Gerechtigkeitssinn und Pflichtgefühl gehörten und der ebenso wie die ganze Familie zu den Anhängern der schleswig-holsteinischen Sache gehörte. Pauls war stolz darauf, sich zu einer „Oproersfamilie" zählen zu dürfen. Sein Geschichtsbewußtsein begründete sich auf die Eindrücke, die er in der Kindheit wohl zum Teil durch Erzählungen seines Vaters erhielt. Er hatte die Geschichte Schleswig-Holsteins im 19. Jahrhundert gewissermaßen bewußt miterlebt, und sie stand ihm dadurch lebendig vor Augen. Wie so viele Schleswig-Holsteiner war auch der Vater bitter enttäuscht über die preußische Lösung der schleswig-holsteinischen Frage, trotzdem stand er nicht lange abseits. Sein starkes Verantwortungsbewußtsein veranlaßte ihn bald dazu, sich einzusetzen und sich öffentlich zu betätigen.

In diesem politisch und geistig regen Hause verbrachte Volquart Pauls die ersten 13 Lebensjahre, und man kann sich leicht vorstellen, wie die Berichte des Vaters und die Gespräche der Männer das Interesse des aufgeweckten Jungen fesselten, und die Probleme der damaligen Zeit: das geschehene Unrecht und die trotzdem erfolgte Mitarbeit des Vaters dem Lebensweg und den Gedankengängen des Sohnes die Richtung gegeben haben.

[. . .]

Pauls war nicht nur der Mann von ungewöhnlicher Klugheit, begabt mit einem scharfen Verstand und gutem Gedächtnis, er war geprägt durch Besonnenheit, Unbestechlichkeit und Gerechtigkeitssinn. Diese Eigenschaften schufen ihm Achtung, Ehrerbietung und Anerkennung auch bei den Gegnern. Wir, die wir ihn näher kannten, wußten, welch warmes Herz in der Brust dieses Mannes für seine Familie, seine Freunde und seine Heimat schlug. Die besten Eigenschaften, die man einem Schleswig-Holsteiner nachsagen kann, vereinigte er in sich.

Von einigen schreibenden Eiderstedterinnen

Neuw-Jahrs-Liedlein

Anna Ovena Hoyers (1650)

I.
N.
I.
G.
G.
I. N. I. G. G. V. G. G. I. N. I.
G.
G.
I.
N.
I.
Im Namen Jesu Gebe Gott Uns Gut Gluck
Im Newen Jahr.
I.
N.
I.
S.
A.
I. N. I. S. A. V. A. S. I. N. I.
A.
S.
I.
N.
I.
Im Namen Jesu / Steht Auff Von Allen Sunden /
Im Newen Jahr.

Steht Auff Von Allen Sünden
In diesen Newen Jahr /
Werdet sehend ihr blinden /
Das new Liecht scheinet klar /
Ehrbar und Redlich handelt /
In dieser Newen zeit /
Im newen leben wandelt /
Und des liechts Kinder seyt.

Das fleischlich hertz beschneidet
Von aller bösen lust /
Euch von der Welt abscheidet /
Alß hochzeit Gäst euch ruft /
Hasset den Rock des fleisches /
Zieht an die g'rechtigkeit /
Ein Heilig's / Reines / Keusches /
Unbefleckt Hochzeit kleid.

Gehorsam euch einstellet
Dem lieben Gott zun ehrn /
Zun frommen euch gesellet /
Gehorcht der stimm des Herrn /
Lasst euch durch nichts auffhalten /
Meidet was hindern mag /
Folget nicht mehr dem alten
In diesem New-Jahr nach.

Die Ochsen und den Acker
Und Irdisch lust nicht liebt /
Seyt im auffwarten wacker
Und im gebeth euch übt /
Der Breut'gamb ist verhanden /
Verschlafft die stunde nicht / j
Wollt ihr nicht stehn mit schanden /
So habt ein brennend liecht.

Beyzeit das öhl einkauffet /
Die Lampen fertig macht /
Hernach umb sonst ihr lauffet /
Drumb nehmt die stund in acht /
Denn wenn die zeit verflossen

So kommt ihr viel zu späth /
Daraußen bleibt verschlossen /
Der nicht bey zeit eingeht.

Itzt hat man noch zu hoffen /
Wiewol ein kleine zeit /
Eilt / weil die thür steht offen /
Verlasst all' eitelheit /
Stellt Ab die Alte Sitten /
Wacht auff vom sunden schlaff /
So wird auff ewer bitten /
Gott wenden ab die straff.

Amen Herr Jesu Amen /
In gnaden zu uns komm /
Und mach uns allzusamen
Heilig / Gerecht und Fromm /
laß uns mit dir anfangen
Alles in dieser zeit
Und durch dich auch erlangen /
Die Ewig Seligkeit.

I.

N.

I.

S.

A.

I. N. I. S. A. D. A. S. I. N. I.

A.

S.

I.

N.

I.

Im Namen Iesu / Stellt Ab Die Alte Sitten /
Im Newen Iahr.

A. O. H.

FINIS.

De Denische Dörp-Pape

Anna Ovena Hoyers (1650)

David Ioris Gottes knecht /
Hefft gesegt / verstaht idt recht:
De Papen maken veel Apen /
De Düvel hefft se geschapen.

Weh' juw Pastoren
De't Kaff vör't Koren
Hebben genamen:
Mit Juwen lehren
De Schrifft verkehren /
Wo will't juw bekamen?

Gy dröge Kuhlen /
Gy blinde Vien /
Wölfe un Bahren:
De Schap' gy biten /
Ja / gantz tho riten /
Wo will gy doch fahren?

Na er fleesch stah' gy /
In er fell gah' gy /
Ehr melck gy drincken /
De Woll' gy pflücken /
De huth affrücken;
Van laster gy stincken.

Gy söken gewinn
Un kamen nich in
Thor rechten döhren:
Umb gelt gy spreken /
Dat gude breken /
De Lüde verföhren.

Sehr veel gy lesen;
Doch iß juw wesen
Nich alß gy menen /
Mit grotem prangen
Gy Ehr entfangen /
Van groten und kleenen.

Mit tituleren /
Nömt menn juw Heren /
Darna gy trachten /
Hoch gy erheven
De juw veel geven /
Sonst nemant mehr achten.

All juw studeren
Und mediteren /
Na geit gy richten;
Den Bueck tho füllen /
Na juwen willen /
Dat iß all juw dichten.

Gy Herr Gotts deve /
Juw egen leve /
Hefft juw beseten:
Dat sath der Schlangen /
Hebb' gy entfangen /
Adams Appel eten.

Packt juw gy Apen /
Gy Baals Papen /
Gy Hypocriten /
Gy falsch Propheten /
Wol hefft juw heten
Dat Volck tho beschiten?

o latht juw raden /
Wahrt juw vör schaden /
Nu / nu / by tiden;
Van't böß juw kehret /
Dat gud' begehret /
Wiel idt noch heet hüden.

Erkennt de Warheit /
Seht Gottes Klarheit /
De Dach's angangen /
Un wert bald kamen /
Dar na de Framen
hebben ein verlangen.

Alle Welt wiesen /
Die sich sülfst priesen /
Möthen herunder:
All de Gott laven /
Werden erhaven /
Dar wert menn sehn wunder.

O latht juw lehren /
Gott recht tho ehren /
Mit Word und Wercken;
Hört Gottes baden /
In tidt der Gnaden /
Syt nicht alß de Fercken.

Dit hefft juw gesecht /
De trüw Gottes Knecht /
Den gy verdömen:
Sin lieff iß verbrannt /
Sin Seel in Gottes hand /
Ick darff ehn nich nömen.

„Kie-witt"

Vorfrühlingsplauderei aus der Marsch

Ingeborg Andresen (1910)

So um die Mitte des Frühlingsmonats herum packt jeden richtigen Jungen in der Marsch eine wunderliche Unruhe. Nachmittags nach Schulschluß sucht er mit seinem Vesperbrot in möglichster Geschwindigkeit das Weite, am Mittwoch und Sonnabend findet er kaum Ruhe, dem Mittagsmahl gehörig zuzusprechen, selbst „Mehlbüdel mit Swienskopp" hält ihn in dieser Zeit keine Sekunde länger als nötig am gemeinsamen Tisch fest. Draußen vorm Dorf wartet sicher schon ungeduldig Freund Klaas auf ihn! Mehr als zwei dürfen nicht gern zusammen losziehen – man hat seine guten Gründe dafür: Prügeln und Vertragen gehen am besten und bequemsten paarweise!

Und nun hin zu den Norderfennen! Wie glücklich ist derjenige, dem Vater als tägliches Beförderungsmittel nur Holzpantoffeln – „Klotzen" – zugestehen kann; er nimmt sie bei nächster Gelegenheit in die Hand, und nun geht's mit leicht beschwingten Sohlen übers Land. Über die Gräben, die vom Frühjahrswasser stark geschwollen sind, trägt hoch im Schwung der lange „Klotstock", den man sich vorsorglich mitgenommen hat – Vater wird's hoffentlich nicht merken, daß er unter der Dachtraufe fehlt!

Der Boden ist feucht, und seine Festigkeit ist nicht viel größer als die einer steif gekochten Buchweizengrütze. – Vor einigen Wochen war hier ja noch alles ein See, aus dem nur die Heckpfähle mit den unvermeidlichen würdevollen Krähen darauf herausragten, und auch jetzt blinkt noch stellenweise ein Wasserstreifen auf, wo er eigentlich nicht hingehört. Sonst ist schon fast alles von einem dichten saftgrünen Teppich bedeckt, darüber spannt sich ragend und wuchtig die Himmelskuppel, fern am Horizont trägt sie ein schnurgerader Deich, der Westwind bringt auf seinen Flügeln von dorther einen Geruch wie von Salzwasser und Seetang mit sich. Eine strahlende Vorfrühlingssonne lacht vom Himmel herab, Lerchenjubel ist in aller Weite.

Aber dies alles rührt wenig das Herz der Jungen: ihre Blicke funkeln auf, und ihre Ohren spitzen sich erst, wenn ein wohlbekannter schriller Ruf über die Fennen streicht. Hart, zänkisch, kreischend gellt es hin und her: „Kie-witt! Kie-witt!" Langgezogen ist die erste Silbe, kurz und abgehackt hängt sich die zweite daran, beide aber scharf artikuliert, fast gesprochen. Die kleinen zierlichen grauweißen Vögel, die über solch kräftige Kehle verfügen, schießen in geringer Höhe über den Erdboden hin, sie sind scheinbar in ewiger Aufregung, stets in hochgradiger Empörung über irgendein Vergehen im Kiebitzstaat. Dann und wann stößt plötzlich ein Tier zur Erde, trippelt mit vorsichtigen wippenden Schrittchen ein Stück über den Acker und ist dann plötzlich verschwunden.

Darauf haben die Jungens nur gewartet. „Klaas, siehst du sie? Da sind Nester, Klaas! Nun aber flink!"

Klaas zögert noch ein wenig – das Pflugland da gehört dem Lehnsmann, und der hat doch erst im letzten Wochenblatt mit mehreren andern Bauern zusammen bekanntmachen lassen, daß auf ihren

Fennen das Kiebitzeiersuchen durchaus verboten sei bei soundso viel Mark Strafe! Jawohl! Aber schließlich beruhigt der überlegene Einwand des Kameraden, daß man sich da doch nicht gut an kehren könne, da man ja sonst, weiß Gott, kaum noch zu einem Ei käme, auch sein empfindliches Gewissen. Viel trägt dazu auch das schöne Bewußtsein bei, daß der Lehnsmann und die andern in so sicherer Ferne weilen – und rundherum hat man freie Aussicht, so daß ein etwaiger Feind sich gar nicht unbemerkt heranpürschen kann . . . bis dahin hat der brave Klotstock einen längst über alle Gräben entführt! Also hinauf auf die feuchtschwarze, frischgebrochene Erde!

Nun aber hebt ein Geschrei an über ihren Köpfen, daß einem unerfahrenen Neuling angst und bange werden könnte! Zumal wenn man ihm vorher mit einer der alten Geschichten vom wütenden Kiebitz, der plötzlich niederstieß und dem Nesträuber die Augen auszuhacken versuchte, das Gruseln beigebracht hat. Aber auch sonst ist es nicht so leicht, das Begehrte zu erlangen. Das kunstlose kleine Nest liegt platt auf dem Boden; in einer Furche hinter einer Scholle können nur geübte Augen es entdecken. Hockt der brütende Vogel noch selbst auf seinen Schätzen, so erleichtert das die Sache auch nur wenig; in ganz ausgeklügelter Weise ist sein Federkleid der Umgebung von Mutter Natur angepaßt worden.

Aber sieh da! Verrät der dumme Vogel dort nicht selbst sein Nest? Schreiend und kreischend hüpft er flügelschlagend eben vor den Jungen her. Das wäre doch ein Spaß, wenn man den Gesellen, der etwas lahm zu sein scheint, selbst erwischte! Und nun kann der Neuling das Vergnügen haben, eine Viertelstunde lang kreuz und quer hinter dem schreienden Undeert her über den weichen Acker zu stolpern – bis die vermeintlich sichere Beute plötzlich dicht vor seiner Nase mit hämischem „Kie-witt!" sich hoch in die Lüfte hebt und es so dem Verfolger überraschend klar wird, wer eigentlich bei diesem Spiel der Angeführte war.

Aber Klaas und sein Kamerad lassen sich durch solche Mätzchen nicht täuschen, sie haben's bald heraus, in welcher Gegend des Ackers ein Nest sein kann. Und nun spähen sie sorgsam, unbekümmert um das immer aufgeregtere Gebaren der ängstlichen Tiere, die Furchen auf und ab. Bald sagt ein kurzer Freudenruf des einen oder des andern, daß etwas gefunden ist! Jedesmal wandern zwei bis vier der bekannten kleinen schwarzgetupften Eier in die aufnahmefähigen Hosentaschen – ist es ein besonders ausgiebiger

Tag, so kommt sogar schließlich das rotbunte Taschentuch an die Reihe. Und nun mag ein glücklicher Stern walten, daß nicht noch auf dem Heimweg eine Keilerei nötig wird – nicht immer wäre das dem Inhalt der Hosentaschen förderlich!

Bringt man aber alles heil nach Hause, gibt's eine neue Sorge; wie kriegt man sie nach Friedrichstadt zum Markt? Zwar die alte Stuten-Stina gibt sich manchmal zu solchen Aufträgen her, aber erstens muß da der Verdienst geteilt werden und zweitens kann Stina als weibliches Wesen nicht immer in wünschenswertem Maße schweigen. Da ist es also schon besser, man macht selbst das Geschäft.

Wenn die beiden Jungens vor dem Eingang des Dorfes sich gegenseitig die dickste Erdkruste mittels ihres Taschenmessers von den Strümpfen gekratzt haben und sehr manierlich wieder auf Holzpantoffeln durchs Leben wandern, trennen sie sich schließlich mit dem geheimen Schwur: „Öwermorn na Friestadt!"

So kann es kommen, daß der Lehrer übermorgen mit schmerzlichem Bedauern das Fehlen von Klaas und dessen Busenfreund feststellen muß – ja, ja, das Schulschwänzen nimmt in dieser Zeit überhand bei den vertrackten Bengeln.

Und zu keiner andern Zeit sind sie so wohlversehen mit Tabak, kurzen und langen Pfeifen, Taschenmessern, Steutern (großen eisernen Marmeln) und Indianergeschichten wie in diesen Wochen, wo das kreischende „Kie-witt!" über die Fennen gellt.

„Mit so'n bet Schriwen . . . riek warn!"

Ingeborg Andresen (1925)

Boren bin ik an'n 30. Januar 1878 op Hainmoor in Eiderstedt, twischen de Karkdörp Witzwort un Uelvesbüll. Hainmoor hört eegenli gar ni to Eiderstedt, eegenli hört dat to de Insel Nordstrand, dar har sik dat mal bi en grote Stormfloot losreten un weer hier answömmt – awer dar leeg dat nu un kunn ni war loos. Un wenn de Nordstranner ok schimpen un de Eiderstedter säden: „Halt jim dat doch war – wi wollen dat nich!" – so güng dat doch man nich. Awer man kunn noch gund marken, dat't Moorborm wär, dat

115

sumpt unner de Föt, un abends in Düstern schüdern wi för Angst tosamen: buten in de Fern segen wi de Irrlichder danzen. Un wenn wi achder de Gardinen in dat Wandbett verwart weren, kemen de Nawerslüd un fungen an, Geschichen to vertellen, Geschichen von dit un dat, von Vörspöken un Vöröwen. Mudder warschuut wull mal: „Still, . . . will eers mal sehen, ob de Kinner ok fast slapen!" Un ik sleep immer fast un knep de Ogen to, dat dat meist weh däd. Un nasten, wenn de Geschichen immer grülicher wurrn, keem ik hoch in't Bett, immer neger ran an de Gardin, bet ik Nawer, de so fein vertellt, ok richdi darbi sehen kunn . . . bet Mudder dat denn wies wurr un mit en grote Donnerwetter mi war ünner de Dek jag. Ok harr ik en Grootvadder, de vull seet von Märken un Vertellen – op unse Warf wär noch war son lüttje Warf babenop smeten, un darop stunn en ganz mächdige Eschenboom. Darünner seet mien Grootvadder am leefsten, wenn he vertellen müß; un vertellen müß he den ganzen Dag, wenn he bi uns to Besök weer. Un denn mien Mudder! Och, mien Mudder wüß dat ganze „Book" buten Kopp! Wat dat „Book" weer, kreeg ik eerst to weten, as ik all groot un in de Stadt op'n School, un mien Mudder längs doot weer: „Dat Book" weer Klaus Groth sien „Quickborn" wen! Mien Mudder wüß na veel meer; Schillersche und Goethesche Gedichden un Balladen, un Leeder un Märken – dar wär dat Enn von weg. Mal weer se krank, harr Fewer un phantaseert un säd immer de Anfang von „Die Bürgschaft" op – awer blots de Anfang! Un ik knee op'n Stool vör er Bett un wull to geern weten, wo dat wider güng, un bettel un bettel: „Wat nu, Mudder? wat nu?" – awer se keem blots immer bet to de eene Sted! Un as se war beter weer, harr se jüß dit Stück vergeten, un ik heff jarenlang daroewer grüwelt, wo dat doch bloots wider gan mugg.

As ik eben 15 Jar weer, harr ik keen Oellern un keen Heimat un keen Verwandtschaff meer as blots noch 2 lüttje Bröder. Ik keem denn op't Seminar na Sleswig un würr so gau dat man güng Lehrerin. Mit 18 Jaren stunn ik all alleen vör'n Schoolklass op'n Lann, ok en Tied lang op de Insel Pellworm, dann keem ik na Cuxhaven, Hamborg un toletzt na Kiel. In Hamborg fung ik toeerst an, lüttje Geschichden to schriwen. Vör de eerste, de so half ut Spaß schrewen weer, kreeg ik negen Mark! Wiel ik man 1000 Mark in't Jar verdeen, weer dat en grote Kapital! Un denn mit so'n bet Schriwen verdeent! Ik fung an to reken: Jeden Dag een son Stück – dat makt in de Wek (Sünndags wull ik nicks doon!) 6 x 9 = 54 Mark, in

een Maand ... oha, darbi muß ik je in ganz korte Tied riek warrn! –
Schad, dat dat sließli doch nich so gau güng, ik bin noch immer in
de Anfang steken blewen.

„Mutter ... erzählte alle Sagen und Geschichten ..."

Ingeborg Andresen (1947)

Von dem stattlichen und schönen Dorf Tetenbüll, in dem noch
ganz dicht bei „der Straße", die sonst in den Marschdörfern nur
die „Lütt Lüüd" beherbergt, ein paar große Bauernhöfe lagen,
steht mir am deutlichsten der allgemeine Kinderspielplatz vor
Augen, der hier zu meiner großen Verwunderung der Kirchhof
war. Wie haben wir über die Grabhügel weg Kriegen und Ver-
stecken gespielt, mit dem Ball geworfen und gekipselt! Aber am
beliebtesten war doch das Werfen mit kleinen Steinen durch die
Trallen der Fenster von halb in die Erde hineingemauerten Gewöl-
ben, die dort sehr häufig waren. Deutlich konnten wir die beige-
setzten Särge sehen und übten uns mit Ausdauer darin, diesen
oder jenen zu treffen. Meine Mutter erzählte, schon in ihrer Kinderzeit wäre dieser Spielplatz ebenso benutzt worden – ich habe
mich später oft gewundert, daß selbst nicht einmal Pastor Evers
diesem ehrfurchtslosen Treiben Einhalt getan hat. Ich selber spielte nur mit einem etwas schlechten Gewissen und in einem leisen
Grauen mit, das besonders quälend wurde, wenn ich in der Däm-
merung allein hinter einem Grabhügel hockte – dann fielen mir alle Spukgeschichten ein, die ich zu Hause an den „Nachbaraben-
den" erlauscht hatte. So atmete ich eigentlich immer erlöst auf,
wenn wir wieder nach Hause wanderten und ich damit der Versu-
chung, die Geister der Verstorbenen durch Steinwürfe oder sonsti-
ge Ungehörigkeiten zu erzürnen, entgangen war.
Aber ein Besuch in Tetenbüll hat für mich noch ein unvergeßliches
Erlebnis gehabt. Es muß etwa Anfang der neunziger Jahre gewesen sein, als meine Mutter kurz nach Weihnachten an das Kran-
kenbett meiner Großmutter gerufen wurde. Sie nahm mich mit,

117

während meine beiden Brüder Mathias und Ewald bei Bekannten untergebracht wurden – mein Vater war damals wohl schon in Amerika. Grade am Altjahrsabend ist die Krankheit meiner Großmutter so schlimm geworden, daß der Arzt noch am späten Nachmittag kam und anordnete, daß die Medizin noch an diesem Abend aus der Apotheke von Katharinenheerd geholt werden müsse. So machten meine Mutter und ich uns auf den Weg – ich schätze, es werden zwei bis drei Stunden Hinweg und ebensoviel für den Rückweg erforderlich gewesen sein. Es war eine strahlend helle Vollmondnacht, die Schatten der Bäume und Gehöfte lagen scharf abgegrenzt auf der hohen weißen Schneedecke. So weit man sehen und ahnen konnte, erstreckte sich nach allen Richtungen die glitzernde weiße Ebene; wie große Urwelttiere im tiefen Schlaf kauerten die Höfe verstreut darin, mit den Baumgruppen ihrer Gärten zu einer dunklen Masse verwachsen. Und während Mutter und ich in dem klaren Mondlicht durch den Schnee der Landstraße stapften, mehr glitschend als gehend, fing Mutter an und erzählte alle Sagen und Geschichten, die sich so an die einzelnen Orte, Wegkreuzungen und Gehöfte knüpften. Von der Spinnfrau, die an der Brücke über dem Sielzug hockte und den Wanderer in ihr Netz verstrickte („awer blots Mannslüüd, uns Fruunslüüd lett se tofräden!"), von dem Bauer, der die Meßkette röternd hinter sich herschleppte, von dem Hund mit den glühenden Augen, der über den Binnendeich strich, von dem ducknackigen Henn Boort, der in der kleinen verfallenen Kate wohnte und vor langen Jahrzehnten seinem Vater mit dem Rasiermesser die Kehle durchgeschnitten haben soll, von Paul, dem armen Affenmenschen, den seine Mutter immer an schönen Sommertagen auf der Werft ihres kleinen Hauses in ein Gitter eingesperrt hielt und dessen Kopf nach seinem Tode für „en schön Stück Geld" nach Kiel an die Universität verkauft wurde. Und dann das Schönste: die beiden Drescher, der große und der kleine, auf der großen Lootür eines Hofes in voller Farbenpracht von einem Maler dargestellt. Das Mondlicht ließ den weißen Untergrund der Türflügel grell aufschimmern, die Farben des roten und blauen Rockes mit den goldenen und silbernen Knöpfen, die gelblichen Kniestrümpfe mit den schwarzen Schnallenschuhen hoben sich kräftig davon ab, nur die Gesichter mit den Apfelbäckchen unter dem Dreispitz verschwanden im Dämmern. Ihr Handwerkszeug, die beiden Dreschflegel, mit denen sie ihre Wette ausgetragen hatten, bis der große Lümmel tot zu Boden sank, war nicht sichtbar auf diesem

Jahrhunderte alten Bilde. Wenn ich nicht irre, stand auch noch ein Vers dabei, dessen Wortlaut ich aber nicht mehr erinnere. Von dem Rückweg weiß ich nichts, nur daß ich rechtschaffen müde wieder an Mutters Hand in Tetenbüll anlangte.

„...Zuversicht lehren uns die Blätter der Geschichte..."

Ingeborg Andresen (1909)

Aber leider können die meisten unserer Schulkinder nicht mehr ordentlich plattdeutsch – wenn man einmal ein plattdeutsches Gedicht lernen oder aus dem Lesebuch etwas Plattdeutsches lesen läßt, können einem die Ohren wehtun – ganz abgesehen davon, daß man immer wieder eine heimliche Geringschätzung, ein verwundertes Staunen in der Klasse zu überwinden hat.

Ob nicht doch auch die Schule in ihren Zöglingen die Liebe zu der Muttersprache, die Ehrfurcht vor ihr und die herzliche Lust an ihrer Schönheit wieder heller aufflammen lassen könnte? Sie würde sich ihren Lohn selbst dabei verdienen: wenn die künftige Generation wieder zu Hause ein ordentliches Plattdeutsch spräche an Stelle des schlechten Hochdeutsch, das die heutige Tag um Tag zu hören kriegt, würde die Arbeit unserer Deutschstunden wesentlich vereinfacht und erleichtert werden.

Daß die plattdeutsche Sprache die innigste und ursprünglichste Lebensäußerung unseres Volkstums ist, mit deren Preisgabe wir das wichtigste und natürlichste Bindeglied zwischen uns und der Volksseele zerschneiden, ist ohne weiteres klar – daß man deshalb auch andererseits, wenn man das Stammesbewußtsein stärken und pflegen will, sich dieses Bundesgenossen versichern muß, ist die einfache Folgerung daraus.

Daß in den oberen Klassen an Stelle der Sagen Balladen und historische Erzählungen die Ereignisse der Heimatgeschichte vertiefen und verklären können, daß erzählende Werke unsrer bodenständigsten Dichter, und vereinzelt die rein lyrische Dichtung – ich denke da natürlich besonders an Klaus Groths „Quickborn" – das

119

Geographische, das Landschaftliche der Heimat beseelen und plastisch herausheben werden, bedarf keines weiteren Hinweises.

„in tiefster Marsch,
umrauscht von alten Bäumen ..."

Thusnelda Kühl (1911)

Ich habe das Glück gehabt, in einem Landpfarrhaus aufzuwachsen. Es liegt in tiefster Marsch, ist umrauscht von alten Bäumen, umgrünt von Reben und sonstigem Spalier. In einem Kreis von Geschwistern ging der Lebenslenz mir hin. Wie fern scheint er mir heut zu liegen – wie viele Todesschatten sind auf die sonnigen Wege meiner Kindheit gefallen!
Erziehung, Berufsbildung und Berufswanderung, die haben mich wohl zeitig von dort fortgeführt, aber die weite, ruhevolle, immergrüne Marsch – von Meeresdeichen umsäumt, durch Baum-umstandene Bauernsitze und zahlreiche Dorf-umschlossene Kirchen geschmückt, ist meines Herzens Heimat geblieben. Nur tiefer noch mir ins bewußte Gemütsleben hineingewachsen durch eine sechsjährige Arbeitszeit an der heimischen Dorfschule, indes noch meines Vaters schöne und ehrwürdige Gestalt die Kanzel des Gotteshauses zierte.
Auch meine Kunst (dies Wort cum grano salis zu verstehen), die mir die Mutter vererbte, hat ihre Wurzeln in der alten Heimat. Mein geliebtes Dorf – Oldenswort – ist meinen Augen fast fremd geworden; ich war nicht wieder dort, seit wir das alte traute Nest verlassen mußten und Fremde, nach der Welt Lauf, nun dort wohnen.
Im Friesenland lebten oder leben die Gestalten meiner Romane, fast immer bin ich der Wirklichkeit bescheiden nachgewandelt.
Und die Wirklichkeit, herrisch, aber lieblich – sie trägt die Züge eines kleinen wilden goldhaarigen Mädchens – hat mir seit Jahren immer häufiger die Feder aus der Hand genommen und gesprochen: Warte – hab Geduld, regelmäßig wie Flut und Ebbe ist Menschen-Tun und -Leiden! –

120

Heimwärts

Thusnelda Kühl (1932)

Da saß er nun glücklich im Straßengraben. Ja, wirklich glücklich, denn hier fand er eben das, was er im Wandern gesucht, nämlich ein kurzfristig gewährtes Obdach. Eine Hainbuche, voll des vorjährigen dürren Laubes, schützte ihn gegen den scharfen Nordost. Ein geruhiges, von der Natur eigens für ihn konstruiertes Plätzchen – und Sonne – Sonne! Er nahm den Schlapphut mit dem mißhandelten Breitrand ab; sein schütteres graues Haar fing im leichten Streifwind frühlingsselig an zu flattern, die magere Hand, blaurot noch von der Winterkälte, grüßte pathetisch die Sonne, die im Südost stand.

Hier konnte in Ruhe getafelt werden. Er öffnete den Rucksack, entnahm ihm ein paar Brotschnitten und begann zu essen, wie einer, der zwar hungrig ist, aber auch bei Stillung dieses Triebes noch eine gewissermaßen schöne Gebärde hat. In kleinen Pausen schweifte sein Blick – er hatte kinderblaue Augen, der alternde Mann – über den nahen, hochansteigenden Sturzacker, auf dem noch die letzten weißen Schneepolster sonnglitzend in den Furchen lagen. Schön war dies! Und schön war der Windgesang, der pfeifend und johlend daher kam und sich rasselnd verfing in seiner Hainbuche. „Der ist gut – der wird sich noch halten", nickte der Mann, nach den Windhaken blinzelnd. „Stratuswolken –" fuhr er, des Selbstgesprächs gewohnt, fort. „Gehör zu euch, meine Brüder!" Doch was war denn dies? Er schleuderte, aufhorchend, den Oberkörper vorüber. Ein Kibitzschrei? – Täuschung, ach Täuschung! Den gab's hier nicht – der war ihm anderswo erklungen – dort, wohin nun der alte wandermüde Kunde strebte, seit er nach dieser elenden Winterkrankheit begriffen hatte, daß es mit der alten Freundschaft zwischen ihm und der Landstraße vorbei sei. Sie war schuld – sie wollte ihn einfach nicht mehr! Wie er's auch anstellte – die Beine kamen nicht vorwärts, wie sie sollten und wie sie's ehedem getan.

Er begann nun wieder, den Rucksack zu durchforschen und entnahm ihm, mit sorgsamer und gemessener Bewegung etwas, das wohl als Brieftasche anzusehen war. Die Papiere. Alles in Ordnung. Man war „geordneter Wanderer" und hatte noch zuguterletzt die Büroräume eines hohen kleinstädtischen Magistrats sonderlich schön unter Farbe gebracht und war zu einigem Gelde gekommen. Wenn man nun – zum ersten Male im Leben – vernünftig haushielt – zehnkilometerweise voran kam – eventuell noch einmal Arbeit fand bei Liebhabern eines genialen Pinselstrichs – dann war's zu schaffen. Er ließ die paar Scheine noch einmal durch die Finger gleiten und verbarg sie dann behutsam und ohne Hast. Jetzt hatte er sein Wanderbuch in Händen. Las und lächelte und lachte – indes er sich an seinen Busch lehnte und wieder mit merkwürdig ungeblendeten Augen in die Sonne sah. „Baldur!" rief er halblaut – „Baldur haben sie mich getauft! Weiß Gott, kein schlechter Spaß! Keiner war dir, o Sonne, treuer, als ich, dein ärmster Anbeter!" Dann wandelte sich die Stimmung des Lachenden, und er schalt: „Verrückt – völlig verrückt! von Anbeginn bestimmt für ausgefallene Schicksale!" – Gut, daß er auf der Schule dazumal sich schlechthin mit Balder eingeführt hatte – und jetzt, als alter tippelnder Kunde auch wieder Balder hieß – mit „e", statt „u". Was dazwischen lag, war freilich mit dem schönen Namen Baldur weidlich verflochten – als man an schönsten Flecken der Erde, an fernen Meeren, Bergen und Flüssen weilte – und vom Baum des Lebens und dem der Erkenntnis reichlich genoß. „Gut ist es gewesen" – murrte er trotzig – „und schön! Aber, Baldur mußte ja sterben. Nichts mehr davon. Dagegen, die Karte her!" – Er breitete sie über seine Knie, blickte aber nicht darauf. Im Grunde – was sollte ihm eine Landkarte! Er kannte sich schon aus auf allen Wegen. Den kürzesten, den billigsten, den abseitigsten wollte er jetzt haben – nicht jene, auf denen die Schnellzüge rollten oder die Autos hupten. Er packte ein und erhob sich langsam – denn es war schon so – mit den Gliedern war etwas verkehrt. Plötzlich war's eigentlich gekommen. Auch gut. Er hatte allezeit das Rasche geliebt, auch schnelle Entschlüsse für die besten gehalten. Nun also noch einmal getippelt – nur bis ins nächste Dorf – zwei Kilometer wies der Meilenstein! Dort stieg man ins Bähnle, und dann ging's sachte, sachte, auf zehn Kilometer-Strecke, immer nordwärts – bis nach dort, wo der Wind aus einem andern Loch pfiff und die Kibitze wirklich über grüne Marschen schrieen.

Die Tage vergingen, wie es sich gehörte. Über den langsam hinschleichenden Zügen, denen sich der Kunde Balder anvertraut hatte, wehten die Rauchfahnen, schoß die Sonne ihre blitzenden Pfeile hinab. Es stampfte die Maschine ihr, nur ihm verständliches Lied, das lautete:

> „Auf jauchzt mein Herz –
> der alten Heimat heiß entgegen –"

Und nach Tagen, die er nicht zählte – oder waren es Wochen? – änderte sich die Welt – die Landschaft, der Wind, die Sprache der Menschen. Er saß am Fenster des Abteils, schaute und schaute. Frühling war's geworden in der Welt seiner Jugend. Lerchen schwirrten auf – Kibitze schrien – Schafmütter schützten die Lämmer. Und der Wind kam aus Nordwest! Ebenso wenig sanft und lieblich, wie der auf der Rauhen Alb vor Wochen – aber Heimatwind, der roch nach schwerer Erde und nach salzigem Meer. Die Namen der Stationen? O, bekannt – wie bekannt noch! Seine zitternden Lippen wiederholten sie, wenn der Schaffner sie ausgerufen hatte. Auf einer dieser kleinen wunderlichen, entlegenen Stationen stieg er aus, sein Köfferchen in der Hand – keinen Rucksack mehr auf den Schultern – keinen Schlapphut auf dem schütteren Haar. In anständiger Kluft, die ein gewisses bürgerliches Sicherheitsgefühl verlieh – nicht gerade von der solidesten Sorte, aber sie würde – so kalkulierte er – schon mit ihm aushalten. Nun die Chaussee entlang zum letzten Kirchdorf, das nahe der Küste lag. Weidengebüsch voll blühender Kätzchen säumte seinen Weg. Er nahm den Duft wahr und strich mit leiser Hand über ihren Goldstaub. Mehr aber fesselte ihn der Himmel, an dem sich die Burgen der Cumulus-Wolken, golden umflammt vom Sonnenuntergang, auftürmten. Die liebte er seit Jugendtagen – und wer hätte ihn belächeln mögen, als er, den Hut lüftend, und zu jenen fernen Ländern der Herrlichkeit ausschauend, flüsternd sprach: „Ich grüße euch" –! Dann erst faßte er einen Mut, über Land zu schauen. Das da – ja freilich, war „Rickertshof" – Ulmen umstanden ihn wie einst. Dort wohnte das alte Geschwisterpaar, Sönke und Doris Jebens. Freunde seiner Knabenjahre. Für die brachte er, wenn er Sonnabends von der „hohen Schule" nach Hause kam, des öfteren allerhand aus der Stadt mit – und ihre alten freundlichen Gesichter waren ihm ebenso wohl erinnerlich wie ihre gebefrohen Hände. Und nun fiel ihm das Sonderbare plötzlich wieder ein. Er war schließlich doch noch – reisemüde, wie er denn war – auf der letzten Bahnstrecke eingeschlafen unter dem Reden und Rauchen mitfahrender Bauern. Da war das Wort „Rickertshof" als letztes in sein Einschlafen hineingeklungen – und dann, im Traum, war's ihm gewesen, als hätten die Sprechenden seinen eigenen Namen genannt – nicht Baldur, nein, den andern – als sei er gewissermaßen mit hinein geflochten worden in die ihm ziemlich fremd gewordenen Reden über landwirtschaftliche Belange. Das mit seinem Namen war natürlich ein Irrtum gewesen, als Realität betrachtet – aber er empfand es doch jetzt noch nachträglich als ein freundliches Symbol, als besonderen Gruß der Heimat. – Doch wieder wandelte seine bewegliche Seele die Stimmung. Das geschah, als sein Weg nun in die Dorfstraße mündete. Da scholl's ihm entgegen von Häusern, Gärten, von der Kirche! Was willst du hier, du Narr –! Es war – es war – es ist nimmermehr! Die Schultern sanken ihm vorüber. Ein alter, sehr müder Mann fragte, nach seiner Gewohnheit, nach der Polizei – und schrak zurück beim Anblick des stattlichen, würdevollen Amtsvorstehers. Der aber nicht minder. „Meine Zeit – bist du das, Balder Paster?" – „Kann sein, Lude Dierks – kann sein auch nicht." – Mit seinen Papieren war's hier natürlich keine Sache – dagegen wurde er hineingenötigt ins wohldurchwärmte Wohnzimmer, und die Frau Amtsvorsteher wurde verständigt, daß Besuch da sei. Und dann kam wieder dies unverständliche Gerede.

„Entschuldige mich, Lude – ich verstehe kein Wort, aber ich bin ja auch ein bißchen ‚ab' von der langen Reise -" Hungrig konnte er doch wohl nicht gut sagen? – „Morgen sehe ich noch einmal vor – dann will ich nach K. – Da liegen ja die Eltern", fügte er, sich hart räuspernd, hinzu. Verwundert sah sein Gastfreund ihn an. Sie rauchten und schwiegen. Frau Amtsvorsteher hantierte inzwischen in der Küche, und man vernahm Geräusche, die auf gastfreundliche Absichten deuteten. Sie hatte aber anscheinend noch eine andere Sache ins Werk gesetzt, denn an den Fenstern flitzte der Dienstjunge, Hein Claasen, mit beträchtlicher Geschwindigkeit per Rad vorbei. –

Der Amtsvorsteher Lude Dierks überlegte, ob man sich nicht etwas energischer dieses verfahrenen Gastes annehmen müsse. „Hast wohl lange nicht geschrieben?" – meinte er vorsichtig, – „Schreib überhaupt nicht. An wen denn vielleicht? Dem Bruder Studienrat würd's wohl nicht passen – und was denn ja vielleicht mein Schwager heißt -" er zuckte die Achsel und brach ab. Dierks lachte.

„Wollt ich mal werden, Balder – sollt' aber nicht sein -" er schielte unsicher nach der Tür. Nein – Frau Amtsvorsteher war noch draußen beschäftigt! „Kriegte meinen ‚Rüffel' vor die Tür gesetzt, wie andere Leute. Freundschaft halten wir trotzdem mit Eva – das heißt meine Frau -"

„Wo denn –?" würgte der Fremde hervor.

„Na, wie ich schon sagte, auf Rickertshof. Den hat sie ja also geerbt von den alten Geschwistern Jebens, die sie dazumal gepflegt hat bis an ihr seliges Ende. Und dein Vater hat sich's sauer werden lassen und zwanzig Demat für dich zugekauft. Macht fünfzig Demat und steht auf eurem gemeinsamen Namen. Wenn der Herr vielleicht das Grundbuch einsehen will?" – Er deutete scherzend nach dem Regal.

Als sie beim guten Mahl saßen, kam der radelnde Junge zurück und meldete, das Fräulein wolle dann Glock zehn den Herrn mit dem Wagen abholen.

„Darauf trinken wir noch einen nördlichen Grog", schlug der Hausherr vor. Aber Balder Reimann wehrte ab. „Nein, keinen Grog, alter Freund – und nichts von Abholen! Was sollte die Landstraße denken, wenn ich so stolz daher käme."

Der Bauer lachte. „Du bist der Alte – ein klein bißchen verrückt – ein klein bißchen nebenher. Nichts für ungut." – „Ach nein." – Man gab sich die Hand. „Hat uns gefreut, nicht wahr, Frau? Komm bald wieder."

Den Kunden vieler Jahre empfing die Landstraße im kühlen, grauen Abendschein. Er träumte so dahin, langsamen, müden Schritts. Das freute ihn, daß Eva gesagt hatte: „Er soll bloß keine Ruhe haben –" strich sich über seinen neuen Rock und nickte: „Wenn du verschlissen bist, bin ich's auch."

Da, wo sich die kleine Ulmenallee abzweigte nach Rickertshof, dessen Lampe er schon scheinen sah, wandte er sich noch einmal zurück und – ob er wohl nicht ein wenig „verrückt" war? – Der Kunstmaler, Weltenwanderer, Frontsoldat und Kunde, Baldur Reimann? Er sagte halblaut und feierlich: „Ich segne dich, Mutter Landstraße, denn nun hast du mich heimwärts geführt."

„Wir leben hier in der Marsch, und das ist lange nicht so, als wenn Sie auf der Geest sind"

K. von der Eider (1908)

„Herr – Lehnsmann!" schallte es über den Hofplatz des Lehnsmanns Kätels zu Olderswort und noch einmal in langgezogenem Tone: „Herr Lehnsmann!"

Eine dicke Magd in kurzgeschürztem Rock stand in der Hoftür; sie hielt den bloßen Arm über die Stirn und schaute blinzelnd nach ihrem Herrn aus.

Da kam er die Trift herauf, ein Hüne von Gestalt, groß, breitschulterig, mit einem Ansatz von Leibesfülle. Er beeilte sich nicht sonderlich; mit großen, langsamen Schritten kam er näher.

„Herr Lehnsmann, da ist einer, der Sie sprechen will!" rief Stina ihm auf gut plattdeutsch entgegen.

Der Lehnsmann tat im Näherkommen noch einen ordentlichen Zug aus seiner Pfeife. „Wer ist da?" fragte er.

„Einer von der Geest. Herr Lehnsmann hat schon ein paar Bullen und Jungvieh von ihm gekriegt. Ich glaube, er heißt Schwart oder auch Witt."

„Gröhn", sagte der Lehnsmann. Ein Lächeln flog über das gebräunte, nicht unintelligente Gesicht des Ortsvorstehers.

„Ja, Gröhn, Klas Gröhn aus Wisch."

„Wo ist er? Auf der Diele?"

„Nein, uns' Herr, die Vordiele wurde gerade geschrubbt; es ist doch Sonnabend heute."

„Na, und – ?"

„Ja, in der Wohnstube war gerade uns' Frau bei zu ölen; da haben wir ihn in die beste Stube genötigt. Ich wußte nicht, wo ich anders mit ihm hinsollte."

„Deern, du bist wohl närrisch! Meinst du, ich halte mir die beste Stube für die Geestbauern? Konntest ihn ja mitnehmen in den Stall; er konnte sich ja was mit den Ochsen erzählen."

„Das wollte ich auch zuerst; aber er hatte einen feinen schwarzen Rock an und gewichste Stiefeln."

„Das ist einerlei, ein Geestbauer bleibt ein Geestbauer, und wenn er Lackstiefel anhätte." Mit diesen Worten schob Lehnsmann Kätels sich an der Magd vorbei zur Tür hinein.

In der besten Stube, der Staatsstube des friesischen Bauern, sah es nicht sehr behaglich aus. Sie war ungeheizt und jedenfalls lange nicht gelüftet. Die roten Ripsmöbel trugen bunte Kattunüberzüge, die Rouleaus waren heruntergelassen, und in einer Ecke des Zimmers waren die Winteräpfel aufgeschüttet und verbreiteten einen säuerlichen Modergeruch.

Die Ungemütlichkeit des Zimmers schien sich auch dem Gaste mitgeteilt zu haben. Der kleine dicke Mann mit dem roten Bulldoggengesicht saß unruhig auf einem der ungastlichen Stühle und drehte die Daumenmühle abwechselnd nach rechts und links. Sein eigener Rock schien ihn zu beengen. Daheim auf seinem Hofe ging er meistens in Hemdsärmeln, und er hatte die Gewohnheit, wenn er sprach, die Daumen in die Ärmellöcher der Weste zu stecken; so fühlte er sich als Herr.

Das ging hier nicht an. Er hatte den schwarzen Rock an, einen Rock, der mindestens zwölf Jahre alt war, und der nicht wie sein Besitzer mit den Jahren an Breite zugenommen hatte. So saß Klas Gröhn denn in etwas steifer Haltung auf seinem Stuhl und besah seine großen, arbeitsrauhen Hände und räusperte sich vor Ungeduld.

„Bleiben Sie sitzen, Gröhn, bleiben Sie sitzen!"

Geräuschvoll wie immer trat der Lehnsmann ein und zwang mit einer Handbewegung den anderen in seine alte Stellung zurück.

„Man immer sitzen bleiben. In die Wohnstube dürfen wir nicht hinein, da gehen die Frauensleute zu kehr, schrubben und ölen und Gott weiß was. Ja, wenn die Frauensleute das Reinemachen in den Kopf kriegen! Stopfen Sie sich die Pfeife, Gröhn, es ist ein echter schwarzer Ge, Gebrüder Kramer. Was? Sie haben die Pfeife zu Hause gelassen? Na, denn einen lüttjen Köm. Stina, die Flasche!"

„Machen Sie sich doch keine Umstände, Herr Lehnsmann."

„Ach was, Umstände! Was gibt es Neues in der Wisch? Was macht das Viehzeug?"

„Alles gut zuwege, Herr Lehnsmann – wenn Sie mal wieder einen Bullen brauchen –"

„Ne, ne, lieber Gröhn, kein Mangel, kein Mangel. Frauensleute brauchen wir, deftige Frauensleute." Er schlug sich auf die Knie, daß es klatschte und lachte geräuschvoll über den selbstgemachten Witz. Erst als der andere ihn verdutzt ansah, merkte er, daß er nicht verstanden worden war. Er klopfte ihn auf die Schulter und fügte gewissermaßen erklärend hinzu: „Wenn Sie mal ein paar trächtige Milchkühe haben, die könnte ich gebrauchen, aber keine englischen, keine englischen! Die sind nur fürs Auge. Was tue ich mit der Schönheit! Hab' ich recht, Klas Gröhn?"

Klas Gröhn nickte nur; er war offenbar nicht ganz bei der Sache. Endlich nahm er den Griff seines Handstockes, den er zwischen den Knien hielt, aus dem Munde und fragte ganz unvermittelt: „Nächstens haben Sie hier Pastorenwahl?"

„Jawohl, jawohl." Der Lehnsmann nickte eifrig. „Was wir da für einen Kerl kriegen, soll mich verlangen. Wir gehen freilich nur in den Festtagen mal zur Kirche; wir Bauern können ja nicht deswegen alle Sonntage anspannen. Aber wenn ich dann mal in die Kirche gehe, dann will ich auch einen ordentlichen Mann vor mir auf der Kanzel sehen, keinen Waschlappen."

„Ich verstehe, so einen wie den Pastor Hinrichs; der war wohl sehr beliebt?"

„Beliebt? Ja, das weiß ich nicht. Für gewöhnlich kam man ja nicht mit ihm zusammen. Aber er war ein guter Pastor, alles was recht ist. Wenn der auf der Kanzel stand, dann stand er über einem. Und im gewöhnlichen Leben war er bescheiden wie ein Kind. So einen bekommen wir schwerlich wieder. Bloß von der Landwirtschaft verstand er nichts, rein gar nichts."

„Das wäre!"

„Ja – er ist ja nun tot, und es ist auch gewiß nichts Schlechtes, was ich von ihm rede; aber wahr ist's: auf der Kanzel war er ein Mann, jedoch für die Welt – nicht zu brauchen, nicht zu brauchen!"

„Das wäre!"

[...]

„Da haben Sie recht, Herr Lehnsmann. Ich denke, es wäre ganz gut, wenn Sie hier mal einen Pastor kriegten, was ein Bauernsohn ist."

„Kriegen wir nicht, kriegen wir nicht, Gröhn. Wir Bauern lassen doch unsere Jungens nicht Pastor studieren."

Klas Gröhn hüstelte verlegen. „Na ja, hier in der Marsch mag das wohl nicht in der Mode sein, aber bei uns auf der Geest studieren viele Bauernsöhne. Mein Jung' ist vergangenen Monat Pastor geworden."

„Was, Ihr Junge ist Pastor geworden? Alle bonnör! Welcher ist es, der Älteste?"

„Nein, der kriegt doch den Hof, der andere ist es, der Detlef."

„So so, den haben Sie studieren lassen. Hätt' ich nicht getan, hätt' ich nicht getan. Bauer bleibt Bauer!"

„Ach Gott ja, Sie haben ja recht, Herr Lehnsmann, aber es war ja mit dem Jungen rein gar nichts anzufangen. Den ganzen lieben Tag schmökerte er in den Büchern herum, und wenn ich ihn hinausjagte und nachher dachte, er wäre beim Futtern oder Misten, dann lag er in der Bodenluke und kiekte in die blaue Luft. Er hat was von seiner Mutter."

[...]

Der Lehnsmann nickte verständnisinnig. „Ganz recht, mein lieber Gröhn, ganz recht. Aber nun will ich Ihnen noch eins sagen: Wir leben hier in der Marsch, und das ist lange nicht so, als wenn Sie auf der Geest sind; das ist ein gewaltiger Unterschied. Bei Ihnen in

Wisch, da ist der Pastor ein großer, mächtiger Mann. Da heißt es Herr Pastor vorn und Herr Pastor hinten und Herr Pastor von beiden Seiten. Bei uns dagegen wird der Pastor nicht mehr gerechnet als die anderen Leute. Da kommt zuerst der Bauer, und dann kommt er noch einmal, und zum drittenmal kommt er erst recht, und dann kommen erst der Pastor und die anderen an die Reihe. Wir müssen ja einen Pastor haben, der Sonntags den Dorfleuten etwas vorpredigt und Festtags auch mal vor den Bauern spricht, und der nebenbei die Kindtaufen und die Leichen besorgt und auch die Trauungen, was aber man über lang mal vorkommt. Das Dorf hat ja noch keine tausend Einwohner. Für all das kriegt er freie Wohnung, das Pastorat mit anderthalb Morgen Garten und kriegt auch sein gutes Gehalt in Landheuer; das ist doch nicht schlecht, was? Wenn er dann Zeit übrig hat, kann er sich ja mal ein bißchen um die armen Leute kümmern, wenn da mal einer krank oder stukelig wird. Wir Bauern haben keine Zeit, daß wir uns viel um ihn bekümmern können; wir brauchen ihn auch nicht. Wenn mal Hochzeit oder Kindtaufe ist, muß man ihn ja anstandshalber nötigen und seine Frau auch, aber die braucht nicht mitzukommen, und der Pastor bleibt auch bloß bis nach dem Essen, dann lauern die jungen Leute schon darauf, daß er man geht; sie wollen doch auch ein bißchen lustig sein. Aber Umgang halten wir mit unseren Pastoren nicht, das sage ich Ihnen gleich; das ist uns zu umständlich!"

„Ist auch gar nicht nötig, Herr Lehnsmann. Was braucht ein Pastor Umgang? Der hat ja Frau und Kinder und dann seine Bücher; wenn ein Pastor man Bücher hat, dann kümmert er sich nicht um die Welt. Die Hauptsache ist doch, daß er sein Brot hat."

„Das hat er bei uns, das hat er hundertmal und noch Fett dazu." Bei diesen Worten erhob sich der Lehnsmann. Er hatte auf der Diele ein verdächtiges Klirren von Messern und Gabeln vernommen, und er kannte seine Frau.

Klas Gröhn stand auch auf. „Ich kann mich also auf Ihr Wort verlassen, Herr Lehnsmann? Ich tu' Ihnen gern mal wieder einen Gefallen, und wenn ich etwas von einer guten Milchkuh höre –"

„Versteht sich, versteht sich, lieber Gröhn! Adjüs, und grüßen Sie zu Hause."

„Ein stilles Dörfchen
in der weiten grünen Marsch"

K. von der Eider (1906)

Kihrwedder ist ein stilles Dörfchen, in der weiten grünen Marsch, ein Häufchen niedriger, mit Schilf gedeckter Häuser im silbergrünen Weidengebüsch versteckt, aus dem der schlanke Kirchturm wie ein Wahrzeichen emporragt.

Um das Dorf, wie die jungen Lämmer um das Mutterschaf, liegen die einzelnen Gehöfte, auf hoher Werfte von Linden und Pappeln umgeben.

Die Höfe auf der Westseite gehörten zu den fetten, von denen man aus einem Hofe drei Rittergüter machen kann.

Die Bauern, die darauf wohnen, sind stattliche Leute, von jener Sorte, die zu den übrigen Mitmenschen sagen: „Pedd mi nich op den Slips". Womit der Rockslips oder Rocksaum gemeint ist.

Die östlichen Höfe, insgesamt Platenhörn genannt, gehören auch zum Dorfe; aber hier ist der Boden nicht so fett und ergiebig. Hinter Platenhörn erhebt sich schon der hohe Rand der Geest.

Diese Bauern sind wie der Boden, aus dem sie hervorgingen, nicht fett, aber derb und kräftig, arbeitsam und sparsam.

Das Dorf hat eine einzige langgestreckte Straße, die mit der Kirche abschließt. Vor den Häusern steht eine Reihe alter Linden und vor den Türen grüngestrichene Sonnenbänke, auf denen die Dorfleute abends von des Tages Mühe und Arbeit ausruhen.

Zwischen dem Katzenkopfsteinpflaster der Straße wächst Gras und Unkraut; hier sucht manch Huhn sein Futter.

An der linken Seite der Straße liegt in der Mitte breit und behäbig der Kirchspielkrug mit dem Kramladen. Es ist das vornehmste Gasthaus, das Herz des Dorfes. Viele Menschen gehen in diesem Haus ein und aus, und drinnen wohnt das Glück, die Zufriedenheit und der Frohsinn.

Und drinnen wohnen liebe, gute, gewöhnliche Menschen.

Vor der Tür steht der Krugwirt, Peter Liekap, neben ihm Frau Antje, die kleine, rührige Wirtin, und zwischen beiden hindurch blickt ein liebliches, junges Gesicht mit blauen Augen, und Haaren so blond wie trockenes Heu, auf das die Sonne scheint. Das ist des Kirchspielkrügers Tochter, Anna Katharina Liekap, genannt: Trine Liekap. –

Peter Liekap ist ein Original; bis vor kurzem wußte er es selbst nicht, aber jetzt wissen es alle Leute im Dorfe und sehen ihn darauf an, und es ist so gut wie verbrieft und versiegelt.

Wie kommt es denn, daß Peter Liekap ein Original ist? Unterscheidet er sich doch in nichts von den anderen Dorfleuten. Die haben alle so ein bärbeißig, griesgrämig Gesicht und lachen doch dabei innerlich, sind froh, zufrieden und gutmütig. Peter Liekap trägt sein Gesicht rasiert wie die Nachbarn, um das Kinn eine schmale Fräse. Er rasiert sich selbst und so kommt es, daß er Sonntags immer das Kinn kreuz und quer mit Briefmarkenpapier beklebt hat. Er hat eine schwere Hand, die den Pflug leichter regiert wie das Rasiermesser.

Ist er deswegen ein Original?

Peter Liekap ist groß und stark wie die Mehrzahl der Marschbewohner. Im Winter nimmt er an Umfang gewaltig zu; je kälter es wird, je mehr zieht er an, eine Hose über die andere, einen Rock über den anderen, bis er zuletzt den ganzen Inhalt des Kleiderschrankes auf dem Leibe trägt.

Ist er deswegen ein Original?

Vielleicht. Vielleicht auch nicht.

Es war im Frühjahr, da gab es in Eiderstedt wieder 'mal Deichschau. Die Deichkommission, an der Spitze der Lehnsmann und der sogenannte Deichgraf, fuhr von Ort zu Ort, um die Deiche, welche die Hand der Menschen dem Wasser gesetzt, zu besichtigen.

Am Mittag wurde im Kirchspielkrug vorgefahren, wo man zu Mittag aß. Das Essen war vier Wochen vorher durch den Deichboten bestellt, und Frau Antje hatte alles getan, was in ihren Kräften stand, um die Herren glänzend zu bewirten.

Soeben hatten sie die frische Suppe mit Rosinenreis und Fleischklößchen verzehrt, nun trug Peter Liekap die große Kalbskeule auf und dazu die in Rahm gestovten Wachsbohnen und die eingemachten Zwetschgen.

Schmunzelnd schob Peter Liekap Lehnsmann Hamkens, der Vorschneider war, die Kalbskeule hin und sagte: „Nun seien Sie man so gut und langen Sie ordentlich bei, meine Herren." Sein ehrliches Gesicht strahlte dabei vor freudiger Genugtuung.

Der Herr Landrat lächelte, er saß auf dem Sofa, neigte den kurzen Oberkörper ein wenig zur Seite und sagte leise zu dem neben ihm sitzenden Deichgrafen, Andres Kätels: „Sehen Sie sich 'mal den Kirchspielkrüger genauer an, das ist ein Original."

Der Deichgraf blickte auf und lachte. Peter Liekap war eigentlich harthörig. Im Laden konnte es ihm passieren, daß er statt Kaffeebohnen Petroleum verstand. Was aber nicht für seine Ohren bestimmt war, hörte er desto genauer.

So hörte er auch, was der Landrat und der Deichgraf miteinander sprachen, und keine Miene seines faltigen Gesichtes verzog sich.

Es war ihm wohl selbst nicht recht klar, ob ein Original etwas Gutes oder Böses bedeute.

Als er aber nachher in die Küche kam, wo die junge Wirtin den Kaffee für die Herren kochte, da trat er leise an sie heran: „Mudding", flüsterte er geheimnisvoll, „der Landrat hat gesagt, ich bin ein Original" – und lütt Mudding lachte und sah schelmisch stolz empor zu dem großen, schwerfälligen Mann.

Von dieser Zeit an datierte die Geschichte und oft mußte Vater Liekap das Wort hören.

Wenn er seinen steifen, friesischen Kopf aufsetzte und Muttern nicht den Willen tun wollte, dann hieß es seufzend: „Ja, Vater ist ein Original". Wenn er hingegen seinem Weibchen eine Überraschung machte, wie zum Beispiel mit der Waschmaschine, die er aus einer halb durchgesägten Petroleumtonne gemacht hatte, dann sagte die kleine Frau stolz lächelnd: „Ja, Vater ist auch ein Original."

Und doch waren es nicht diese Äußerlichkeiten, die ihn von den übrigen Dorfbewohnern auszeichneten; dann waren Johann Bäcker und Thoms Schuster und viele andere auch Originale. Nein, was ihn über seine Umgebung emporhob, das war sein Herz, ein Herz voll heimlicher Güte und heimlicher Liebe; dies war das Erbteil seiner Mutter.

Peter Liekap war auf einem der stillen Höfe Platenhörns geboren. Auf einem Hofe, der von hohen Pappeln umgeben ist, deren Blätter bei Tag und Nacht flüstern, bis im Herbst das letzte Blatt flüsternd in den breiten Hofgraben sinkt.

[. . .]

Schon früh, viel früher als zum Lernen, wurde der Junge zur Arbeit herangezogen. Die Platenhörner waren von jeher arbeitsam und sparsam gewesen. Sie mußten dem Erdboden das Ihre abgewinnen, mußten das Land bearbeiten und Getreide bauen, während die Bauern im Westen auf ihren fetten Weiden nur Ochsen mästeten.

Ja, die reichen Bauern drüben, die auf ihren fetten Höfen saßen und ins Wetter guckten, die hatten es gut.

Die reichen Hamkens und ihre Sippe, die Graves, Jacobs, Martens, die da auf dem Staatshof, Wischhof, Goshof wohnten, das waren alles Bauern, die sich ihres Wertes voll bewußt waren. Sie meinten, gleich hinter dem lieben Herrgott zu kommen und nannten das ehrwürdige deutsche Königspaar, wenn die Rede darauf kam, „Willem und Guste".

Sie waren schon alle der Reihe nach drei Jahre oder länger Lehnsmann, das heißt soviel wie Ortsvorsteher, gewesen, und den Titel Lehnsmann behielten sie auf Lebenszeit und waren gewaltig stolz darauf.

In ihren Augen verhielten sich die Platenhörner zu ihnen wie das Pferd zum Ochsen, das heißt, der Ochse stand in ihren Augen höher als das Pferd. Sie ließen sich nur bei festlichen Gelegenheiten herab, mit den östlichen Dorfnachbarn gemein zu sein.

Die Platenhörner kannten das Verhältnis nicht anders. Sie arbeiteten unverdrossen weiter; sie waren Arbeitsbienen. Von früh bis spät schafften sie, schickten ihre Söhne mit den Ochsen und Schafen nach Husum zum Markt und ihre Töchter mit Butter und Käse in das näher gelegene Friedrichstadt zum Wochenmarkt. Sie blieben fleißig, nüchtern und sparsam, vermehrten langsam und sicher ihr Gut und erbten ihre Höfe von Vater auf Sohn fort.

Als Peter Liekap heranwuchs, er mochte wohl über zehn Jahre alt sein, kam er in die Schule. Der alte Rechenmeister Kätel Feddersen, der seines Handwerks ein Weber war und nebenbei ein wenig schulmeisterte, unterwies die Knaben und Mädchen in den notwendigsten Wissenschaften.

Es war eine bunte Gesellschaft, die sich in der Schulstube Kihrwedders zusammenfand; Arbeiterkinder und Herrensöhne. Die einen die geborenen Herren, – vorlaut, protzig, überklug, die anderen, die geborenen Knechte, – unterwürfig, dickfellig und beschränkt.

Peter Liekap saß sozusagen zwischen beiden Parteien. Rechts von ihm saß Owe Hamkens, derjenige, der später der Reichste im Dorfe war und Oweh genannt wurde. Er war ein großer, helläugiger Junge, dem der kärgliche Unterricht des Kätel Feddersen zur Stufe einer ziemlich guten Bildung wurde.

An der linken Seite saß Hans Niß, der uneheliche Sohn einer armen Dienstmagd, die mehr durch ihre Dummheit als durch Leichtsinn verführt worden war. Hans Niß fiel das Lernen schwer, und doch ging er gern in die Schule; denn er mußte im Arbeitshaus schwer arbeiten und in der Schule konnte er ausruhen und schlafen. In die Mysterien der Schreibkunst ist sein Geist nie gedrungen, er mußte sich sein Leben lang damit begnügen, drei Kreuze an Stelle seines Namens zu setzen. Hans Niß hat sein ganzes Leben lang im Arbeitshause zugebracht. Er lebte so hin, wie Tiere dahinleben, ohne den Zweck seines Daseins zu erfassen. [...]

Die Arbeitersöhne mußten früh in den Dienst. Die Platenhörner hielten sich mehr zu den Hamkens und ihrer Sippe. Eines war ihnen ja gemeinsam – sie waren alle Söhne von Marschbauern. Was ist ein Marschhof? Ein Königreich im kleinen. Ein Marschbauer dünkt sich nicht weniger als ein König, und seine Söhne haben ihren angeborenen Stolz, ihren steifen Nacken und ihren harten Kopf, wie es ihre Väter und Großväter haben.

Peter Liekap war kein echter Marschbauer; in ihm floß zuviel von dem Blut der Mutter. – Immer höher wuchs das Blümlein Liebe in seinem Herzen, er mußte etwas lieb haben. Um die Mädchen in der Schule kümmerte er sich wenig, dazu war er auch zu scheu. Die Mädchen sah er erst an, als er das erstemal zum Tanze ging. So blieben ihm nur die lieben Tiere, ihnen widmet er alle freie Zeit, und die Tiere hingen an ihm.

Von den Deichen und ihrem Schicksal

„... das Meer ist keiner von den milden Gebern"

Friedrich Carl Volckmar (1795)

Eiderstädt ist ein Geschenk der Nordsee, womit die Westseite des Herzogthums Schleswig seit undenklichen Zeiten bereichert ward; aber das Meer ist keiner von den milden Gebern, die sich freuen, Menschen durch ihre Gaben zu bereichern. Es würde seine Geschenke bald wieder zurück fordern, wenn man sich nicht mit Gewalt den Besitz derselben zu erhalten suchte. Dies erzeugt einen ewig dauernden Kampf gegen ein Element, das nicht allein in seiner Oberfläche durch Wellen und Fluthen furchtbar wird, sondern selbst in der Tiefe bei stillem Wetter unaufhörlich daran arbeitet, alle Bollwerke gegen seinen Angriff zu untergraben und zu vernichten. Gegen diese doppelte Art von Feindseligkeiten muß man sich durch den Wasserbau vertheidigen; der also aus dieser Ursache nicht ganz mit andern Werken der Kunst das gemein hat, daß grosse Festigkeit der Arbeit auch eine längere Dauer zusichert, und weniger Reparationen bedarf, sondern vielmehr immer erneuert werden muß, und äusserst kostbar zu unterhalten ist, wenn auch der erste Bau noch so kostbar und feste aufgeführt ward.

Es fält den Bewohnern der Geestländer gewöhnlich sehr schwer, sich von dem einen richtigen Begrif zu machen, was man eigentlich Deiche nennt.

„...der Eiderstedter stolz ist auf sein Werk..."

Rudolph Koop (1936)

An der Westküste Schleswigs, nördlich der Eider, die sich von Friedrichstadt aus in ihrem gewundenen Unterlaufe zum Meere hinabschlängelt, zieht sich als gestreckte Landzunge die Halbinsel Eiderstedt in die See hinaus. Breit und flach liegt Eiderstedt da mit den massigen Einzelhöfen und den kirchturmüberragten Dörfern und Städten in der Mitte, umgeben von einem Ring hoher Deiche, die dem erbittertsten Feinde dieses Marschenlandes, dem blanken Hans, den Eintritt wehren. Wie ein gewaltiger Wellenbrecher scheint die Halbinsel in die salze See hinausgebaut worden zu sein, um zu verhindern, daß unter dem ständigen Druck des Südwest und der Flutwelle die Wogen den Rest der Uthlande, die Inseln und Halligen vernichten. Zwei große Wasserläufe fassen die Halbinsel ein, die Eider im Süden und die weite Hever im Norden. In diesen breiten Wasserläufen spielt unablässig der Wechsel der Tide, nagt hier an der Uferkante und bricht Brocken um Brocken ab, häuft dort den Schlick auf dem Watt und landet ihn auf. Der rauhe Geselle, der Wind aber packt bald die Wogen und jagt sie am Deiche empor, reißt tiefe Löcher in dieses Gebilde von Menschenhand, um dann wieder besänftigt, ein spielendes Kind, aus der weiten Fläche des Watts bei Ebbe die Sandkörnchen aufzuwühlen und sie zu blendend weißen Dünen aufzutürmen. So bringen launenhafte Naturgewalten in jeder Berechnung spottendem Wechsel bald Aufbau, bald Zerstörung, und schwerlich wäre dieses Land bewohnbar, wenn es ungeschützt ihren Launen preisgegeben wäre. Daß heute reiche Weiden sich auf ihm dehnen, daß der Mensch in geräumigen Häusern wohnen, sein Vieh züchten und seinen Garten bestellen kann, dankt er sich selbst und der Tüchtigkeit seiner Vorfahren, die dieses Land dem Meere abrangen und durch den Wall von Deichen schützten.

Es ist nur zu natürlich, daß der Eiderstedter stolz ist auf sein Werk, daß er wißbegierig forscht, wie denn seine Vorfahren dieses gewaltige Werk geschaffen haben. Weit reicht die mündliche und schriftliche Überlieferung dieses Landes zurück, denn schon in ferner Vorzeit hat es kluge Leute in diesem Lande gegeben, die aufzeichneten, was ihnen bemerkenswert und wichtig erschien. Aber es hat sich im Laufe der Jahrhunderte doch manches verwischt, Aufzeichnungen sind verloren gegangen oder in ungenauen Abschriften auf uns gekommen. So bietet dieses Land dem Forscher Rätsel auf Schritt und Tritt, Rätsel, auf die die Überlieferung keine oder nur eine unklare Antwort zu geben vermag. Und doch sehnt sich der Eiderstedter nach einer Antwort auf diese Fragen.

Ich habe Jahr um Jahr dieses Land durchwandert, bin bald in einen stolzen Hauberg eingetreten, bald in die Kate eines Tagelöhners, habe draußen auf dem Vorland mit dem Arbeiter gesprochen und bin mit dem Bauern durch die Fennen gegangen. Aber wen ich ansprach, ob Mann, Frau oder Kind, jedermann zeigte ein lebhaftes Verständnis für meine Fragen, wußte dies oder jenes Neue zu berichten und half mir oft durch kluge Einfälle weiter, wo ich kaum erst die Frage sah.

Die Vergangenheit seines Landes ist ja auch für den Sohn der Marsch die Lehre für die Gegenwart. Wissen wir denn, ob der Ring der Deiche heute festeren Schutz gewährt gegen den blanken Hans? Wissen wir sicher, daß der Eiderstedter nicht morgen vor die Aufgabe gestellt wird, das in einer Nacht durch die Wogen einer ungeheuren Sturmflut überrannte Werk von einem Jahrtausend von neuem nach besseren Methoden dort wieder anzufangen, wo einst sein Urahne begonnen hatte, als er zuerst dieses Ufer betrat?

Es gilt also, die Geschichte dieses Landes zu schreiben, nicht die politische Geschichte, sondern die des ewigen Kampfes eines kleinen tapferen Volkes gegen übermächtige Naturgewalten, die es endlich doch bezwang.

„. . . sie haben beständig mit dreierlei Wassernoth zu kämpfen . . ."

Johann Georg Kohl (1846)

Soviel Ueberfluß an Wasser die Marschländer in der Regel von Natur haben, indem sie während des größten Theiles des Jahres so zu sagen im Moraste schwimmen und indem sie sich eigentlich beständig gegen den Ueberfluß von Wasser mit Deichen, Schleusen, Sielen und Abzugscanälen wehren müssen, so haben sie doch auch zuweilen Mangel an Wasser, nämlich in sehr heißen regenlosen Sommertagen, wo alle Gräben und Regenbassins austrocknen. Sie werden daher aus Mangel an gleichmäßig sprudelnden Quellen ebenso wie die Steppen aus einem Extrem in's andere geworfen. Wie in Schiller's Bürgschaft der treue Freund, so risquiren sie bald zu ertrinken, bald zu verdürsten. Sie haben eigentlich beständig mit dreierlei Wassersnoth zu kämpfen, mit der Noth vom Meerwasser, das herein will, mit der Noth des Regenwassers, das nicht hinauskann, und mit der Noth an Trinkwasser, wenn das Land von der Sonne ausgetrocknet ist.

Man hat in manchen Marschen schon Zeiten gehabt, in denen man das Trinkwasser von der Geest wie Wein in Fässern einführte und im Lande verhandelte.

„... ließ ihnen den Teich, und er nahm das Land ..."

(Von dem itzigen Adolphskoege)

Iven Knutzen (1588)

Als dieser Koeg zu gutem Stande gebracht war, wie in vorigen beyden Capiteln gemeldet ist, hofften die Geestleute, und die von Coldenbüttel und Witzwort, daß sie nun das weiter zur Ruhe gelangen wollten, weil sie wegen des vielen und langen Teiches des vorgemeldten neuen Koegs bey nahe ganz verarmet worden. Es war aber noch keine Ruhe vorhanden, sintemal die von Ulvesbüll und aus Lundenberger Harde bey Ihro Fürstlichen Gnaden sehr hoch und hart anhielten, einen neuen Teich zwischen ihnen zu teichen; denn wenn solches nicht geschähe, so müßten alsdenn die Kirchspiele Ulvesbüll und Lundenberg in die salze See geworfen werden.

Diese ihre Klage zog sich der Fürst zu Gemüthe, und begab sich Anno 1575 mit dem Amtmanne Hanß Bluhmen und andern Teichsverständigen Aus-Koegs-Leuten auf denselbigen Ort, besahe alle Gelegenheit, und befand, daß viele Leute an dem Orte, wo man einen neuen Teich schlagen sollte, mit bösen Teichen behaftet wären. Aber die Geestleute und die von Coldenbüttel und Witzwort wollten ungerne daran, weil es ihnen keinen Vortheil gab, und das neue Land nicht viel werth seyn konnte. Endlich aber und gleichwohl ward beschlossen, daß man sogleich in diesem Jahr 75 eine Siehl machen lassen, und auch dieselbe im Sommer gemeldten Jahres legen, und im künftigen Frühlinge mit dem Teichen zuerst anfangen sollte. Denn man war in der Hoffnung, daß es in einem Sommer überteicht werden könnte, weil es sehr schön anzusehen war, und die beyden alten Tiefen ganz zugeworfen waren, also, daß der Amtmann Hanß Bluhme einigemal mit trocknen Stiefeln über die an beyden Seiten gelegene Tiefe gieng, und dahero meynte ein jeder, es sey leicht überzuschlagen, da es doch dem gemeinen Manne schwer genug ward, und dieselben doch darüber drey Jahre teichen mußten, ehe sie es gewinnen und überbringen konnten.

Wie nun alle Dinge beschlossen waren, nämlich die drey Kirchspiele Coldenbüttel, Witzwort und Ulvesbüll auf der Süderseite mit zwey hundert Stürzen, und dahingegen die Mildstädter, und Padelecker, Siemensberger und Lundenberger Kirchspiele auf der Nordseite auch mit zwey hundert Stürzen, haben sie an beyden Seiten Zarten, (Contracte oder Verträge) und Briefe unter sich aufgerichtet, daß sie einer dem andern getreulich auf die Hälfte entgegen kommen wollten, und ward ein Pfahl vor dem Schlick geschlagen, da die Hälfte war. Unser Herr Gott wollte es aber nicht bis an den Pfahl kommen lassen, sondern weil man viel böse Erde hatte, bekam es eine ganz andere Gelegenheit, als es etwas enger wurde. Als man dannenhero bedachte, und sich berathschlagete, was es mit denen zu diesen Werken erforderlichen Strauch und Pfählen vor eine Gelegenheit hatte, und was damit angefangen werden sollte, da sind die Eiderstädter ihrem alten Rathe gefolget, und haben sich mit Ihro Fürstlichen Gnaden dergestalt vertragen, daß Ihro Fürstliche Gnaden ihren Antheil des neuen Landes annehmen, ihnen dagegen Strauch und Pfähle verschaffen, und ihren Antheil in der neuen Siehl also behalten sollte, welchen Antrag der Fürst vernahm. Es waren aber ihrer beyden Meynungen nicht überein. Denn die Eiderstädter meynten, daß Ihro Fürstliche Gnaden ihnen den Strauch da liefern sollte. Allein, wollten sie Sträuche und Pfähle haben, so mußten sie solche selber aus Ihro Fürstliche Gnaden Holzung holen.

Etliche derer von der Norderseite wollten auch wohl gleicherweise mit Seiner Fürstlichen Gnaden gehandelt haben. Es ward ihnen aber solches von den gemeinen Manne widerrathen, und solches aus dem Ursachen, daß dieser neue Teich, ewig ein Schadenteich bleiben müßte, und man viel Spathland dazu von nöthen hätte. Zu dem mußten die Geestleute einen langen Weg fahren, wenn sie den Teich machen sollten, wozu ihnen Gräsung nöthig wäre. Derowegen die Norderleute sämmtlich beschlossen, daß sie selber darzu Sträuche und Pfähle kaufen wollten, wo ein jeder solches am besten bekommen könnte.

Nach dieser Berathschlagung von Anschaffung der Sträuche und Pfähle ward Maytag Anno 1576 angefangen zu teichen, und teichten den ganzen Sommer mit großen und schweren Unkosten, und hatten auf beyden Seiten viele fremde Hülfe, nämlich den Eiderstädtern wurde geholfen von ihren Landesleuten, und die auf der Norderseite bekamen Hülfe von den Hadtstädtern, Osterfeldern und Schwesinger Kirchspielen. Wiewohl sie aber verhofften in demselbigen Sommer es überzuteichen, so war es doch ohnmöglich. Derowegen verwahreten sie das Haupt so gut als sie best konnten, und machten auch den Damm auf beyden Seiten, wie es am besten werden konnte.

Anno 1577 ward auch mit großem Fleiße und Beschwerde der Unterthanen geteichet, in Hoffnung das Tiefe in dem Jahre überzuschlagen. Es konnte aber darum nicht vollbracht werden, weil die Erde sandig war, und der Späthkoeg, daraus die Erde gegraben worden, mit großer Beschwerde sechzehn Fuß hoch mußte aufgeführet und unterhalten werden, zu dem war der Schlick, daraus der Teich gesetzt wurde, ohne die Hallige drey hundert und zwanzig Ruthen lang, und so sehr niedrig, daß die tägliche Fluth in die sechs Ellen hoch über den Schlick gieng.

Anno 1578. aber, da der Frühling angieng, ward es abermals mit Ernst und schwerer Mühe und Unkosten angefangen, und alles gieng sehr glücklich fort.

Wie man es aber nun schließen sollte, waren Seine fürstlichen Gnaden und die Herzoginn auch gegenwärtig, ingleichen der Amtmann von Tundern, mit Namen Bendix von Ahlefeldt, ein Teichverständiger Mann, weil er im Gotteskoeg bey Tundern mit Teichen viel zu thun hatte. Wie man sich nun rüstete, an beyden Seiten mit Walzen zu machen, und als so viele Walzen gemacht worden, als man meistens dazu von nöthen hatte, befand sichs, daß ein geringer Vorrath an Strauch und Stroh vorhanden war, und ward derohalben widerrathen, den Tag überzuschlagen, welches vielen Unverständigen zuwider war, und war dennoch ein guter Rath, weil man es ohne nothdürftige Sträuche und Stroh doch nicht hätte in Stand bringen können, und ward damals eilends bestellet, und kam folgende Nacht darauf so viel Strauch und Stroh, daß man sich damit behelfen konnte.

Des folgenden Tages, welcher war der 6ste August, des morgens kamen Ihro Fürstliche Gnaden sammt der Fürstinn, und mit ihm seine Amtleute abermals auf das Werk, und waren auch daselbst alle die Eiderstädter, Hadtstädter und Husumer in großer Anzahl, welche dem Werke die hülfreiche Hand leihen wollten, es war aber auch da auf jeder Seite ein Prediger beschieden, welche nach altem christlichen Gebrauche an das Volk eine Ermahnung zum Gebethe thaten. [...]

Als man nun nach geendigter Predigt durch Gottes Hülfe mit dem Ueberteichen anfangen wollte, wurden die Walzen von beyden Seiten geworfen, und gieng alles glücklich fort auf der Süderseite, wie es denn auch ein schönes Wetter war. Auf der Norderseite aber giengen etliche, doch wenige leichte Walzen in dem Strome hinweg, weswegen Seine Fürstliche Gnaden etwas zornig wurden, daß die Walzen zu leichte gemacht waren. Es hatte aber seine sonderliche Ursachen, denn als man meynete, daß das Werk des vorigen Tages geschlagen werden sollte, hatte man die schwersten Walzen voran gelegt, und darnach die leichtesten, wie gebräuchlich ist. Wie aber darnach mehr den anderthalb Ruthen von dem Norderhaupte ins Tiefe sunken, wurden damals die schwersten Walzen, welche voran lagen, darein geworfen, und man konnte um des kleinen Raums halber an deren statt, keine andere schwere Walzen machen, auch konnten die leichten Walzen, welche damals vorne lagen, nicht zurücke gebracht werden, derohalben mußte man dieselben in der Reihe, als sie auf der Erde lagen, ins Tiefe werfen. Als nun solches Seiner Fürstlichen Gnaden berichtet ward, waren sie damit zufrieden, und es ward gleichwohl das Werk mit göttlicher Hülfe sehr wohl und glücklich gewonnen, und in ziemlichen Stand gebracht, auch im folgenden 79. Jahre zu einem vollen Teiche aufgeführet.

Wie nun der Koeg in guten Stand kam, und Ihro Fürstl. Gnaden der Eiderstädter neu Land an sich nahmen, nach ihrem Vortrage, meynten die Eiderstädter, er sollte auch den Teich zum Lande nehmen. Aber seine Fürstliche Gnaden kamen dem vor, ließ ihnen den Teich, und er nahm das Land, da hatten sie beyde etwas, ein jeder sein Theil.

Der Lande Eyderstädt, Everschop u. Utholm confirmirte Teich-Ordnung

de, Anno 1595. (Auszug)

Wir von Gottes Gnaden Johann Adolph usw. bekennen und thun kund hiemit und in Kraft dieses, für Uns, unsere Erben und Nachkommen und sonsten männiglich:
Nachdem uns die Erbaren und Ersamen unsere lieben getreuen Rathleute, Lehnsleute, Sechs und Dreyziger und gemeine Untertanen unserer Lande Eiderstedt, Everschop und Utholm unterthänigst zu erkennen geben, welchergestalt die Deichordnung, so weiland der hochgeborne Fürst, Herr Adolf, Erbe zu Norwegen, Herzog zu Schleswig, Holstein, Unser in Gott ruhender geliebter Herr Vater Christmilder Gedächtniß Anno Zwey und achtzig nächst verschiedenen Jahren gegeben, nach jetzigem Zustande und Gelegenheit derselben Unserer Eiderstedtischen Lande zu erwidern und corrigieren oder auch gar aufzuheben die Nothdurft erfordert, daß demnach wir, als die wir solcher unserer Lande glücklichen Wohlstand zu befördern und fortzusetzen ganz geneigt; daß sie sich einer neuen Deichordnung miteinander vergleichen, und uns dieselbe zu revidieren und appellieren übergeben möchten, welche sie dem also unterthänigste Folge getan, etzliche Articuln zu Papier gebracht und Uns dieselben in Unterthänigkeit zustellen laßen, und haben wir dieselbe mit und neben Unseren Adelichen und gelahrten Räthen in Rath und Deliberation gezogen und folgendergestalt auf der obgemeldten Unserer Lande sämtliches, auch ihres Ausschußes und Vollmächtigen, welche sie an Uns abgesandt und zu der Behuf anhero abgefertigt, Gutachten und mit Bewilligung gesetzet und beordnet, setzen ordnen und wollen auch, daß es in den Deichsachen in mehrermeldten Unsere Landen also gehalten werden solle.
Thom ersten schall unßer Staller, de nu iß edder künftig syn werde, Macht hebben, de Lehnslüde in einem jeden Carspel edder Mating, wo vom olders her gebrucklich geweßen tho verordnen dergestalt, dar ein Lehensmann verstorve, dat den Carspellüde in densülven Carspel, innerhalf 6 Wecken, na des abgestorvenen Lehensmanns Tode, 4 ehrliche, verständige, und in demselben Carspel wolbegüderte Lüde ehrer Mitte benömen schölen, welckern he erachtet an verständigsten tho synde,

und de dem gemenen Nutz am meisten beleben und fortsetten könne.

Thom 2. schall unse Staller und Landschriever benebenst den Lehenslüden, Edingern und andern Diekrichtern, de na Gelegenheit in jeden Carspel edder Mating syn, tosamt etlichen Gevollmechtigen, ungefehrlich um Meidag, de Dieke eines jeden Matings, um dat gantze Land her besichtigen und anordnen, wo de Dieke dat Jahr gemacket, verhöget, verdicket und bestacket werden schölen, und solche Ordnung den Diekrichtern nebenst Vermeldung gewisser Tidt, als Johannis, Jacobi, Michaelis edder Martini, wenner jeden Punckt unstreffliche Folge leisten werden schall, tokamen laten.

It werd ock unser Staller benevenst vor gedachten togeordneten, in einem jeden Carspel edder Mating, de Hafftsielen, olde Dieken und Sietwendigen besichtigen und wat daran tho verendern und tho verbedern nödig, anordnen; darna sick de Lehenslüde und Diekrichtern in Vorsettung und Berechtung to richten hebben mögen.

Thom 3. schölen de Lehenslüde, Edingere und andere Diekrichter, den ersten und andern Sonntag na Meidage, na Gelegenheidt der Tidt, all de Dieke und Land hebben, up den Diek edder den Karkhave, thosamen bescheiden, und ehnen des Stallers Verordnung, wo de Dieke gemacket werden schölen, verlesen und ankündigen laten, und sick mit den Dinghörigen, und etlichen der vornehmsten Matingslüden beratschlagen und besprecken, welckere Schefte am ersten tho versetten, darop de Lehenslüde edder Diekrichtern de Vorsettung dohn schölen, in 8 edder 14 Dagen, na Gelegenheit dersülve Schefft tho verfertigen.

Würde awerst jemand sodanne Vorsettung nicht gehorsamen, dersülve schall den ersten Umtoch van jeder Diekessack, so ungemacket iß, 4 Schilling [. . .].

„Der liebe Gott … möge Teich und Dämme in gutem Bestand halten"

Johannes Schultze (1613)

Also aber alle diese Köge eingenommen, die Insel Utholm vor langen Jahren an Everschop albereits landfest gewesen, und das Utholmische Carspel Westerhever neulich auch herzugebracht, und wieder landfest gemacht, welches, wie gedacht, geschehen um das Jahr 1460 ungefähr, dieweil sieben Jahre über diesem Werke geteichet, die Carspeln Garding und Catrinherde, die kurzen Teiche vor viel hundert Jahren al gehabt, die sich durch schwere Arbeit und große unmäßige Unkosten, mit Einteichung des Hever-Stromes erworben, und nun die allgemeinen drei Lande Eiderstedt, Everschopp, und Utholm gesehen, daß eine so große Veränderung ins Künftige etwas bringen werde, haben sie darauf unter Chriestierni Primi Regierung als der Fedderkens geseßen auf dem Garden, Staller über die drei Lande gewesen, Anno 1466 für ein ewigwährendes beständiges Teichrecht angenommen, daß ein Jeder das salze Wasser für seinen eigenen Carspel und Lande abwehren, ein iedes Land bei seinen eigenen Teichen bleiben, und kein Land auf das ander teichen sollte.

Welche Teichverordnung unsere lieben alten Vorfahren, reifsinniges Rathes, dahin vernüftiglich wohl erwogen und geschloßen, dieweil es sich nimmer fleißiger und besser teicht, als an dem Orte, da einer sein Land liegen hat, und da einem der Einbrüche halber Schaden und Gefahr kann erwachsen. Sollte es dahin gelangen, daß jemand für eines andern Land das Wasser, Schaden und Gefahr ablehnen helfen sollte, mit Verdruß wider seinen Willen, würde es endlich ohne Verderb Schaden und Untergang des Landes nicht abgehen.

Welches denn die christliche hohe Obrigkeit recht wohl erwogen, da sie von Alters her dies Teichrecht confirmiret und bestätigt, daß ein jedes Land und Carspel bei seinen eigenen gewöhnlichen Teichen bleiben, und kein Land auf das ander zuteichen gedrungen werden sollte, ein jeder seine Teiche in seiner eigen Feldmarcke sollte halten und machen.

Der liebe fromme Gott, der durch wundergöttliche allmächtige Kraft diese herrlichen Länder an der wilden offenbaren See gegeben, und seinen gnädigen gedeihlichen großen Segen darüber kommen lassen, daß Milch und Honig darinnen fleußt, wolle dessen Einwohner, daranne man sondere alte deutsche Treue erspüret, und die sich je und allewege, aller christlichen Tugend und Ehrbarkeit fleißigen, ihre Obrigkeit treulich meinen, lieben und ehren, für verderbenden bösen Rath und Anschlag bewahren, und bei christlicher friedlicher Einigkeit, so auch Teich und Dämme in ewigen guten Bestand erhalten, zu seines heiligen Namens Lob und Ehre.

„Das Hauptgeschäft hat der Deichgraf"

Friedrich Feddersen (1853)

Wichtiger, als dieser von den Dünen gegebene, so unsichere und großen Veränderungen unterworfene, Schutz gegen die Fluth, welche täglich zweimal aufsteigt und manchmal eine bedeutende Höhe und Gewalt erreicht, besonders in den Herbststürmen, bei Springfluthen, wenn der Südwestwind in starken Nordwestwind übergeht, – viel wichtiger ist der um die ganze Landschaft gelegte Deich, auf dessen Instandehaltung und Verbesserung mit großer Umsicht gehalten und Vieles verwandt wird. Der Deich bei Simonsberg, von Husum ausgehend, welcher auch die Südermarsch gegen den Andrang der Westseefluthen schützt, schließt sich an den Deich um Eiderstedt an, und daher gehören auch die Südermarsch und das Hekelskooger Land zum Eiderstedter (dritten) Deichverbande.

Das Hauptgeschäft beim Deichwesen hat der Deichgraf, der von der Landschaft erwählt wird, und wozu geeignete Personen sich innerhalb der Landschaft um so eher ausbilden, weil Viele schon als Lehnsmänner, Deichseidiger, Deichscommittirte und als Theilnehmer an den Deichsarbeiten sich die für ein solches Amt nöthigen Kenntnisse und Erfahrungen einsammeln können. Man wählt ihn bald aus dem einen, bald aus dem andern Kirchspiel. – An der Oberleitung hat, außer dem Oberstaller als Oberdeichgraf, vornämlich Theil der Deichinspector [. . .], dem ein Deichconducteur zur Seite steht. – Damit für das Jahr die nöthigen Arbeiten bestimmt werden, wird erst eine Deichschau, Deichbezug, gewöhnlich im April, vorgenommen. Doch sollten hohe Fluthen im Herbst oder Winter sofortige Verbesserungen der starkbeschädigten Deiche, Verstopfungen von eingerissenen Löchern nothwendig machen, so ist der Deichgraf verpflichtet, dazu die nöthigen Veranstaltungen zu treffen. Für den Frühjahrsdeichbezug hat der Deichgraf sich auch bereits Notizen gemacht, und hält dann mit dem Deichinspector (und Deichconducteur) 4 Deichscommittirten, nämlich 2 für die Landschaft, 1 für die Südermarsch, 1 für die octroyirten Koege, an 2 oder 3 Tagen die Rundschau. Bei jedem Kirchspiele nehmen auch Lehnsmann und Deicheidiger Theil daran und machen auf die besonderen Bedürfnisse aufmerksam. So geht es von Coldenbüttel aus; in Garding wird zweimal Abends und die Nacht über gerastet; am dritten Tage wird in Husum der Beschluß gemacht, und nun der Deichreceß, der Voranschlag aller Arbeiten, entworfen. Der Landsecretair ist auch Deichbandsecretair. – Die Ausführung der Arbeiten hat nun der Deichgraf mit Hülfe der Lehnsmänner u. s. w. zu beschaffen. Um Jacobi ungefähr wird über die ausgeführten Arbeiten von dem Oberdeichgrafen und den Vorhergenannten eine zweite Deichsschau gehalten. Die Herbstarbeiten, das Besticken der noch nicht mit Gras bewachsenen Stellen, die Instandesetzung der Lahnungen, auf welche zur Brechung der Fluthen, zur Befestigung des Vorufers und zur Ansetzung des Schlicks neuerdings besonderer Fleiß verwandt ist, besichtigt zunächst der Deichgraf noch im Herbst. Die Deichsrechnung wird dann im Winter aufgenommen.

„die erschreckliche, Grimmige, und in aller Welt bekante hohe Waßerfluth ..."

Peter Sax (1637)

Anno C. 1634.
In diesem Jahre, zwischen den 11 et 12. Octobr: in der Nacht, ist die erschreckliche, Grimmige, und in aller Welt bekante hohe Waßerfluth, über Eyderstett, Everschop, und Uthholm, und alle ins gemein in diesem tractu boreali gelegene Marschländer, und Städte

ergangen, quincto Eid: Octobr: circa decimam impetuosae et per-terricrepae noctis.

Umb 6. Uhren, aufn Abend fing Gott der Herr an, auß dem Süd-osten, mit Wind und Regen, zu wittern, Umb 7 Uhren, wendete Er den Wind, nach dem Südwesten, und ließ so starck wehen, daß fast kein Mensch gehen, oder stehen konte, Umb 8, und 9 Uhren, waren alle Teiche schon zerschlagen, eingerißen, und abgeworf-fen, Die Lufft war Voller Fewr, der gantze Himell brennete, und Gott der Herr, ließ Regenen, Hagelen, blitzemen, Donnern, und den Wind so krefftig Wehen, daß die grundfeste der Erden sich bewegeten, und man nicht anders wißen konte, alß daß Himel und Erde, in einander fallen würde, und der Jüngste Tag obhan-den were.

Umb 10. Uhren, war alles geschehen, und sein in Friesenkog in Coldenbüttell, Witzwörtischer Maeße, 53. Ruten Teiches niederge-worffen, und ein Weehle durchgeschnitten; Bey Cornelius von der Loo seiner Mühlen, bei der Kirchen zu Coldenb: ist die große Schleuße halb außgesprungen, und zerschmettert, darauf Peters-kog mit untergangen.

Im Johan-Adolffs-Koge, Hertingeshusensch: und Jügerdtisch: Theils, sein 2 durchgehende Weehlen, und viele abgefallene Tei-che gewesen.

In Harbleker Koge, ist an diesem orte, eine Weehle, und bei dem Kornspieker, ein großer Strich, von dem Dweerteiche, auf den grund und bodem, eingegangen.

Der gantzer teich, umb Friederichs Kog, ist fast all weg gewesen, und eine große Weehle, in der Eyder außgeschnitten.

Zu Alversum, waren 2 große tieffe Weehlen, und allenthalben ab-geworffene und durchgebrochene Teiche.

Zu Cating war der Teich, hin und wider sehr zerschlagen, durch-gelöchert, und abgestürtzet.

Zu Vollerwig waren 2 Eingerißene große Weehlen.

Zu Tating war ein Überaus große Tieffe, und breite Weehle, der Teich Jemmerlich allenthalben eingeschlagen, vernichtet, und ein-gebrochen.

S. Peter hette aufs Norden, eine Ungehewre, und über die maeßen große Weehle, auch war der Teich, aller orten, und enden, abge-worffen, und zerhawen.

Westerhever hette eine große, und eine kleine Weehle, und viele 100 andere durchgeschnittene stette, und war der Teich hie und dort, grewlich heruntergerißen.

Poppenbull, und Osterhever hetten zerschlagene, abgefallene und hinc inde außgerißene böße Teiche.

In dem alten Damme, war ein große Weehle.

In Ulveßbull, riß das Waßer den 13 Octobr: im außfallen ein Weehle ein, von 32. Ruten breidt, und war dem Teich in der Leie, allenthalben der Kamb abgeschlagen, und viele übergelauffene, außgelöcherte örte, und stette.

Im Adolffs-Koge, auf der Lundenberg: seiten, an dem alten Haffteiche, ist auch ein Weehle eingelauffen; Und ist im gantzen Eyderstett:, Everschopp:, und Uthholmisch: Lande, nur dießer einiger Kog, im Johan-Adolffs-Koge, Marci Schwencken theils, und etzliche andere hohe örte hin, und wider, erhalten worden. Die hohe örte wegen Ihrer höhe, Johan-Adolffs-Kog aber, durch deß, von den beiden Interessenten fürhin zu Ihrem besten gelegten Mittel:- und Schinckel-Teichs abwerung einzig, und allein, für, und von dem saltzen Waßer frey geblieben.

[...]

... und sein zu Coldenbüttell

5. Menschen und 87 Pferde, und beeste inclusivè.

zu Witzwort	13. Mens: u. – 201. Pf. u. B.
zu Oldenswort	61. Mens: u. – 748. Pf. u. B.
Tönning	34. Mens: u. – 164. Pf. u. B.
Cotzenbull	75. Mens: u. – 200. Pf. u. B.
Cating	85. Mens: u. – 228. Pf: u. B.
Vollerwig	45. Mens: u. – 96. Pf. u. B.
Welt	107. Mens: u. – 120. Pf: u. B.
Ulveßbull	30. Mens: u. – 150. Pf. u. B.
Tetenbull	505. Mens: u. – 868. Pf. u. B.
Catharin Heerde	61. Mens: u. – 361. Pf. u. B.
Garding	177. Mens: u. – 343. Pf. u. B.
Poppenbull	180. Mens: u. – 434. Pf. u. B.
Osterhever	167. Mens: u. – 400. Pf. u. B.
Tating	270. Mens: u. – 500. Pf. u. B.
S. Peter und Ording	56. Mens: u. – 752. Pf. u. B.
Westerhever	236. Mens: u. – 406. Pf. u. B.
Summarum –	2107. Menschen
	6064. Pferde und Beeste zusammen.

Noch sein darüber an Schaffe und Schwein ertrunken 6738. und Heuser, so gentzlich weggetrieben 664. Auch sein 4 Windmühlen umbgeworffen [...].

Was sonsten für Schade, an Teiche und Damme, Sielen und Schleusen, auch an Winterfrüchte, geschehen, auch wie viel das Land sei verringert, auch Heuser und Gärten destruiret, solches alles ist unaestimirlich, und kan nicht gerechnet, viel weiniger beschrieben werden.

In dießer erschreckl: unerhörten Waßerfluth, kan man keine natürl: ursachen suchen, sintemall 8 tage für den Newen Mond gute Aspecten, auch auf das Novilunium gute radiationes der Planeten gegangen sein. Derwegen müßen wir eß gentzlich dafür halten, daß dieselbige, durch Special verhengniß und sonderbahre straffe Gottes, des Allmechtigen, den Menschen, damit zur buße zubringen, und Ihn von seinem bösen Leben, und Wandell, abzuhalten, gekommen sei, Man hatt nach der Zeit, viele unerhörte dinge und prodigia, die für diesem unglück geschehen sein sollen, gehöret, und sollen zu Erst im S. Peters Casp: den 3 Octobr: den vorigen Sommer 7 Brodt, in Bluth verwandelt sein worden deßgleichen ist auch an andern orte geschehen.

„kompt seht waß Gott gethan . . .“

Anna Ovena Hoyers (1634)

Alles das, den odem hatt empfangen,
Kom hirher vnd sehe,
waß vnser Gott hatt angerichtet,
wie er Leüth vnd Vieh vernichtet,
Weh vnd Ach, itz ist der grose tag,
vnd die Zeit angegangen,
drin er wirt üben rach.

Nun woll an, Ihr Spötter vnd Verächter,
kompt seht waß Gott gethan,
geht im Eyderstedschen Lande,
in Dithmarschen vnd im Strande,
Rundt umb herr, an andern örthen mehr,
Da Gott alß ein gerechter,
gestraffet hat so schwer.

Nehmt sein Werck zu Hertzen o ihr Sünder,
Erkent sein große sterck,
itzlich thausent feindt vmbkommen,
durch die Flut hinweg genomen,
In der Nacht, plötzlich zu Nicht gemacht,
auch Frawen die ihr Kinder,
Nur halb anß licht gebracht.

Alle Welt, forcht diesen starcken Herren,
der sich hatt eingestellt
das menschlich geschlecht zu richten,
alle Bösheit zu Vernichten,
Lieben Leuth, trewlich gewarnet seyt,
thut Buß, vnd last euch lehren
geht auß von Babel heut.

O Babel, weh dir vnd deinen Bulen,
dein Fall wird kommen schnell,
du wirst nicht mehr so floriren,
vnd hochmütig triumphiren,
wie biß her, dein Reth vnd Cantzeler,
die Herren von Hohen schulen,
wirt man nicht finden mehr.

Von der Handt des Herren ist angezündet
ein großfewr in theutschlandt,
daß wirt dein Pallast verzehren,
dein herlich gebew zerstören,
o wee dir dan, Amselben tage, wann
Mann keinen Helffer findet,
der dich erretten kann.

Es wird seyn, bey diesem Volck groß Klagen,
dein Kauffleut werden schreyen,
o, wie ist die stadt gefallen,
die die schönste war für allen,
Liegt nun dort, Ihr Bürger sint ermort,
gewin wird Niemandt tragen
hin fort von diesem orth.

Nun schaut all, die ihr Babel geliebet,
trawert über ihren Fall,
kommet her Bürger, vnd Bauern,
auch ihr Edlen, seht die Mawern,
dieser Stadt, die Vorhin Voll vnd satt,
sich in Wollüsten Übet,
vnd keinen Mangel hatt.

All ihr Freüd, hat sich in Leit verkehret,
hin ist die Herligkeit,
die, Zu Vor daß Nüttlichst assen,
vnd stoltziereten auff den gassen,
Liegen, Todt o, wee der grosen Noth,
Ihr Heüser seint verheret,
ihr Fleisch ist wurden Koth.

„. . . auch in Eiderstedt
in lebendigem Andenken . . ."

Friedrich Feddersen (1853)

Ein furchtbarer Sturm am 9. Mai 1805 aus W. S. W. ist deshalb
zu erwähnen, weil er so beträchtlichen Schaden an den damals
in so großer Anzahl auf der Tönninger Rhede liegenden Schiffen
anrichtete, indem diejenigen, welche unterhalb des Hafens
lagen, durch die Fluth von den Ankern los und ins Treiben ge-
riethen. Die erste Lage riß die zweite mit sich fort, und so ging es
dem Hafen vorbei auf die oberhalb desselben liegenden Schiffe
los. Wenn die Anker nicht aus dem Grunde losließen, mußten die
Tauen brechen und viele der kleinen Fahrzeuge, welche nicht
mit fort konnten, wurden gequetscht und in den Grund gedrückt. Bei Tagesanbruch sah man 70 große Fahrzeuge aller Art
bei Wollersum auf dem Strande und im Fahrwasser auf einen
Klumpen in einander verwickelt liegen, von denen Mehrere
Masten, Bogspriet und Ruder verloren hatten, auch sonst sehr
beschädigt waren. Von 10–12 Lichterschiffen ragten nur die

Masten aus dem Wasser hervor. Menschen kamen indessen nicht dabei um.

Die Fluth am 3. 4. Febr. 1825 war eine der höchsten neuerer Zeit und bleibt auch in Eiderstedt in lebendigem Andenken. Nach der Stärke des Sturms durfte man eine so schlimme Fluth doch nicht erwarten, und Viele schliefen die Nacht ruhig, sahen erst am Morgen, wie Sturm und Fluth gewüthet hatten; so auch Schreiber dieses, damals Prediger in Ulvesbüll, sah erst am Morgen, wie man zur Nothhülfe bei dem halbdurchbrochenen Deiche herbeieilte. In Tönning wurde man auch gewaltig überrascht, um 11 Uhr hieß es, das Wasser ströme in die Stadt. Die Schotten bei der Haftschleuse waren zerbrochen, die Erde um dieselbe weggespült; das Wasser drang in Häuser und Keller bis auf den Markt; Balken, Holztrümmer wurden in die Straßen, an die Häuser getrieben, Fußgänger konnten in den Straßen nicht fortkommen. Zwei Menschen verloren das Leben. Bollwerk und Straßenpflaster wurden zerstört. Im Süderfriedrichskoog stürzte das Wasser über den Deich und in die Häuser, wodurch ein Knabe das Leben einbüßte. Die am Außendeich bei Cating stehenden Häuser wurden fast gänzlich zerstört. Durch den Deichbruch bei Süderhöft wurden die Kirchspiele Ording, Sct. Peter und Tating, c. 8000 Demat, unter Wasser gesetzt; bei Süderhöft mehrere Häuser ruinirt, auch kamen 100 Schafe um und mehrere Hundert anderwärts. In der Gegend von Nordhöft ertranken zwei alte Leute. Beim Neuaugustenkoog und beim Rothenspieker fanden Durchbrüche statt. Außerdem wurden alle Außendeiche bedeutend beschädigt, sehr viele Kammstürzungen fielen in ihnen vor. Die Simonsberger Kirche, welche seit 1717 auf dem Vorufer Sturm und Wogen getrotzt hatte, wurde fast ganz demolirt; ihre Wände wurden durchbrochen, die Thüren wurden ausgerissen, Bänke, Taufstein u. s. w. lagen um den Altar zusammengeworfen. Es war dies die Veranlassung, daß die Kirche für die schon früher gesammelten Gelder nun innerhalb des Deichs wieder aufgebaut wurde. – Die Behörden in Eiderstedt sorgten für die Befreiung des Landes vom Wasser, womit man innerhalb 4–5 Wochen zu Stande kam, und für die Ausfüllung der Deichbrüche, die bei Sct. Peter schwer genug war.

„. . . dramatische Stunden in Eiderstedt"

Husumer Nachrichten (1962)

Wir schreiben den 16. Februar 1962, einen Freitag. Schon in der vergangenen Nacht heulte der Sturm, will sich auch am Morgen noch nicht beruhigen. Über Tag nimmt er gar noch zu. So bricht die Nacht herein. Wir sitzen am Fernsehgerät, da erlischt plötzlich das Licht, Kerzen werden angezündet, und man ist froh, daß die noch von Weihnachten her vorhanden sind. Denn der Strom in den folgenden Stunden und Tagen kommt wohl noch manchmal wieder, aber eben doch nur selten.

Gegen 22 Uhr, uns alle hat schon eine große Unruhe gepackt, ertönt die Sirene der Feuerwehr: Alarm! – Wo brennt es? – Auf dem nur durch die Scheinwerfer der Feuerwehrautos erhellten Marktplatz erhalten wir die längst im Stillen schon befürchtete Gewißheit: Kein Feuer bedroht uns, nein, etwas viel Gefährlicheres will über Eiderstedt kommen – das Wasser der Nordsee.

Mühsam kämpft sich der Wagen durch die nur von einem schwachen Mond erhellte Nacht. Wir fahren nach dem Norderheverkoog. Der Sturm reißt uns den Atem vom Mund, als wir dann auf der Straße aussteigen, die durch den Koog führt. Da ist ein Weg! Er weist auf den Deich zu. Nur mit kleinen taumelnden Schritten gelingt es voranzukommen. Und dann bietet sich dem ungläubigen Auge ein seltsames Bild. Unser erster Gedanke: Wieso sind dort Wellblechplatten aufgerichtet an der Innenböschung des Deiches? Aber dann erkennen wir: Das ist Wasser! Es strömt unaufhaltsam über die Deichkrone in den Koog hinein. Und erst gegen 24 Uhr wird die See ihren höchsten Stand erreicht haben! Bis dahin vergeht fast noch eine Stunde! Was soll nur werden?

Männer stehen am Deich, suchen die besonders gefährdeten Stellen durch Sandsäcke zu festigen. Dann – plötzlich – dreht der Wind ein wenig, und wieder nach einer kleinen Weile, die uns allen doch so furchtbar lang erscheint, fällt das Wasser – nicht minder unvorhergesehen – ein gutes Stück von der Deichkrone zurück. Manche sagen später, das sei geschehen, weil im Ülvesbüller Koog der Deich brach und die Flut dort nun alles überspülen konnte. Ob das stimmen kann? Niemand vermag es zu sagen.

Während all dieser Zeit hat sich im Kreishaus zu Tönning ein Einsatzstab gebildet. Man arbeitet bei Kerzenlicht, denn der elektrische Strom ist schon wieder ausgeblieben. Die Telefone klingeln. Hiobsbotschaften von allen Enden des Kreises: Der Eiderdeich bei Saxfähre ist in Gefahr, das Wasser droht über die Hochfluttore Tönnings zu schlagen, im Ülvesbüller Koog hocken die Menschen schon auf den Dächern ihrer Häuser, Tiere ertrinken, der Deich des Tümlauerkooges wird dem Ansturm der Wogen nicht mehr lange standhalten können, in St. Peter werden die Dünen von der Flut fortgerissen, schon ist das Wasser in den Ort gedrungen, überflutet die Badallee, im Ehstenkoog schlägt es über den Deich, beginnt ihn von der Innenseite her zu zerstören, die Bewohner des Grothusenkooges, des Wilhelminenkooges, von Vollerwiek und überhaupt alle, die dort an der Küste wohnen sind in Gefahr! – Was soll man nur tun? Alle Feuerwehren stehen an den Deichen und viele Freiwillige. Aber es sind ihrer doch viel zu wenige. Sie tragen Säcke von überall herbei, füllen sie mit von Regen und Schnee aufgeweichter Erde, schleppen sie auf die Deiche. Aber es gibt auch zu wenig Säcke, und Faschinen sind überhaupt kaum vorhanden. Der Einsatzstab im Kreishaus müht sich um Hilfe von außerhalb! Wie schwer ist es, telefonische Verbindungen zu bekommen! Alle Leitungen sind überbelastet. Dann ist endlich Kiel am andern Ende. Ja, wir schicken Hilfe! Ja, ihr bekommt auch Faschinen und Säcke und Pfähle! – Ach wäre das alles und wären die Helfer nur schon da! – Und dann kommen sie. Zuerst die Bereitschaftspolizei aus Eutin. Sie rückt sofort weiter nach Tetenbüllspieker. Denn wenn der Deich dort bricht, wird das Wasser hinein nach Eiderstedt fließen, wird es in zwei Hälften gespalten. Jetzt kommen auch Soldaten und trifft Baumaterial ein.

Inzwischen ist Eiderstedt zum Notstandsgebiet erklärt worden. Der Tümlauerkoog wird geräumt und auch der Norderheverkoog. Weder Menschen noch Tiere bleiben darinnen. Nur an den Deichen, da läßt ein wie zum Hohne strahlend heraufsteigender Tag Hunderte und Aberhunderte von gegen die Zerstörung kämpfenden Männern sichtbar werden. Sie leisten schwerste Arbeit, denn zum Fürchten groß sind die Löcher in den Deichen. In den des Tümlauer Kooges hat der Sturm mit seiner ungeheuerlich starken Faust sieben Fischerboote hineingerammt. Man wird sie mit Dynamit heraussprengen müssen. Es ist ein Wunder, daß die See nicht überall durchgebrochen ist wie im Ülvesbüller Koog, wo Pioniere mit Schlauch- und Sturmbooten bemüht sind, Menschen und Tiere zu retten. Schafe und Schweine aber sind dort schon allzu viele ertrunken. Wir fahren nach St. Peter. Es rauscht und sprüht, als der Wagen die Badallee erreicht hat. Dort steht noch das Wasser, der Rest jener Fluten, die in der Nacht die Erdgeschosse aller Häuser am Strande überrollten. Das Meer hat die Dünenlandschaft hart hergenommen. Was dort einst sanft anstieg vom Strande aus, gleicht nun einer Steilküste oder ist gar völlig flach geworden. Jetzt geht es darum, Abbruchstellen zu sichern in Ording, wo das Wasser sich bis in den Ort ergoß. Währenddessen ist man die ganze Nacht hindurch auch im Ehstenkoog nicht müßig gewesen. Die Männer sind jetzt dabei, die Innenseite des Deiches zu flicken. Wäre hier die Flut nicht gerade noch zur rechten Zeit zurückgegangen, der Deich hätte ihr gewiß nicht lange standgehalten. Und weit hinein ins Land wäre dann das Wasser gelaufen, ohne daß man es hätte aufhalten können. Gerade in diesem südwestlichen Teil der Halbinsel finden sich keine nennenswerten Mitteldeiche mehr.

Riesengroß waren die Gefahren und waren auch die Sorgen dieser Nacht. Wie glücklich dürfen wir jetzt sein, denn: Wir sind noch einmal davongekommen! Am Sonntag werden die Glocken der achtzehn Eiderstedter Kirchen zum Gottesdienst aufrufen. Viele werden ihnen nicht folgen können, viele Männer der Bevölkerung, der Feuerwehren, der Polizei und der Bundeswehr. Die Arbeit muß weitergehen an den Deichen. Riesenlöcher sind zu flicken. Doch während sie sich placken, mag es wohl auch in ihren Herzen mitschwingen, das Lied, das dann durch die Mauern der alten Kirchen dringt: Nun danket alle Gott!

Vom Land der Kirchen

„. . . Eiderstedt . . . Land der Kirchen"

Hans-Walter Wulf (1990)

Wer nach Eiderstedt kommt, gelangt in das Land der Kirchen. Kein Kirchenkreis nördlich der Elbe hat ein so dichtes Netz an Gotteshäusern. Für gegenwärtig ca. 16000 evangelische Einwohner stehen achtzehn Kirchen zur Verfügung, hinzu kommen für die katholischen Christen zwei weitere aus jüngster Zeit. Der Bau von achtzehn Kirchen in einem Land, in dem es keinen einzigen gewachsenen Stein gibt, ist eine Kulturleistung unerhörten Ranges, vor der man noch heute respektvoll den Hut ziehen muß.

Wie erklärt sich die Vielfalt der Kirchen, deren Gründung bis ins 12. Jahrhundert zurückgeht? Einer der wesentlichsten Gründe dürfte die ursprüngliche Zerrissenheit der Halbinsel Eiderstedt gewesen sein, dieses seltsamen Gebildes aus Strandwällen, Marschflächen und Nehrungsstreifen. Ursprünglich war es in viele halligähnliche Inseln zerteilt, die durch Nordereider, Süderhever, Meerespriele und flußähnliche Stromläufe voneinander getrennt waren. Die Wegeverhältnisse waren dementsprechend schlecht. Im Winter war es unmöglich, die Wege zu benutzen oder gar zur Taufe und zur Beerdigung kilometerweit zur nächsten Hauptkirche zu fahren. Die Toten wollte man aber in geweihter Erde bestatten, in der Nähe der Kirche. So war man bemüht, sich seine Kirche näher zu holen. Außerdem sind zu weite Wege dem Kirchgang noch nie förderlich gewesen.
[. . .]
Kirchen sind Erzählbücher des Glaubens und Lebens. Sie sprechen eine Sprache, die man verstehen muß, um ihre Bedeutung zu erkennen.

Allein die Tatsache, daß die Kirchen zumeist im Zentrum unserer Dörfer und Kleinstädte liegen, weist darauf hin, daß sie von der Mitte des Lebens reden.

Weithin sichtbar, sind sie Orientierungszeichen. Wer wüßte nicht, wie schnell ein Verirren im Leben möglich ist? So sind sie Zeichen auf der Suche nach gutem Leben. Ihre Türme weisen nach oben. Himmel und Erde bedingen sich. Nicht umsonst sagt der Volksmund: alles Gute kommt von oben. An Gottes Segen ist alles gelegen. Die Warften, auf denen unsere Kirchen liegen, erinnern daran, daß Kirche ein Ort der Zuflucht ist. „Zuflucht ist bei dem alten Gott und unter den ewigen Armen" (5. Mose 33,27). Das rufen die Glocken in Erinnerung und laden zur Einkehr ein.

[. . .]

Bis auf wenige Ausnahmen haben unsere Kirchen seit Jahrhunderten ihren festen Ort behalten. Unbeirrt haben die Menschen an ihnen festgehalten, sie nach Zerstörungen wieder aufgebaut und unter vielen Opfern renoviert. Opferstöcke und Opfertruhen erinnern dabei an die Weisheit der Bibel: „Geben ist seliger denn Nehmen."

„Etwas Festes muß der Mensch haben", sagte Matthias Claudius, ein unverrückbares Orientierungszeichen, einen verläßlichen Wegweiser. Zu verschlungen sind die Wege des Lebens, voller Gefahren und Krisen, voller Schuld und Enttäuschungen. Mut, Gewißheit, Vertrauen, Vergebung, Versöhnung, neue Kraft brauchen wir. Unsere Kirchen erinnern jede Generation neu daran: Gott gibt dem Leben Orientierung und Bestand. Weil er sich auf Gott einließ und die Verläßlichkeit Gottes leibhaftig erfuhr, konnte der Beter des 23. Psalms dankbar bekennen: „Ich werde bleiben im Hause des Herrn immerdar" (Psalm 23,6).

„tatsächlich ein Unikum": St. Christian, Garding

Äußerlich gibt „St. Christian" nicht zu erkennen, daß es sich bei ihr tatsächlich um ein Unikum handelt. Die Gardinger Kirche ist einzigartig in der Landschaft und weit darüber hinaus im gesamten norddeutschen Raum. Zunächst stellt sie die einzige, noch ganz eingewölbte Kirche dar; lediglich die Gewölbe im Turm sind nicht oder nicht mehr vorhanden. Wohl sind in Eiderstedt gewölbte Altarräume erhalten, aber kein einziges Kirchenschiffgewölbe. Darüber hinaus aber ist das eigentliche Charakteristikum die Zweischiffigkeit des Kircheninneren. Im nordelbischen Raum findet man, außer in Krummesse bei Lübeck und Petersdorf/Fehmarn, keinen weiteren zweischiffigen Kirchenbau. Wo baugeschichtlich die Einflüsse für diese zweischiffige Hallenkirche liegen, ist bisher nicht erforscht.

„auch dieses Haus besitzt ein Unikum": St. Katharina, Katharinenheerd

Auch dieses Haus besitzt ein Unikum, den Ritter St. Jürgen zu Pferd aus dem 15. Jahrhundert, ein Pferd mit interessanter Vergangenheit. Während der Tumulte um die Einführung der Reformation in Eiderstedt haben die Katharinenheerder angeblich ihre Statue vergraben, um sie nicht – wie es der Befehl des dänischen Königs vorsah – abliefern zu müssen. Noch heute jedenfalls heißt die Fenne in der Nähe der Kirche „Holtenpeer" (hölzernes Pferd). Nun – ausgeschlossen ist dieser Vorgang nicht. Immerhin wird von Christenmenschen ein gutes Maß an Pfiffigkeit verlangt, wenn es darum geht, sich unrechtmäßigen Forderungen zu entziehen.

„ein außerordentlich beachtliches Stück": in St. Laurentius, Kating

Nur Schritte vom neugestalteten Katinger Watt entfernt liegt die St. Laurentius Kirche. Die Ost-West-Achse der Kirche ist genau auf den Turm der dem gleichen Patron geweihten St. Laurentius-Kirche in Tönning ausgerichtet. Von weither grüßt der Turm, wohl gegen Ende des 15. Jahrhunderts erbaut, oft verändert, abgebrannt und zuletzt 1978 renoviert. In ihm hängt die älteste Kirchenglocke Schleswig-Holsteins in Bienenkorbform, um 1300 gegossen. [. . .]
Die größte Kostbarkeit im Besitz der Katinger Gemeinde ist mit Sicherheit der spätromanische Kelch, ein außerordentlich beachtliches Stück der Gold- und Silberschmiedekunst. In seinem Fuß sind vier Reliefs in Medaillonform getrieben, die die „Ankündigung der Geburt, die Geburt, Geißelung und Kreuzigung Jesu" zeigen. In Eiderstedt ist kein kultisches Gerät, das diesem Kelch vergleichbar wäre. Vieles andere ist verlorengegangen.

„auf historischen Spuren": bei St. Leonhardt, Koldenbüttel

Auf historischen Spuren wandelt man also bereits auf dem Wege zur Kirche. Wenige Meter vor der Südmauer der Kirche befindet sich das Grab des berühmten Historikers und Chronisten Peter Sax aus dem Jahre 1662. In Sandstein gehauen liest man auf dem

Grabstein in schöner Schrift: „PETRUS SAX EXSPECTAT HIC RESSURECTIONEM OBIT AN MDCLXII DIE XXIII APRIL AETATIS LXIV." (Petrus Sax erwartet hier die Auferstehung. Er starb am 23. April des Jahres 1662, 64 Jahre alt.) Darunter sieht man ein Wappen, in dem übereinander eine Erdkugel mit Meridianen, ein Totenkopf und eine Frauengestalt stehen. Als man 1751 das Grab öffnete, fand man eine Bleiplatte, die folgende lateinische Inschrift trug: „AD FOSSOREM: IMPROBE, TOLLE MANUS, POST FACTU QUIESCERE FAS EST – IN CINERES GRATUM TE DECET ESSE MEOS. PET. SAX 1662" (Kerl, nimm die Finger weg, nach der Arbeit ist es erlaubt, sich auszuruhen, – es geziemt sich für dich, dankbar gegen meine Asche zu sein.)

„der herrliche spätgotische Schnitzaltar": in St. Nikolai, Kotzenbüll

Prunkstück der Kirche bleibt der herrliche, spätgotische Schnitzaltar mit barocker Rahmung von 1752. Er stammt aus dem Jahr 1506 und ist ohne Zweifel der künstlerisch wertvollste unter den Altären Eiderstedts. Nirgends ist das gotische Maßwerk z. B. so prächtig gestaltet wie hier. Im Mittelschrein erkennen wir im Vordergrund links die Mariengruppe, rechts die Würflerszene, in der Mitte die Annagelung an das Kreuz und den Titulusschreiber, rechts oben im Hintergrund die drei Marien am Grabe, links oben Kreuztragung und Veronika mit dem Schweißtuch, alles überragend aber die drei Kreuze. Die Seitenflügel zeigen links: Christus vor Pilatus und Dornenkrönung, rechts: Grablegung und Auferstehung.

„eine prachtvolle Renaissance-Ausstattung": St. Pankratius, Oldenswort

Im übrigen bietet der Kirchenraum eine herrlich einheitliche, prachtvolle Renaissanceausstattung, in einer Geschlossenheit, wie sie in Eiderstedt einmalig ist. Dies verwundert nicht, stand und steht nahe Oldenswort doch noch heute das Haus des berühmtesten Stallers, Caspar Hoyer, der für die kulturelle Entwicklung Eiderstedts eine gewichtige Rolle spielte. Auf ihn weist deutlich eine Inschrift in der Predella des Altars: „Dies Gemehlte, des heiligen Abentmahls, und Leidens, unseres Herrn Jesu Christi Hath Caspar Hoyer Fürstlicher Holsteinischer Rath, und Staller in

Eiderstede und seine Eheliche Hausfrawe, Anne Wulffs verfertigen lassen, Diesem Gotteshaus zur gedechtnus verehret und zu-
geeignet. Am Tag des Ertzengels Michaelis (erg.: 29.9.) im Jhar der
Menschwerdung Christi 1592." Seitlich sind dazu die Wappen
Caspar Hoyers (rechts) und seiner Ehefrau (links) angebracht.

„Kirche auf Wanderschaft": St. Nicolai, Ording

Kirche auf Wanderschaft – könnte man die Dorfkirche von Ording
nennen. Denn dreimal mußte sie wegen Landabbruchs und vor-
dringender Dünen neu errichtet werden. Im Jahre 1724 wurde die
Kirche an der jetzigen Stelle erbaut, übrigens die kleinste in Eiderstedt, bescheiden, aber von ansprechender Schlichtheit. Sie wurde
150 Jahre später im Westen verkürzt und 1960 vollkommen erneuert. Das Kirchlein erzählt vom Schicksal eines der größten und
schönsten Kirchspiele Eiderstedts, das zum kleinsten Dorf der
Halbinsel wurde. Immer mehr Land mußten die Ordinger dem
Sand preisgeben, der unaufhaltsam landeinwärts trieb. Zwi-
schenzeitlich ist der Sand zum Strand, die Bedrohung zur Exi-
stenzgrundlage geworden. Unbeirrt haben die Ordinger ihre Kirche wieder und wieder erbaut. Glücklicherweise blieb viel altes
Inventar erhalten. Das in seinem Ursprung weit über das Alter der
Backstein-Saalkirche hinausgeht und auf die Vorgänger dieses
Kirchleins weist.

„in Eiderstedt einzigartiger Altarblock": in St. Martin, Osterhever

Dem wunderbaren Schnitzwerk des Altars entspricht ein seltener
und in seiner Art in Eiderstedt einzigartiger Altarblock (Stipes). Er
ist vorn durch drei Nischen zwischen vier stark vortretenden zie-
gelgemauerten Pilastern gegliedert. Bemerkenswert sind auch die
Abendmahlsbänke von 1753, die in den Brüstungen ein durchbro-
chenes Spiegelmonogramm MJB, von Palmenzweigen gerahmt,
erhalten.
Der Gang zum Altar führt auch in dieser Kirche unter der spätgo-
tischen Kreuzgruppe hindurch, die in ihrem künstlerischen Wert
sicher den bedeutenden Werken in Garding, Kotzenbüll, Oldenswort und Tönning nachsteht, aber für die Osterheveraner die
schönste ist.

160

"DES CARSPELS DOPE THO POPPENBOLL": in St. Johannis, Poppenbüll

Einzigartig in Eiderstedt ist die bronzene Taufe, von Figuren der vier Evangelisten (Matthäus, Markus, Lukas, Johannes) getragen. Gegossen wurde sie 1590 von Melchior Lucas. Am oberen Rand der Taufe befinden sich zwei durchbohrte Löwenköpfe als Traghenkel. Die Taufe ist dicht mit Reliefs und Schriftbändern überzogen. Nicht zu übersehen sind die Reliefs des Christus und der zwölf Apostel sowie die vier Medaillons mit Darstellung der Taufe Jesu, der Dreieinigkeit, des Christus als Rebstock (!) und der Kreuzigung mit den zwei Marien. Die Inschrift lautet oben: „WOL DAR GELOFET VNDE GEDOFT WERT DE WERT SALICH WERDEN WOL AVERST NICHT GELOFET DE WERT VOR DOMET WERDEN". (Wer da glaubt und getauft wird, der wird selig werden, wer aber nicht glaubt, der wird verdammt werden. Markus 16,16). Unter der Apostelreihe ist zu lesen: „ANNO 1590 BIN ICK DES CARSPELS DOPE THO POPPENBOL GEGATEN THO DER TIDT IST GEWESEN PASTOR M. CONRADUS GENTSELIUS + BRODER PETERS LENSMANN . TETE PETERS . GONNE JACOBS . JACOB MANNIS . TAM PETERS . TETE EDDELEFS . M. MELCHER LVCAS GODT MI. +"

"besitzt den ältesten Schnitzaltar": St. Petrus, St. Peter

Altes und Neues stehen sich besonders deutlich in St. Peter gegenüber. Diese Kirche besitzt den ältesten Schnitzaltar Eiderstedts (um 1480–1500). Er zeigt sich dem Besucher in restaurierter Pracht. Schon darum verdient er besondere Beachtung, zum anderen aber auch deshalb, weil seine Komposition sich von den übrigen Eiderstedter Altären abhebt. Entspricht der Mittelteil dem Typus der anderen Schnitzaltäre Eiderstedts, so weichen die Seitenflügel deutlich vom Schema jener Altäre ab. Gewöhnlich tragen sie Szenen der Passion oder die Figuren der 12 Apostel. Hier aber füllen die Seitenfelder Szenen der Geburt Christi: „Verkündigung und Geburt" (links) sowie „Beschneidung und Anbetung der Könige" (rechts). Geburt und Passion sind also in Beziehung zueinander gesetzt.

161

„eine Fülle von Schönheiten": in St. Magnus, Tating

Zum bemerkenswerten Inventar zählt das Epitaph Sibbe Boiens aus dem Jahre 1664, das in zwei Reliefs die Anbetung der Hirten (Lukas 2) und der Könige (Matthäus 2) zeigt. Beide Reliefs werden von den Figuren der vier Evangelisten gerahmt. In den seitlichen Anschwüngen befinden sich Gemälde der „Darbringung im Tempel" Lukas 2 und der „Taufe Christi" Matthäus 3, in der Bekrönung das Portrait der Verstorbenen in Eiderstedter Tracht mit Flügelhaube und Schmuck.

Ein weiteres Epitaph erinnert an Johann Hagen. Im Jahre 1675 gefertigt, zeigt es im Mittelfeld „Weinende Frauen um Maria auf Golgatha" und im Dreiecksgiebel „Gott Vater mit Engel".

„ein Erzählbuch des Glaubens": in St. Anna, Tetenbüll

Kirchen haben ihre Eigenarten. Der Turm der Kirche, in seinen Ursprüngen noch gotisch, kündet es von weitem. Allerdings verdient Tetenbülls Kirchturm kaum soviel Beachtung wie das Innere des Hauses, welches wahrhaftig einem Bilderbuch gleicht – ein beeindruckendes Erzählbuch des Glaubens. Der Besucher befindet sich bei seinem Eintritt sogleich unter einem ‚bebilderten' Himmel, dessen Reichtum ihm nicht entgehen sollte. Nun – aufzuschauen macht manchem Mühe, der gängige Blick geht nach unten. Aber es lohnt, den Bildern an der Holzbalkendecke nachzuschauen. Ein Fernglas könnte Hilfe leisten; denn zu besseren und tieferen Erkenntnissen muß man sich gelegentlich verhelfen lassen. Man nehme sich also Zeit.

Die Malereien entstammen der Mitte des 18. Jahrhunderts, greifen aber stilistische Eigenheiten des späten 17. Jahrhunderts auf. Ist man durchs Aufblicken über den Weg Christi und damit über den Kerngehalt des Neuen Testaments ins Bild gesetzt, lenke man das Auge auf die Nordempore von 1612. Dort sind dreißig Szenen aus dem Alten Testament in Bildern festgehalten, deren Entstehung in das Jahr 1654 fällt.

„zweifellos der repräsentativste Bau": St. Laurentius, Tönning

Tönnings Kirche ist zweifellos der repräsentativste Bau unter den 18 Eiderstedter Kirchen und die einzige, die einen Eindruck der Zeit des norddeutschen Barock vermittelt. Verhaltene und schlichte Pracht tut sich auf, wenn man das Innere betritt. Der gesamte Innenraum ist von einer bretternen Segmentbogentonne überwölbt, die 1704 von Berthold Conrath aus Hamburg ausgemalt wurde und über das allgemeine Niveau der damaligen Zeit bei weitem hinausreicht.

[...]

Aus der Blütezeit des Barock entstammen und sind von bemerkenswertem Rang drei Gemäldeepitaphien, unter denen das der Familie Ovens aus dem Jahre 1691 der bedeutendste Schatz der Kirche überhaupt ist. Dieses Gemälde, in dem prachtvollen Rahmen von Hinrich Röhlke aus Hamburg, enthält nämlich im Mittelfeld ein Bild (Die heilige Familie mit Elisabeth und dem kleinen Johannes) des berühmten Malers Jürgen Ovens. Einem Wunsch von Ovens entsprechend haben die Kinder von Jürgen und Marie Ovens das Epitaph dem Andenken ihrer Eltern gewidmet, wie die Inschrift aus dem Jahre 1691 erkennen läßt. Der Seltenheitswert dieses Epitaphs wird insofern noch gesteigert, als mit ihm ein Selbstbildnis Jürgen Ovens (ca. 1650) und ein Bild seiner Frau verbunden sind. Glücklicherweise wurden die Gemälde bei der Beschießung Tönnings im Jahre 1700 nicht vernichtet, aber schwer beschädigt. Dem Besucher der Kirche sei sehr empfohlen, sich mit der Biographie von Jürgen Ovens näher zu befassen.

„der schönste und qualitätsvollste Taufstein": in St. Nikolai, Uelvesbüll

Zwei Inventarien verdienen besondere Beachtung. Der schönste und qualitätsvollste Taufstein ist hier zu finden (15. Jahrhundert). Wie die klassischen Eiderstedter Taufsteine ist er aus Namurer Marmor gefertigt. Man beachte die herrliche Form und die am oberen Rand des achteckigen Beckens befindlichen Skulpturen. Sie erinnern in ihrer Schönheit und Gediegenheit an bedeutendste Schöpfungen der Steinmetzkunst aus romanischer und gotischer Zeit und halten einem kritischen Vergleich mit ihnen stand. Vier verschiedene Charaktertypen stellen sie dar, darunter einen Narrenkopf.

Nicht weniger beachtlich ist das einzige in Eiderstedt befindliche holzgeschnitzte Epitaph, dessen Teile an der West- und Ostwand der Kirche hängen. Es entstammt dem Jahre 1591.

„zeigt wertvolle Malereien": St. Martin, Vollerwiek

Die „reiche Zeit" Eiderstedts hat auch in dieser Kirche für eine komplette Ausstattung gesorgt. So entstammt der Beichtstuhl dem Jahr 1665, die Opfertruhe dem Jahr 1592.
Besonderes Augenmerk sollte aber man auf die Westempore, insbesondere den Nordflügel lenken. Sie entstand im Jahr 1615 und zeigt wertvolle Malereien im Stil des niederländischen Romanismus. Dargestellt sind: die Erschaffung Evas, der Sündenfall, die Verkündigung, Geburt und Taufe Christi. Zahlreiche Inschriften geben Aufschluß über die Stifter dieses Emporenwerks. Ihre Namen stehen in der großen Kette derer, die bis heute an ihrer Kirche hängen und sichtbare Zeichen ihrer Liebe zur christlichen Kirche setzen.

„der große barocke Beichtstuhl": in St. Michael, Welt

Von besonderer Eindrücklichkeit ist der große barocke Beichtstuhl. Das Symbol des Heiligen Petrus, die gekreuzten Schlüssel, weisen diesen Beichtstuhl eindeutig als nach St. Peter gehörig aus. Aus Platzgründen hat er aber nach der letzten Renovierung dieser Kirche nicht dort, sondern in Welt Aufstellung gefunden. In Gebrauch genommen wurde er im Jahre 1703. Es war seinerzeit nicht das letzte Mal, daß in Eiderstedt ein Beichtstuhl installiert wurde. Ungebrochen hatte sich an etlichen Orten die sogenannte Ohrenbeichte gehalten. Man kann davon ausgehen, daß die innerhalb des Kirchenraumes geübte persönliche Beichte in Eiderstedt erst um das Jahr 1800 außer Gebrauch kam. Die Aufklärung „räumte" auch hier gründlich auf.

„Eiderstedts ältester Kirchturm": St. Stephanus, Westerhever

Unweit des Außendeiches und der markanten Leuchtturminsel liegt auf hoher Warft die Kirche von Westerhever. Man fühlt sich hier fast schon in die Halligwelt versetzt. Vielleicht hat sich kein Ort Eiderstedts so lange seine Eigenart bewahren können wie dieses, ganz im Nordwesten vorpostenartig für Eiderstedt gelegene Dorf. Die Geschichte weiß von sturmerprobten Vorfahren in der Seefahrt zu berichten, die sich gegen Seeräuber zu wehren verstanden.

Das älteste äußerlich sichtbare Zeichen der langen und oft schweren Geschichte des Dorfes am Meer ist Eiderstedts ältester Kirchturm. Im Jahr 1370 wurde er erbaut und ist im wesentlichen, wenn auch stark geflickt, in seiner ursprünglichen Form erhalten.

Nur acht Jahre vor seiner Errichtung traf Eiderstedt eine furchtbare Flut. Am 16. Januar 1362 ereignete sich „die allergrößte Mandrenke". Damals ertranken die meisten Menschen der Uthlande.

„das Prunkstück Eiderstedter Kanzeln": in St. Marien, Witzwort

Der Taufe gegenüber steht das Prunkstück Eiderstedter Kanzeln aus dem Jahre 1583. Auch hier wirkte Eiderstedts berühmtester Staller Caspar Hoyer als Stifter mit. Aber es findet sich an der Kanzel auch das Wappen des Pastors Laurentius Atzen, der von 1581–1603 in Witzwort tätig war und dessen Körperlänge über 2 Meter betrug. Der auffällig hohe Kanzelkorb soll darauf zurückzuführen sein. Seit dieses Werk 1965 restauriert wurde, bietet es sich in ursprünglicher Gestalt und Fassung dar. Keine fremde Zutat, kein entstellendes Moment ist zu erkennen. Die Reliefs verraten eine künstlerisch besonders versierte Hand. Keine weitere Kanzel Eiderstedts ist mit so kunstvollen Schnitzereien versehen wie diese. Vier Reliefs mit biblischen Themen bilden den Schwerpunkt der Aussage: Sündenfall und Eherne Schlange (4. Mose 21), Kreuzigung und Auferstehung.

„alle sehr feste und massiv gebauet ..."

Friedrich Carl Volckmar (1795)

Wenige Kirchen haben Thürme. Die Thurmspitze steht gewöhnlich auf einem Glockenhause, das irgend in einem Winkel des Kirchhofs hingebaut ist. Einige Kirchen haben zwar Thürme, aber keine Spitzen darauf, sondern nur ein flaches Dach, nebst einem Paar Windfahnen. Fenster und Thüren sind ganz unverhältnismäßig klein; besonders aber die letzten, welche überhaupt bei allen Gebäuden den Baumeistern so viel Kummer gemacht zu haben scheinen, daß es einem vorkommen möchte, sie hätten sie gerne ganz weggelassen. Da alle hiesigen Kirchen alt und in Zeiten gebauet sind, wo man es noch für ein sehr verdienstliches Werk hielt, auf Gotteshäuser einen guten Theil des Wohlstandes zu verwenden, so sind auch alle sehr feste und massiv gebauet, und inwendig zum Theil mit einer für die damaligen Zeiten bedeutenden Pracht und Kostbarkeit ausgeziert; und noch belehren uns allenthalben eine Menge Aufschriften von der Frömmigkeit und Wohlhabenheit unserer Vorfahren, zu den Zeiten ihrer Erbauung. Da wir in unseren Zeiten jene ehemalige Bauart und ihre Verzierungen nicht mehr schön finden, so haben auch die Kirchen selbst wenig Gefallendes. Inwendig ist allenthalben das Chor nach altkatholischer Art, durch ein ziemlich dichtes Gitter, von dem Schiff der Kirche abgesondert. Regelmäßigkeit in der innern Einrichtung, darf man nirgends erwarten; ja man findet fast durchaus den Kirchenboden durch Pfeiler unterstützt, die das Auge eben so sehr beleidigen, als sie der Stimme des Predigers einen höchst unangenehmen Nachtheil bringen. Orgeln findet man selten in den Kirchen, und die Tönninger Kirche ausgenommen – allenthalben, sind sie irgend in einen Winkel hin so versteckt, daß man oft nach ihnen suchen muß, wenn man auch schon eine erwarten darf. Begräbnisse in den Kirchen finden sich auf dem Lande nirgends, oder sie sind ordentlicherweise nur für die Prediger jedes Orts. Dahingegen findet man fast auf allen Kirchhöfen hoch aufgemauerte gewölbte Keller, die zuweilen nach Art kleiner Häuserchen aufgeführt sind, und zu Familienbegräbnissen dienen.

Aus der ländlichen Arbeitswelt

„... ein trefflich fruchtbar Land"

Caspar Danckwerth (1652)

Eyderstede ist ein trefflich fruchtbar Land / darinnen alles schön und groß wächst was daselbst gepflantzet, oder gebohren wird. Es trägt Habern / Gersten / Weitzen in grosser Menge / wie auch Bohnen und sehr gute Erbsen / aber wenig Roggen. Das Obst / insonderheit Aepffel / seynd voll Safft und Krafft / wiewol sie auff Garten ausser Tönningen nicht viel wenden / nachdeme sie vor dem saltzen Wasser nicht so gar gesichert seyn / wie im alten Lande im Hertzogtuhme Bremen. Die Küchen Kräuter als Kohl / Rüben / Rettig und ander mehr / wachsen so trefflich groß / daß man sich darob zu verwundern. Das Land ist voll von schönen muhtigen Pferden / wiewol sie groß und schwerfellig / die werden häuffig hinüber in Franckreich geschiffet / und daselbst thewr genug verkaufft. Den Schwedischen Cavalliren wolten sie ihrer Schwere wegen nicht gefallen. Es hat aber im Lande keine Stutereyen / sondern die Landleute kauffen die Pferde gemeinlich in Jüdtlandt und Ditmarschen. Ja es ist auch verboten gewesen / daß keine Mutterpferde müssen gehalten werden / wegen besorgenden Unheils / welches von wegen der hohen Teichen / worauff man zuweilen fahren muß / einem reisenden Manne / seine nach den Stutten wyherende und außreissende Hengste Uhrsachen möchten. Es hat im Lande auch zimblich viel Schafe / so über die massen Milchreich auch trefflich schöne Wolle geben / aber doch ist der Einwohner grösseste Nahrung von dem lieben Getreide / und von dem Kühemelcken oder Käse machen. Es gibt auch im Lande überaus schön weiß Honig / wiewol die Landleute der Bienen nicht groß achten / vielleicht wegen der genawen Auffsicht / so ihnen gebühret / oder weil dieß Landt also flach und an der Westsee gelegen / sehr windig ist. Ihre Käse werden wegen ihres guten räsen und reinlichen Geschmackes weit und breit verführet / wie imgleichen ihr Korn / insonderheit Habern / Gärsten / Weitzen / in grosser Quantitet auf Hamburg / Bremen / und in

Hollandt jährlich außgeschiffet wird. Dann ob wol dieß Land so wol bewohnet und bevolcket ist / daß es scheinet nur ein groß Dorff zu seyn / sintemal die Häuser beynah an einander reichen / also daß die zugehörige Landereyen klein an raum / aber groß von Tugendt / nur da entzwischen liegen / kan es doch durch Gottes Gnade jährlich ein grosses an Korn und Käse außgeben / und andern Ländern mittheilen.

„Hier ist die Marsch ..."

Reinhold Meiborg (1896)

Das Land ist durch Fruchtbarkeit aufs Höchste gesegnet, und wenn, wie man sagt, in der ganzen Marsch der alte Christian-Albrechts-Koog (bei Tondern) die erste Stelle einnimmt, – die zweite gebührt bestimmt der Landschaft Eiderstedt.

In guten Jahren steht das Getreide so dicht und stark, daß man es nicht mähen kann, sondern mit der Sichel schneiden muß, und für Raps und Bohnen bedient man sich einer besonderen Vorrichtung: der Schnitter führt zweierlei Gerät, in der Rechten ein kurzes Schwert zum Abhacken, in der Linken einen Stock mit eisernem Haken zum Raffen der Stengel.

Der Hafer trägt dreißig-, die Gerste vierundvierzigfältig, vom Raps gibt eine Aussaat von zwanzig Kannen einen Ertrag von 150 bis 200 Tonnen. – Wer von den angrenzenden Harden des mittleren Schleswigs, die den magersten Sandboden haben, herüber kommt nach Eiderstedt, dem erscheint es, als komme er in ein ganz anderes Land, und er versteht wohl die Äußerung des alten Eiderstedtischen Bauern, der zu seinem wanderlustigen Sohne sagte: „Hier ist die Marsch; die ganze übrige Welt ist nur Geest; was willst du doch in der Wüste?"

[...]

Seit undenklicher Zeit haben große Strecken nur als Weide gedient, und in einigen Gegenden wird so gut wie kein Getreide gebaut. Nicht ohne neidische Bewunderung blickt der Geestbauer von seinen mageren Äckern aus nach den fetten Marschwiesen hin und spricht spöttisch von dem Lande, wo de Lüed nix to dohn hebben, awer äten und slapen as dat Veh. Er hat in gewisser Weise Recht. Nicht wenige Gras-Köge sind nur ein Mal gepflügt und besäet worden, nemlich eben nach der Bedeichung, sie sind seitdem sich selber überlassen gewesen und trotzdem wenigstens in den letzten hundert Jahren immer besser geworden. Der sogenannte Bauer hat nichts zu thun, als zuzusehen, daß die Gräben, die um die Fennen gehen, und die Gatter (Hecke), die den Verschluß bilden, in Ordnung sind, und jede Fenne mit Tränke und Scheuerpfahl versehen ist. Auf dem Husumer Viehmarkt kauft er seine Ochsen; er läßt sie hieher von Fremden treiben, und dann grasen sie ohne Aufsicht bis zum Herbste, wo sie bis auf einige an Ort und Stelle verkauft oder zum Verkaufe nach Tönningen geführt werden. Für den Landmann, der nur Weideland hat, ist jeder Tag Ruhetag. Die notwendige Arbeit während der Heuernte thun ihm fremde Schnitter, die sich in großer Anzahl aus den magern Gegenden Schleswigs, Jütlands, Pommerns und Brandenburgs einfinden. Früher, da sie noch auf der Vordiele schliefen und beköstigt wurden, hatte der Hofbesitzer davon einige Umstände; heutzutage hausen sie draußen in Strohhütten; da sorgen sie sich selber für ihr Essen und sind fern von aller Aufsicht. Es soll da oft wild zugehen. In die Scheune kommen sie nur, wenn sie das Heu einbringen, in die Wohnung ihres Brotherrn überhaupt nicht.

Und doch ist die Marsch kein Schlaraffenland. – Der Ackerbau ist beschwerlich, der Ertrag nicht sicher. Bei trockener Witterung ist der schwere Kleiboden so hart, daß der Pflug nicht hindurch kann, und bei Regenwetter so weich, daß die Pferde nicht hindurch können. Vor dem Pfluge gehen ihrer vier bis sechs, und dabei müssen hie und da die Schollen noch besonders mit Schlägeln zertrümmert werden. Oft genug auch kann die Saat lange Zeit nicht auflaufen, weil die Keime die harte Kruste nicht durchdringen können. – Ehemals, da der Abzug des Wassers lange nicht so gut geordnet war als jetzt, thaten die Niederschläge oft großen Schaden. Besonders schlimm sah es in dem nassen Herbste 1585 aus, da das bischen Getreide, das man bergen konnte, mit Prahmen herein geholt werden mußte [. . .] Und selbst in unseren Tagen, bevor das Sielwesen verbessert worden ist, hat das Wasser mehre Male die Flächen weithin überflutet, daß das Vieh auf den Fennen unter unaufhörlichem Gebrülle umher watete und kein trockenes Plätzchen zum Lagern finden konnte.

„. . . die allerbequemsten Gebewde in den Marschen . . ."

Wolff Blome u. a. (1650)

„Ordentliche Haubarge alß die allerbequemsten Gebewde in den Marschen [. . .], da alles Holtz in trucken stehet, wann nur das Dach unterhalten wirt, fast geringer oder gar kein reparatur bedürffen, und stehet der Bau wegen seines Vierkant, des innerlichen Verbandts, und daß die Wende niedrig sein, also von dem winde keine Gewalt leiden könne, fest."
[. . .] die Warften mitten in dem Land anzulegen, das zum jeweiligen Hof gehört, weil die Bauern „ihre Milch täglich einholen, und den Mist bey so bösen tieffen wegen zu felde bringen müssen, die aufsicht auf ihr dienst- und arbeitsvolk auch sonst unfüglich verrichten können, daran doch einem hauswirth, und daß er in geschwinder eill überall sein möge, zum höchsten gelegen ist."

„. . . alte Bauernhöfe liegen auf . . . Warfen"

Reinhold Meiborg (1896)

Alle alten Bauernhöfe liegen auf Wurten, sogenannten Warfen. Diese übertreffen an Umfang viele mittelalterliche Burgplätze, und die einschließenden Gräben sind hin und wieder fünfundzwanzig Fuß breit. Der Pflanzenwuchs ist hier so üppig wie kaum irgendwo sonst. Die Ränder der Gräben sind mit mannshohem Schilf bewachsen, das von reichblühenden Schlinggewächsen umwuchert ist. Über das Wasser hangen üppig Goldregen und Syringen herab, und dazwischen stehen Hollunder- und Weidenbüsche nebst allerhand anderen Sträuchern und Bäumen und bilden ein Laubdach so dicht, daß kein Sonnenstrahl hindurch dringt, – und hoch über den sonstigen Pflanzenwuchs ragen jene mächtigen Eschen. Innerhalb dieser lebenden Hecken findet man auf größeren Höfen ansehnliche Gärten, nicht nur vorzüglichen Gemüses und prächtiger Blumen voll, sondern auch prangend mit allen Arten von Obstbäumen.

„my house is my castle –
gewiß aus diesen Marschen"

Johann Georg Kohl (1846)

Ich habe nicht recht hinter die Ursachen dieser Vereinzelung kommen können. Man sollte denken, daß, wie die gemeinschaftliche Wassergefahr, der man mit vereinten Kräften besser widerstehen konnte, diese Marschenbewohner frühzeitig in feste Communen und Deichverbande zusammenfügte, sie derselbe Umstand frühzeitig auch zum gemeinsamen Zusammenwohnen gebracht haben müßte. Denn während jetzt jedes Gehöft seines eigenen kleinen Wohnhügels (Wurt) bedarf, so hätte man für das ganze Dorf einen nur etwas größeren Hügel nöthig gehabt.

Und dieser, so scheint es, ließ sich mit vereinten Kräften leichter herstellen als alle diese kleinen Hügel mit zersplitterten. Etwas mögen wohl die ungangbaren Wege zur Isolirung beigetragen haben, denn diese machten es den Bewohnern mehr als anderswo wünschenswerth, immer inmitten ihrer Felder zu wohnen.

Daher sind denn auch die Besitzungen wohl nirgends besser arrondirt als in den Marschen, wo jeder Bauer mitten in seinem Felde sitzt, wie ein Seidenwurm in seinem Gespinste, während unsere armen Bergbauern ein Stückchen Land im Osten, eins im Westen, eins hinter dem Walde, eins droben an einer Bergkante aufzusuchen und zu bestellen haben.

Vielleicht ist jene Vereinzelung der Marschbewohner auch bloß aus dem Nationalcharakter der Friesen und Niedersachsen zu erklären, die zwar in der Commune Einer für den Anderen und Jeder für das Ganze standen, von denen aber im Uebrigen gern Jeder seine eigene gesonderte independente Besitzung hatte, eben so wie die Engländer gern ihr eigenes Haus für sich haben und sich nicht entschließen können, wie wir es in Dresden, Leipzig, Wien u. s. w. thun, bloß mit einer Etage fürlieb zu nehmen und sich familien- und etagenweise in großen casernenartigen Gebäuden verpacken zu lassen. Wie gesagt, das englische Sprichwort: „my house is my castle" ist gewiß aus diesen Marschen nach England hinübergegangen, und der Sinn, den dieses Sprichwort andeutet, hat hier tiefe Wurzeln geschlagen, sowohl in Eiderstedt, in Dithmarschen und in ganz Nordelbingen, als in allen friesischen und niederdeutschen Districten bis nach Holland hin. [. . .]

Doch auch diese Speculation ist vielleicht eitlen Vorwitzes. Kurz, vereinzelte Wohnungen sind das Gewöhnliche in den Marschen. „Datt mott woll so syn!"

„Das Vierkant ist hoch wie eine Kirche"

Reinhold Meiborg (1896)

Der Hauberg (d. h. Bergeplatz des Heus) heißt auch Heuburg, Hauburg und Heuberg; der friesische Sprachgebrauch wechselt, und die Benennung ist nicht einmal in Eiderstedt überall dieselbe. [...]
Die ältesten Hauberge sind gewissermaßen fünfschiffige Basiliken, bei denen die Seitenschiffe um das Mittelschiff herumgeführt sind. Die neueren weichen von den älteren bedeutend ab; man hat augenscheinlich den Versuch gemacht, die Bauweise nach bestimmten Rücksichten umzubilden. Zweifelsohne ist man dazu durch die Schwierigkeit, das Bauholz zu beschaffen, veranlaßt worden. Denn die Marsch hat keinen Wald.
Indem sich also die Baumeister bestrebten, möglichst große Räume ohne Anwendung großer Holzmassen herzustellen, wandten sie Holzverbindungen an, die einen glänzenden Beweis von Berechnung und Kühnheit geben. Statt der Pfeilerreihen, die in den Kirchen das Mittelschiff tragen, stehen hier vier oder sechs hohe Pfosten. Von dem über ihnen liegenden Rahmen steigen die Hauptsparren auf, und die langen dünnen Seitensparren legen sich an sie an, während sie mit den Enden auf den Außenmauern ruhen. So kann von dem mächtigen Dache ein Raum von 200000 Kubikfuß überdeckt werden, ohne daß mehr als zehn Zimmerhölzer stärkster Art zur Verwendung kämen. Der gewaltige Schirm breitet sich über einen Flächenraum von 10000 Quadratfuß aus, von denen nur vier oder sechs von den das Dach tragenden Stützen beansprucht werden. Die Einteilung des Innern wird daher von der Dachbildung fast unabhängig und läßt sich nach Gutdünken vornehmen. Es ist indes Regel, daß sich in der Mitte ein großer Raum befindet, das Vierkant, das als Scheuer dient; ringsum liegen die Dreschtenne, die Ställe und die Wohnräume.

Das Vierkant ist hoch wie eine Kirche. Selbst an sonnenhellen Sommertagen ist es düster, da Licht nur durch ein einziges Loch in der First einfällt, das 50 Fuß über dem Fußboden angebracht ist. Das Licht trifft die schweren Pfeiler mit ihren zahlreichen Kopfbändern, die verzweigten Baumstämmen ähnlich emporstreben. Über und hinter ihnen erblickt man im Halbdunkel das mächtige Dach, das sich dem Eintretenden als eine einzige Schattenmasse darstellt, bis nach und nach die Glieder dem Auge hervortreten und das Zimmerwerk erkennbar wird. – Sowohl das Vierkant als alle Böden werden zur Bergung der Ernte benutzt. Von ansehnlicher Größe ist auch die Tenne, um für die Erntewagen Raum zu haben. Wo aber die Bevölkerung jetzt ausschließlich von Viehzucht lebt, ist der gewaltige Raum nun öde und leer; nur bei Hochzeiten herrscht hier Leben, die Tenne ist mit Teppichen bekleidet und dient als Festsaal.

Der Viehstall ist überall der Stolz der Bewohner. Hierher führt der Marschbauer seine Gäste, um ihnen seinen Wohlstand zu zeigen. Es ist seit alten Zeiten Sitte gewesen, im Herbste eine Anzahl Ochsen hereinzunehmen und sie bis gegen Weihnachten oder auch den Winter hindurch im Stalle zu füttern. Tiere, die zwei Sommer nach einander auf den Fennen gegrast haben, gedeihen zu einer Größe, daß sie auf dem Rist ihre drei Ellen hoch sind und 1000, auch 1500 Pfund wiegen. – Neben den Ochsen steht das Milchvieh. Wo die Milchwirtschaft nach alter Weise betrieben wird, finden wir nur acht Stück; aber schon ein so geringer Bestand kann täglich seine 320 Potte (160 Kannen) liefern. Es ist ein schöner Schlag, der hier vorherrscht: dunkelrotbraun, kräftig, wohlgestalt, mit glänzendem Haare und klugen Augen. Der Marschbauer schätzt seine Tiere so hoch, daß er sich gegen die Redensart „dumm wie das Vieh" verwahrt und besorgt, man begehe mit der Vergleichung ein Unrecht gegen das Vieh.

Wie die Ochsen werden die Pferde von auswärts eingeführt, gewinnen aber wie jene durch die Überführung hierher an Kraft und Schönheit. Indes bleiben nur wenige länger als einen Sommer hier. Der Pferdestall ist drum verhältnismäßig klein.

Auf den alten Höfen gibt es keine Ställe für die Schafe, denn man pflegte sie das ganze Jahr hindurch draußen zu lassen. War man genötigt, sie herein zu nehmen, weil überall hoher Schnee lag, so fand sich in einer Ecke des Stalles oder auf der Tenne eine Unterkunft.

Was die Zimmer betrifft, so stütze ich mich auf mündliche Mitteilungen von ein paar alten Leuten, die über den leerstehenden Hauberg von 1775 die Aufsicht führten und manches über das Aussehen der Stuben, wie es vor sechzig und siebzig Jahren war, zu erzählen wußten. Mit Ehrfurcht öffneten sie die Thüre der Diele (der Sommerwohnstube) und lenkten zuerst die Aufmerksamkeit auf die großen rotbraunen Sandsteinfliesen des Fußbodens und die Messingschilder der Thüren, die glänzten, als sollten sie sofort vor dem prüfenden Blicke der Hausfrau bestehen. Mit besonderer Hochachtung deutete der alte Mann auf den großen Eisenhaken in der Mitte der Decke; da hatte, als er noch Kind war, ein herrlicher Kronleuchter mit großer Kugel und vielen Armen gehangen. Darunter haben, so erzählte er, vor Zeiten gedrechselte Stühle um einen breiten eichenen Tisch gestanden; das Mütterchen fügte dazu, sie entsinne sich genau, wie gewaltige Kisten mit blanken Beschlägen und große schöne Schränke voll des wertvollsten Inhaltes an den Wänden gestanden hätten. Im Winterzimmer war die Diele von tadelloser Weiße, und kaum ein Stäubchen war irgend zu sehen. Die Wände waren mit holländischen Fliesen bekleidet. Der größte Teil davon zeigte biblische Darstellungen in blauer Farbe. Die Thüren waren in abgepaßten Mustern von Rahmen in violetter Farbe eingefaßt, die von Laubgehängen umschlungene gewundene Säulen darstellten, mit Liebesgöttern und Vögeln in reicher Abwechslung geziert. Der Thürsturz zeigte Rosetten und geschnörkeltes Laubwerk. Nahe der Eingangsthür befand sich, bestens beleuchtet, ein eingemauerter Glaskasten, der Silberschrank, von der Größe eines geräumigen Kleiderschrankes. Am Rande der Bretter ließ sich noch erkennen, daß für 72 Löffel Platz gewesen war. Dahinter hatten Kannen und Krüge gestanden und so viele, viele schöne Sachen, „daß niemand Bericht darüber geben kann". Dem Schranke gegenüber, unter den Fenstern, hatte der Tisch gestanden und vor dem Tischende saß der Herr in seinem weichen Lehnstuhle und hatte den ganzen Silberschatz vor Augen. Von dem übrigen Hausrate ward einer hohen Schatulle, der Rosen im Fenster und der Potpourri-Kruke auf dem Beilegerofen gedacht. „Ach ja", sagten die Alten zum Schlusse, „hier war's so schön, so schön in alten Tagen!" – Daß eine solche Ausstattung zu Anfang dieses Jahrhunderts und gegen Ende des vorigen nicht ungewöhnlich war, erhellt aus verschiedenen Aufzeichnungen.

Haubargensie

Dieter Staacken (1995)

Tempel, Türme, Schlösser,
die man für wertvoll hält,
gibt's überall im Lande
und auf der ganzen Welt.

    Sie stehen da und glänzen,
    protzen mit Stuck und Schein,
    wie Zwingburgen mit Kränzen
    und machen Menschen klein.

Nicht so ein Bau des Nordens,
sein Maßstab: Mensch und Tier,
daß Maß der Eiderstedter,
der Marschbauern von hier.

    Von weitem kaum zu sehen,
    nicht Schein, nicht Glitzerpracht,
    nicht Krönung von Bergeshöhen,
    ist, was ihn einzig macht.

Im Gegenteil – verborgen,
sich bergend, schamhaft-kühl,
still in sich selber ruhend,
in Selbstwerthochgefühl.

    So liegt es da, das Bauwerk,
    von weitem halliggleich,
    herrlich – ohne Beherrschte,
    in seinem Marschenreich.

Beim Nähertreten spür ich,
wie die Distanz zerrinnt;
ein Fest für meine Augen,
nur zu – das Fest beginnt:

    Der rote Teppich ist die Drift,
    Weiden zu beiden Seiten,
    die mich ab jetzt, Arkaden gleich,
    auf Schritt und Tritt begleiten.

Bis hin zum ‚Burggraben', der ‚Graft',
das Anwesen begrenzend,
perlkettig um den Hof gelegt,
die Wasserrosen – glänzend.

Ein Bambushain, hier Reth genannt,
verneigt sich, als wollt's sagen:
Sei willkommen, lieber Gast,
bei uns wird's dir behagen.

Und dann – die Warft, die Bühne,
für ein Stück, das HAUBARG heißt,
ein Dauerstück, fast schon Routine,
welches kein Kritiker verreißt.

Den Vorhang, ganz aus Lindenlaub,
hebt eine Geisterhand;
tret ich nur nah genug heran,
schau ich ins Märchenland:

In der Kulisse – Ulmentanz!
Ringsum – wie Säulen: Eichen!
Sie winden ihren Eichlaubkranz
dem Bauwerk ohnegleichen,
Auf ragt ein steiles Dachgevier,
mehr Berg als Haus und Turm,
von einem Windbaumhochspalier
umstellt gegen jeden Sturm.

Sein Dach hebt ganz tief unten an,
kopfhoch nur ist die Traufe,
und schwingt mit Windjammer-Elan
zum Himmel hoch – ich laufe
mit meinen Augen hinterher
und senke sie erst wieder
weit hinten, bei dem Firste, quer,
die Dachneigung hernieder.

Nun lädt die Klönschnacktür mich ein:
„Mok opp – erst bohm, denn ünn",
ich wag es, und ich trete ein,
steh in der Diele drin.

Hochzeitstruhen, Dielenschränke,
aus Eichenholz gebaut,
geschnitzte Teeschapps, bemalte Bänke,
Wohnkultur – wohin man schaut.

Vom feinsten auch die Döns, der Pesel,
Hollandkacheln, weiß und blau;
man hat auch Gold, doch zeigt nur Silber,
man stellt sein Haben nicht zur Schau.

Und dann der Vierkant, schwindelnd hoch,
und doch – ein Menschenraum,
auf stämmig-hohen Ständern
das Dach – man sieht es kaum.

Geheimnisvolle Finsternis.
Ganz still – ich bin allein –
dunkle Wesen ahne ich –
es könnten Eulen sein.

Staunend bleibe ich noch stehn,
schließ beide Augen – riech –
ein Korn- und Heu-, ein Stall- und Lehm-
geruchsgemisch umwabert mich.

Die Lootür weckt mich, lockt mich raus,
durchs Riesenbogentor,
verlaß dies wundersame Haus,
steh wiederum davor.

War's Erlebnis? War's ein Traum?
Ich schau nochmal zurück.
Von neuem fängt das Schauspiel an,
wahrhaft ein Endlos-Stück.

Doch jetzt ist Schluß, der Vorhang fällt,
tschüß – Haubarg, Warft und Weiden!
mit Wehmut geh ich von euch fort,
von euch – jetzt: Trauer – Weiden …

„... wo de Bur nix to dauhn hett ..."

Theodor Möller (1912)

Mit der Wandlung der Wirtschaftsweise ging auch eine Wandlung in der Natur des Bauern vor sich. Als Pflüger war er der magere, rastlos und hurtig früh und spät Schaffende, der wegen der Ungunst der Witterung und der Schwere des Bodens die zu bestellende Arbeit auf eine möglichst kurze Zeit zusammendrängen mußte. Wir hören all dies aus einem kurzen Volksreim: „Gallerut, pußt Licht ut; Brie inhappen, Dör' tosnapp'n un tau Bett stapp'n". (Gallerut ist Gallus, der 16. Oktober, also die Zeit der Herbstsaatbestellung) Als Viehzüchter, der sinnig mit seinem Vieh umgehen muß u. keine körperlichen Anstrengungen zu bestehen hat, ist er der langsame, bedächtige und auch behäbige Mann geworden nach dem Wort: „De fulste Kerl is de beste Vehdriver." J.Cornils. In der Tat reduziert sich für den Gräser die Arbeit auf ein Minimum. Für ihn ist jeder Tag ein Ruhetag; ein „Bauer" ist der Eiderstedter nur noch dem Namen nach. Viel mehr ist er Geschäftsmann, Großhändler, der vielfach noch die Gewohnheiten eines Bauern beibehalten hat. Auf den Magerviehmärkten in Husum, Tönning oder Tondern deckt er seinen Bedarf an Vieh ein, um die Fennen „beschlagen" zu können, wenn er es nicht gar vorzieht, sein Land zu verheuern. Verheuert er, dann hat er so gut wie nichts zu tun. Weidet er selbst, dann ist seine Arbeit auch nur gering (denn er muß alles den Tieren und – der Witterung überlassen); das Risiko dagegen ist oft sehr groß. Tritt frühzeitig Dürre ein, dann wird der Boden hart und rissig; das Gras sieht wie verbrannt aus, und die Tiere brüllen nach Futter und nach Wasser. Jetzt muß die Zahl der weidenden Rinder gemindert werden. Das Vieh kommt zu früh und in großen Mengen an den Markt und muß oft mit Verlust losgeschlagen werden. In guten Jahren dagegen heimst er mühelos reichen Gewinn ein.

Nicht ohne Neid blickt der benachbarte Geestbauer vom hohen Geestrücken in dieses Paradies hinab, in das Land, wo nach seiner Meinung „de Bur nix tau dauhn hett, awers itt un drinkt un slöpt, as dat Veh." Er denkt dabei an den bequemen, immer gleichen Tageslauf des Eiderstedters. Morgens schläft er sich gehörig aus, denn es drängt und treibt ihn nichts zum Frühaufstehen. Gemächlich wird Kaffee getrunken. Dann stopft er sich die Pfeife, um seine Beschäftigung zu beginnen. Die besteht zur Hauptsache in einem Gang über Land. Er überzeugt sich, ob die Fennen dicht sind und fühlt, ob die Ochsen schon reichlich Fett angesetzt haben. Welch eine Wonne ist es für ihn, zu spüren, wie die Fettpolster am Rind sich mehr und mehr runden! Das kann ihm nur ein Rindviehkenner „nachfühlen". – Nach Hause angelangt, wird deftig zu Mittag gegessen, und dann kriecht er für ein paar Stunden ins Bett, um sich bei einer ausgedehnten Mittagsruhe von den Strapazen des Vormittags zu erholen. Nach dem Kaffee nimmt er die Beschäftigung vom Morgen wieder auf, mit dem kleinen Unterschied, daß er von seinem zweiten Gange sich nicht direkt nach Haus begibt, sondern – vielfach jedenfalls – am Spätnachmittag im Kirchspielskrug landet. Dort hängen an einem Brett hinter dem Ofen wohl an die zwanzig und mehr Pfeifen. Er sucht sich „seine" heraus, stopft sie aus dem Tabakskasten, der zu jedermanns Benutzung auf dem Tisch steht, schiebt die Mütze in den Nacken und läßt sich nun zu einem gemütlichen Skat oder zu einem Klönjer über Viehpreise, Wetter oder Politik nieder. –

Ganz so sorgenlos und bequem, wie es aus der Ferne sich ansieht, spielt sich das Leben des Eiderstedters denn doch nicht ab. Die Gerechtigkeit erfordert, das allgemein verbreitete schiefe Urteil über den Eiderstedter Bauern richtig zu stellen und auf seinen wahren Kern zu begrenzen. Wie der Marschbauer früherer Zeit die Geest oft überaus geringschätzig beurteilte, so verfiel der Geestbauer nicht selten in einen Fehler entgegengesetzter Art. Dachte er an seine mühselige, harte Tagesarbeit und ihren oft kärglichen Lohn, dann erschien ihm das Leben eines Marschbauern – vollends des Eiderstedters! – als ein wahres Schlaraffenleben.

„wie man bei hellem Licht dunkle Schatten sieht ..."

Johann Georg Kohl (1846)

So schön der Teppich ist, so hat er doch hier und da seine schadhaften Stellen. Hinter den Deichen sieht man die kleinen Wohnungen der Häuersleute, Käthner und Tagelöhner, die hier in einer mit dem Reichthume der Heubergbesitzer sehr contrastirenden Armuth leben, in langen Reihen stehen. Es scheint, als müsse der Reichthum immer Armuth neben sich hervorrufen, wie man bei hellem Licht dunkle Schatten sieht. Wie aus dem reichen England, wie überhaupt aus allen reichen Ländern, tönt daher auch aus den reichen Marschdistricten das jetzige Modegeschrei über Pauperismus lauter hervor als von den im Allgemeinen minder üppigen Geestdistricten.

Daß die kleinen Leute überall in den Marschländern längs der Deiche wohnen, und daß ihre Häuser hier linienweise, wie die Deiche selbst, aufgerichtet sind, erklärt sich wohl aus folgenden Umständen. Hinter den Deichen, bleibt so lange sie Seedeiche sind, gewöhnlich ein schmaler Saum Landes, der etwa einige hundert Fuß breit ist, unbeackert liegen. Die Erde dieses Striches ist dazu bestimmt, zu den Deichreparaturen verwendet zu werden, und heißt daher in einigen Gegenden das „Spateland", weil man es beim Schanzen mit dem Spaten absticht.

Wird der bisherige Seedeich nun durch eine vorgenommene Eindeichung ein Binnendeich, so wird das Spateland zu einem mäßigen Preise weggegeben. Die kleinen Leute beschränken sich dann hier mit ihrem Gärtchen und Feldchen auf ein kleines Stückchen billigen Spatelandes. Auch die alten, mit Gras bewachsenen Deiche selbst gewähren als Weideland manchen kleinen Vortheil.

Man wird die Armen und Tagelöhner der Marschen daher an allen Binnendeichen finden, an dem Seedeiche selbst aber seltener, weil man sie hier nicht duldet. Können sie, so verschaffen sie sich doch auch hier ein kleines Besitzthum, weil es an diesem Deich selbst für Tagelöhner immer viel Arbeit und Nahrung giebt, und weil man auch von den vorliegenden Watten und Sandbänken manches Profitchen erwarten kann.

„... dreiht sik dat Leven um de Ossen ..."

August Geerkens (1937)

Bi uns in Eiderstedt un in anner Gegenden vun'e Westküst dreiht sik dat Leven um de Ossen. Wenn de Buurn sik besöken oder sik

drapen, snacken se vun'e Ossen, ob se gut dien, ob se as Magern
nich to düür ween sünd un wat se as Fetten brocht hebbt un wi dat
bi de Hannel togaan hett. Dat Hanneln liggt de Grasers in't Bloot,
un darum will ik hier mal wat vertelln vun de Ossenhannel in
fröhere Tiden un vun dat Drum un Dran, as ik at to'm Deel noch
mit beleevt heff un as ole Lüüd mi dat vertellt hebbt.

Ik schriev plattdüütsch; denn de Hannel gung op plattdüütsch vör
sik. Ik haap sogar, dat de Lüüd, de dat angeiht, de Grasbuurn un
Hannelslüüd, disse Geschichte lesen warrn, obgliek ik weet, dat se
grötstendeels nich veel mit dat Bökerlesen in Sinn hebbt. Un ok, de
dat Brüllen vun de Ossen un dat Blarrn vun de Schaap dat Wegen-
leed weer, ob se nu in'e Heimat oder in'e Fremde sünd, freun sik
villicht, wenn op disse Wies mit de Moderspraak en Stück Kind-
heitserinnerung vör se opsteit. Darum heff ik plattdüütsch schreven; denn vör jüm all heff ik schreven un nich vör mi sülm oder vör
de Fremden.

So vör'n sößtig, söbentig Jaar seeg dat mit de Ossenhannel noch
ordentlich wat anners ut as nu. De engelsche Faart harr Konjunktur in dat Geschäft broch. Siet 1846 schickt Engeland sien Dampers, bi uns Ossen to haaln. In'e Foftig weern dat al 20000 Stück, de
in't Jaar in Tönn verlaadt worrn, in'e Sößtig worrn dat 30–40000,
un in'e söbentiger Jaarn weern dat bet to 50000 Stück. Do keem bi
uns in Eiderstedt bina all dat Land to Gras, un de Buurn mussen
los to Ossen kopen. Domals kregen wi noch veel Magervee vun
Dänemark, un de Geestbuurn fungen an optotrecken. Denn gung
op'e Kamp bi Husum de Magerhannel loos, un darvun will ik nu
toeerst vertelln.

Randreven woorn de Magern langs de Weeg. Schosseen geev dat
noch nich veel, un op wide Tuurn harr'n de Tiern dat Lopen op'e
Schossee ok garnich afhooln. So'n „Ossenweg" gung vun Ripen
över Tonnern un Leck na Husum un wider. Darlangs kemen de
grote Driffen vun Jütossen vun Jütland dal. Vun baven vun'e Lim-
fjord, wo de beste Ossen herkemen, weern se 8–10 Daag unnerwegens; denn meer as 4–5 Miel op'n Dag kunnen se nich maken. De
dänsche Drivers harrn Holtscho an un leten sik Tiet. Unnerwegens
weern Weertshüüs mit Drievkoppeln, dar bleven se nacht mit erm
Tiern. Vun Fünen un Seeland keem Kotüüch. Bi Husum op'e Heid
lagerten se mit erm Koppeln bet to de Donnersdag, to dat Mager-
markt. De dänsche Hannelsmann keem mit de Waag achterna.
Donnersdag stunn he denn mit sien Tiern op'e Kamp. De Ossen
worrn in Koppeln vun 40–50 Stück hööt, dat Kotüüch stunn mit

Taun ananner koppelt, as man dat nu noch in't Norden süüt. De Hauptmarkten weern in't Frööjaar. Dat geev Daag, wo mit dat inheimische Vee, dat op'e Nienstadt stunn, 10000 Tiern to Markt weern. Denn gung dat orri bunt to op'e Kamp un op'e Nienstadt. Dat weern de Daag, wo de Eiderstedter Buurn na Husum kemen, erm Magervee to kopen. Winterhannel geev dat noch nich, de Tieren worrn all op'e Markten kofft. Denn seeg man een Waag achter de anner vun Röms her na Husum rinfaarn. Man keem do je noch nich soveel toweeg as nu; denn weer so'n Marktdag en Festdag. Unnerwegens worr al mal anfaart. Weertshüüs mit Döörfarten, wo man unner Dack kunn, weern dar noog. In Husum harr denn jedereen sien bestimmte Weertshuus, wo he anfaart. Dar smeet he sien Geldsack oder de Geldkatt in't Eckschapp vun'e Gaststuuv – wo he en naher wedder rutgrabbeln dee – un gung to Markt.
Vun Husum gung denn nu wedder dat Tüüchdriven loos dal na de Marsch. Vele Buurn harrn erm Drivers mitbrocht, annern neem in Husum wicker an. Mennich Driver leep morgens vun achter Tönn her to Foot na Husum, um dat Zuggeld to spaarn, neem sien Ossen vör de Pietsch un broch se densülvigen Dag noch na Rüxbüll oder wo se henschulln. Denn weern na een vun de grote Markten in Husum de ganze Weeg in Eiderstedt vull vun Ossendriffen, ümmer so'n foftig Stück in'n Driff. Dat keem vör, dat op'e Schossee vun'e Kringelkroog na Tönn, un denn op'e Weg vun Tönn na Katen een Ossendriff achter de anner leeg, as wenn dat een grote Driff weer. Dat gung je man langsam; denn de Tiern weern vun de lange Reisen mööd un stief, ok weern se mager, de Jüten mitunner so dünn as'n Brett, dat man bina blots noch Hörns seeg. Keem dar mal'n Tier weg, denn funn sik dat toletzt ümmer wedder in. Dat sik ar een fremde Tiern anegent, keem nich vör, un is et vörkaam, denn worrn de dat daan harrn, so brandmarkt, dat se dat nich wedder deen.
In ole Tiden, eer de engelsche Faart un dat Husumer Fettmarkt in Floor keem, bet to de foftiger Jaarn, brochen de Eiderstedter Buurn erm Fetten na Hamborg to Markt. Darhen mussen se denn wedder 4–5 Daag dreven warrn un verloorn orri an Gewicht. Verkopen dee se en Kommischeneer. De Buur faart veelmals mit de Waag achterna, wat twe Dagreisen weern, um sien Geld intosacken. Denn harr he de isern Geldkist achter op'e Waag, un sien Söön oder en Knecht mit'n düchdige Knibbel darbi, dat em op'e Rüchtuur nicks passeert.
Mit de engelsche Faart gung dat Verschicken un de Hannel op En-

geland loos. Vun Anfang Juli an farten de Dampers. Dat Geschäft worr ümmer indreglicher. Veel Lüüd in'e Stadt fungen an to grasen un to hanneln. Man see, dat dat nu keen Kunst meer weer un dat nu jeder Schoster un Snider grasen un hanneln kunn. In Tönn seten en ganze Deel lüttje Hannelslüüd, de alle Week en Stücker twintig Ossen in't Land koffen un na Engeland schickten. Sogar de engelsche Kopteins worrn vun de Hanneli ansteken un koffen an'e Brüch mit'n Dolmetscher wedder vun de Hannelslüüd un schickten Tiern na London. Bald geev dat'n ganze barg grote Grasers, de Land hürten un bet do fiefhunnert Tiern grasten. De gröttste Hannelsmann op Engelland weer Krischan Heynsen ut de Krischan-Albrechts-Koog; man see, dat he, wenn't ween muß, alleen en Damper vull maken kunn. Dat gung toeerst so, dat de Damperplatz knapp un de Buurn bang vör't Verschicken weern, denn geven de Gesellschaften un erm Agenten de grote Hannelslüüd de Vörtog, de se de Dampers vull makten, un de Buurn harrn dat Naseen. As denn meer un grötere Dampers kemen, namentlich siet de Tönner Dampschippfaarts-Gesellschopp Anfang söbentig anfung, un denn naher de Konjunktur in Engeland torüchgung, worr de Damperplatz toletzt so rieklich, dat de Agenten op't Husumer Markt vör erm egen Reken kopen leten, um de Dampers enigermaten vull to krigen.

In'e sößtiger un söbentiger Jaarn worr dar bi't Grasen un Hanneln veel Geld verdeent. Engeland betaalt gut. De Hannel gung dar na Slachtgewicht. Dat loont för unse gute Ossen 6–7 engelsche Schillings de stone (1 stone – 7 Pund düütsch), d. h. as se noch in Islington op dat engelsche Qualitätsmarkt stunnen, naher in Deptford vun 1876 an loont dat wat weniger. Bi uns worr op'e Foot hannelt na Dalers. Bi opstigende Konjunktur keem dat op wicker Dalers nich an. Man taxeert na Slachtgewicht. Vun'e Wagschaal wull noch keen Minsch wat weten. Aver dat gung dar in Engeland sach mennichmal noch meer in't Wille as bi uns. Bald kreeg man orri wat meer as man sik moon weer, un denn maakt man mal'n böse Reis. De beste Tiern, all de grote Ossen un dat fette Schaptüüch, gung je na Engeland. Hier bi uns worr blots Kotüüch slacht. De Verbruuk weer hier noch nich so groot. Meer as'n halve Beest in'e Week kunn de meste Slachters nich loos warrn. Wenn denn over in'e Störms in'e Harvst mal'n Schipp Haveri harr un torüch keem, denn geev dat en barg billige Fleesch. Denn kofften de Börgers sik en Slachtbeest, un de Slachters kregen en barg to doon, all dat Fleesch to bargen. De Tiern, de noch so wiet beenig weern, keem de anner Week wedder mit op'e Reis. De Deckslast weer aver veelmals al över Bord gaan un dreev nu allerwärts an un worr borgen un utkaakt. „Wie gewonnen, so zerronnen", kunn man seggen. So keem dat ok, as de Kunjunktur torüchgung un de Grasers un Hannelslüüd erm Geld wedder loos worrn un de Gesellschaften un Agenten koppheister gungen.

Bi't Verladen, Middeweken oder Donnersdag, weer denn en ordentliche Bedriev in Tönn an'e Brüch. Ut Eiderstedt un Stapelholm keem de Tiern to Foot, een Driff achter de anner, ut Dithmarsch ok to Foot över de Fär, un vun Husum na't Fettmarkt mit de Zug. De Beest worrn markt mit'n Brand op'e Hörns, de Schaap mit'n Teernummer op'e Back. Denn kemen se all mank'nanner, entweder in'e Sommer eerstmal to Gras op'n Fenn bi de Stadt oder in'e Harvst to Stall oder glieks in'e Hocken an'e Brüch. So'n Damper faat 5–600 Ossen un 1000–1500 Schaap. De Dampers mussen in 3-4 Stunn belaadt warrn, bi Daag oder in'e Nacht, dat se bi Hochwater to de Eider rutkemen. Dar hörten denn so'n twintig Mann to, de gut darmit Bescheed weten mussen un en Oß hooln kunnen. De Ossen worrn rintrocken in't Schipp un in Hocken vun 4–6 Stück eng henstellt un anbunn. De Tiern worrn je böös utseen op'e Reis un weern över un över vull Miß, wenn se in Engeland ankemen. Denn worrn se düchtig affspöölt un in'e Stall afreven, dat se naher gut to Markt stunnen. De Schaap worrn rindreven in't Schipp un meesttiet as Deckslast verlaadt. Dat weer en wedderliche Stück Arbeit, denn nicks is wedderlicher as'n Schaap. Överhööft kunn dar je bi disse Massenbedriev nich ümmer gut mit de Tiern umgaan warrn. Mi dünkt, as wenn ik ümmer noch dat Blarrn vun de Lammer höör, de na erm Mudder lengten. De Bocken, de sik dootstötten, – un dat weern mitunner orri wecker – kregen de Lüüd, de op disse Wies ümmer frische Fleesch harrn.

Ok in'e Stadt weer dat an so'n Daag en ordentliche Bedriev, in'e Weertshüüs un op'e Straten, un de Börgers mussen Döörn un Porten gut tohooln, dat dar keen Tiern in'e Hüüs un Gaarns rinlepen. Vör de Krögers weer dat en gollen Tiet; denn harrn Grasers un Hannelslüüd Geldumsatz un Verdeenst, denn worr ok bi se wat umsett, mitunner ok in'e Korten.

[. . .]

Dat weer in'e Tachendi, as Amerika dat engelsche Markt an sik reet un uns toletzt – 1889 – de Infaar na Engeland verbaden worr. To'm Glück kunn Düütschland – bet op de fette Schaap – unse Waar nu sülm bruken, un ganz in'e Slaap keem Husum to en gro-

184

te Fettmarkt. Eerst weern de Fettmarkten noch op'e Nienstadt, wo an'e Middeweken ebenso'n Wöölkraam weer as in't Fröjaar bi de Magermarkten. 1888 leet Bürgermeister Gurlitt denn dat nie Markt buten vör de Stadt buun, wat de Krögers op'e Nienstadt lang nich wulln, un darmit harr Husum en ordentliche Markt, wo naher bet to de Krieg 60–70000 Fetten in't Jaar umsett sünd. Dat aver is de niere Tiet, mit de ik mi hier nich befaten will.

„Das war ... die gute alte Zeit"

August Geerkens (1914)

Fest hatte der Bauer – meistens „Uns Weert", wo man sich aber vornehm gab, schon „De Herr" genannt – die Zügel der Regierung in der Hand. Als männliche Dienstboten waren vorhanden der Oberknecht („Böwerknech") – ein wie der Wirt auf strenge Einhaltung überkommener Formen bedachter Vorarbeiter im Alter von 25–30 Jahren und darüber, der selbst die ganze Stufenleiter des männlichen Gesindes durchlaufen hatte, – der Unterknecht, 20–25 Jahre alt, und ein Winterknecht gleichen Alters. Hinzu kamen am Peterstage (22. Februar) 2–3 Dienstjungen, die bis zum Herbst blieben, der „Grootjung", 17–18 Jahre alt, der „Mitteljung", 15 Jahre alt, und der „Lüttjung", 12–13 Jahre alt und von der Sommerschule dispensiert. Nach Bedarf wurden beschäftigt im Sommer einheimische Tagelöhner und auswärtige Erntearbeiter, im Winter die Drescher und die Winterkleier. Im Hause waltete die Frau – kurz „Uns Fru" oder, wo es feiner herging, „De Madam" tituliert – nicht minder streng ihres Amtes als draußen der Mann, damit alles seine Ordnung hatte. Ihr standen zwei Mägde zur Seite, „de Grootdeern" un de „lüttje Deern", dazu in feineren Häusern meist noch ein Hausmädchen, „de Binnerdeern". Für besondere Arbeiten (Hausreinmachen, Schlachten) wurden aus dem benachbarten Dorf eine oder mehrere Arbeitsfrauen zu Hilfe genommen. –
[...]
Nach Beendigung des Futterns oder schon nach dem Tränken nahm das Gesinde die Morgenkost ein, wozu es sich, wie zu allen

Mahlzeiten, in der Hinterdiele an dem langen vor seinen Wandbetten stehenden Tisch einfand. Es gab Warmbier mit saurem Graupenbrei. Dünnbier wurde zu damaliger Zeit selbst gebraut oder später, was den Osterteil anlangt, aus den Brauereien in Tönning und Oldenswort geholt. Der Graupenbrei war am Mittag vorher gekocht und auf den mit Asche bedeckten glimmenden Kohlen, dem „zugerakten Feuer", im Herdloch warm gestellt worden, um zur Hälfte abends, zur Hälfte am andern Morgen mit Bier angewärmt verabreicht zu werden. Alle aßen mit eigenem Hornlöffel aus einer Schüssel. Wer wollte, konnte sich ein Stück Brot mit aufs Feld nehmen. Spätestens um 6 Uhr, meistens schon früher, wurde angespannt und zu Felde gezogen. Nur am Buttertag, 1–2 Tage in der Woche, blieben 1 Knecht und 1 Junge zunächst zurück für die als Frauenarbeit zu schwere Bedienung der Buttermaschine.

Im übrigen gehörten Milchwirtschaft und Kälberpflege zum Reiche der Frauen. Und diese Arbeit war damals in der Frühjahrszeit, in die die Hauptkalbezeit fiel, keine leichte. Die Mädchen begannen ihr Tagewerk mit dem Melken der Kühe, meist 2 im Herbst abkalbenden Winterkühen und 4–6 im Frühjahr abkalbenden Sommerkühen. Das Melken war vorwiegend Sache des Großmädchens, während das Kleinmädchen in der Zeit schon allerhand häusliche Arbeiten verrichtete. Die Milch kam in großen kupfernen Satten („Bütten") in den Keller zum Aufrahmen. Das Abnehmen des Rahms nach 24 Stunden war Arbeit der Frau, die hierfür gleich mit den Leuten aufstand. So konnten die Mädchen nach dem Melken an die Entleerung und Reinigung der vortägigen Bütten gehen, die, wie alles Kupfergeschirr, mit Heuwisch und Lehm gescheuert wurden, bis sie glänzten. Als Buttermaschine diente in älterer Zeit allein das Stoßbutterfaß, die „Pumpkarn", später kam das Schlagbutterfaß mit drehendem Kreuz auf. Die Bearbeitung der Butter, das Auskneten bis zum „Aufklopfen" (Formen), war wieder Sache der Frau, die hierbei mit großer Sorgfalt verfuhr. Die Magermilch, soweit sie nicht die Kälber bekamen, wurde zu Magerkäse verarbeitet. In langen Reihen füllten diese bis zum Verkauf die Borde in Hinterdiele und Stall. Auch die im Frühjahr beginnende Lammzeit brachte den Frauen Arbeit. Die Fruchtbarkeit des friesischen Milchschafes zeitigte viele dritte Lämmer, auch gab es verwaiste Kinder, die alle von den Frauen als „Handlämmer" mit der Flasche groß gezogen werden mußten. Außerdem waren die Glucken und Brutenten zu setzen und die Kücken aufzuziehen. So hatten die Frauen zu dem großen Hausreinmachen noch ihr redlich Teil von der Frühjahrsarbeit zu tragen. – [...]

Um 10 $^1/_2$ Uhr wurde abgespannt. Um 11 Uhr war Mittag. Um 1 Uhr ging es wieder zu Felde. Die lange Mittagspause war mehr der Pferdefütterung wegen da, doch wird auch den Menschen die Stunde Mittagsschlaf gut getan haben. Vor dem Essen bekam während der Saatzeit sämtliches Rindvieh eine Rauhfuttergabe; das geschah mit Rücksicht auf den jetzt zwischen Morgen- und Nachmittagsfütterung liegenden langen Tag, sonst wurde eine Mittagsfütterung nur den Kühen und Kälbern zuteil. Nach dem Mittagsschlaf stand in früheren Zeiten Brot auf dem Tisch, von dem jeder vor dem Anspannen ein Stück essen konnte. Später brachte man den Leuten ein Vesperbrot, „Abendbrot" genannt, aufs Feld, das meist in einer hölzernen, selbstschließenden Span-schachtel mit Deckelgriff, der „Abendbrotsklufft", dorthin getra-gen wurde. Dazu gab es selbstgebrautes Dünnbier aus dem „Le-gel", einem kleinen Faß mit Mundstück zum Trinken. In der Zeit von Mai bis Michaelis war auch bei Hofarbeiten ein Vesperbrot üb-lich.

Zur Feierabendstunde, spätestens um 7 Uhr, fanden sich alle Ge-spanne wieder auf dem Hofe ein. Ein Knecht war meist schon früher nach Hause gekommen, zur Nachmittagsfütterung, von der der Bauer selbst die ersten Gaben verabreicht hatte. Nach dem Essen fütterten die Jungen bis gegen 9 $^1/_2$ Uhr die Pferde, dann wurde „abgefüttert", d. h. die Pferde bekamen die letzte Häcksel-gabe und Heu auf die Raufe. Lange schon hatten sich die Schie-betüren der Wandbetten hinter den Knechten geschlossen, die nach solcher Tagesarbeit auf ihrem Stroh unter harten, eigenge-machten Betten den Schlaf der Gerechten schliefen. Die Jungen durften für das längere Tagewerk am nächsten Morgen etwas län-ger liegen bleiben.
[...]

Fiel auch den Männern die schwerste Arbeit zu, so waren die Mädchen auf dem Haubarg unstreitig die geplagtesten Men-schenkinder. Für sie gab es keinen freien Augenblick, und Feier-abend hatten sie erst, wenn sie abends ins Bett krochen. Besonders das Kleinmädchen war das Puttel für alles, und da es infolge sei-ner Arbeit meist sehr unappetitlich aussah, so führte es oft den Beinamen des „Schiedputtels". Zu seinen Obliegenheiten gehörte es nämlich, das Stroh zum „Lüchten" in die Küche zu schleppen

und die entstehenden großen Aschenmengen wieder hinauszuschaffen. Die Bohnenstrohasche wurde auf manchen Höfen aufbewahrt und sowohl zur Leinenbleiche benutzt als auch verkauft zur Potaschegewinnung. Der Unterbringung des Strohes in der Küche diente ein die Herdecke einnehmender eingebauter Kasten, das „Strohhörn", aus dem es unter den großen Kessel wanderte, der am Haken über dem Herde hing. Gab es in weniger arbeitsreichen Zeiten nachmittags und abends freie Stunden für die Mädchen, dann war meistens am Spinnrad ihr Platz, um den selbstgewonnenen Flachs zu Garn zu spinnen. Das Garn kam in das benachbarte Dorf oder in die Stadt zum Weber, der aus ihm die noch bekannten Ballen sogen. eigengemachten Leinens fertigte, durch die, nach erfolgter Rasenbleiche, die Frau ihre Leinenbestände auffüllte und vermehrte. Das Weben scheint in Eiderstedt nie häusliche Handfertigung gewesen zu sein.
[...]
Die Sommerarbeit in der Weidewirtschaft unterschied sich von der heutigen nicht wesentlich, nur daß sie mit Rücksicht auf die sonst drängende Arbeit weniger gemächlich betrieben werden konnte. Ein Wechsel zwischen Acker und Weide, ein häufigeres Umweiden des Viehes fand damals in Eiderstedt ebensowenig statt wie heute. Doch nicht einsam auf weiter Flur sah sich ehemals der Distelmäher bei seiner Arbeit, von nah und fern drang das Geräusch der Feldarbeit zu ihm herüber, aus dem sich besonders das „Hüh und Hoh", das „Heuz und Firri" der Pflüger im Sommerbau abhob.
Eine gewisse Geselligkeit entwickelte sich an schönen Sommerabenden nach Feierabend auf dem Hof. Der Bauer saß mit seiner Familie vor der Haustür auf der „Sonnbank", Großknecht und in Kost befindliche Tagelöhner fanden sich vor der Stalltür ein oder lehnten mit den Armen über der Untertür und rauchten ihre Pfeife, während das Jungvolk sich vor der Küchentür ein Stelldichein gab. Dann ertönten wohl von einem dieser Sammelpunkte die Weisen der Handharmonika in den Abend hinaus, daß die Kühe, die in der Kuhfenne am Hof gingen, neugierig am Warfheck auftauchten, wenn der Fuchs braute, wie Gespenster aus dem niedergehenden Tau hervorbrechend. Und über dem allen thronte auf der hohen Dachfirst die Familie „Aderbor" und schaute bedächtig dem Treiben da unten zu.
Mit dem Herbst kam die Zeit des Einschlachtens, nach der sich schon so mancher sehnte, der den Geschmack auf frisches Fleisch

noch nicht verloren hatte; denn die übrige Zeit des Jahres gab es nur Rauchfleisch und geräucherten Speck, außerdem im Winter Pökelfleisch und Sauerfleisch. Geschlachtet wurde nacheinander, je nach Größe der Wirtschaft, eine mehr oder minder große Anzahl der Gänse, ein bis vier Stück Rindvieh und zwei bis sechs Schweine.
[...]
Alle 10–14 Tage wurden auf dem Haubarg in dem tiefen Backofen über dem Herd Schwarzbrote – und einige Feinbrote – gebacken, nur einmal im Jahr, zu Weihnachten, auch Weißbrot, Korintenstuten und Gerstenbrot. Der Brotvorrat lagerte in der Diele auf langen, seitlich der Balken angebrachten Borden. Weihnachtsabend, Neujahrsabend und Fastnachtsmontag gab es in geschmolzenem Fett gebackene Förtchen. Osterabend bekamen alle Haubargsbewohner hartgekochte Eier, soviel jeder essen wollte oder konnte. Bestimmte Gerichte waren am Montag ausgebratener Speck und Klöße, Dienstag Schwarzsauer, während der Woche Pökelsuppe, Grünkurzkohl, Erbsensuppe, Mehlbeutel, alles mit Speck und Fleisch, am Tage des Backens gab es wohl einen Puffer, „Stüv" genannt, am Buttertag Buttermilch und Klöße mit Syrup gesüßt. Sonnabend war Pfannkuchentag, Sonntag aß man einen Sauerbraten oder gebratene Rollen, dazu eingelegte Rotebeete.
[...]
Des Lichtes gesell'ge Flamme, um die sich – wenn ich mit dem Dichterwort rede – abends die Hausbewohner sammeln, hatte im Winter auf dem Haubarg ihre besondere Bedeutung; denn hier war der einzige Ort in weiter Runde, von dem Behaglichkeit ausströmte, während Wind und Regen ums Haus fuhren, so daß man sich vorkommen konnte, wie der Schiffer auf weitem Meere. Auf kleinen Höfen saßen die Leute bei den Herrschaften in der Wohnstube, auf den großen Höfen gab es eine besondere Leutestube. Man rauchte, las, scherzte oder sprach von alten und neuen Zeiten, dazu gab ein Talglicht oder die Öllampe ein spärliches Licht, das den Frauen nur gröbere Handarbeiten gestattete. Auch verbreitete der von außen geheizte Beilegeofen nur eine bescheidene Wärme, so daß die Feuerkieke (Füerstav) nachhelfen mußte.
[...]
Das war die uns in Gedanken noch oft vorschwebende gute alte Zeit. Sie erzog ein Geschlecht fähig zur Arbeit und stark im Ausharren. Fast nur noch als Denkmal einer einstmals blühenden landwirtschaftlichen Kultur steht heute der Haubarg im Lande.

Vom Boßeln und Ringreiten

„Marketender, sowie Schnapskörbe werden ausgeschlossen ..."

Augustin und Johannsen (1976)

Die „Bedingungen beim Boßelkampf zwischen Oldenswort und Stadt und Kirchspiel Garding" vom 17. Februar 1886:

1. Auf jeder Seite werfen 81 Mann, niemand darf seine Würfe hintereinander werfen.

2. Als Schiedsrichter fungieren zwei Personen aus jeder Gemeinde und die Boßelwechsler. Ein Prozeß soll ausgeschlossen sein.

3. Vor den letzten drei Würfen werden von den Schiedsrichtern die Fahnen festgestellt. Gewonnen hat die Partei, deren Boßel am nächsten an der Fahne liegt.

4. Aufgesteckte Schotte dürfen nach Belieben ausgerückt werden, d. h. der Reihe nach.

5. Wirft ein Boßler auf einen Längsgraben (incl. Böschungen), so bestimmen die Schiedsrichter, ob der Wurf gelten soll.

6. Trifft die Kugel einen Parteigenossen des Werfers, so gilt der Wurf, trifft sie einen Gegner oder einen Fremden, so bestimmt der Werfer, ob er seinen Wurf gelten lassen will oder nicht.

7. Mitwerfen dürfen nur solche Personen, welche politisch oder inbetreff der Kirche und Schule Angehörige der beiden Kommünen sind.

8. Bei steilem Süd- und Westwind kommt Oldenswort und Garding nach Katharinenheerd, bei steilem Nord- und Ostwind gehen beide Parteien nach Hochbrücksiel. Alsdann wird von den Schiedsrichtern die Bahn bestimmt.

9. Marketender, sowie Schnapskörbe und dergleichen werden ausgeschlossen.

10. Der Einsatz ist 40 Pfennig.

11. Die Boßel, 6 an der Zahl, werden in Garding gemacht und müssen bei normaler Größe genau 29 Lot wiegen.

L. Pauls   F. H. Jöns

„een ganz slimme Jung"

Augustin und Johannsen (1976)

„Ja, damals . . ." und gemeint ist der Kampf im Jahre 1909 zwischen Johannes Hinrichs aus Osterhever und Kock aus Büsum. Ein niedergeschriebener Bericht soll einmal die Stimmung vermitteln, die seinerzeit bei Kämpfen dieser Art geherrscht hat. So schreibt der Chronist über den erwähnten Kampf:

„Im Jahre 1909 hatte der Heverbund die hohe Ehre, den besten Boßler Schleswig-Holsteins zu stellen. In Eiderstedt wurde es ohne Gegenstimme zugegeben, aber in Dithmarschen wollte man dies nicht so recht anerkennen. Der Verein Büsum forderte deshalb Johannes Hinrichs zu einem Zweikampf im Boßeln auf und stellte als Gegner seinen besten Mann, Kock aus Büsum. Jeder der beiden Boßler sollte zehn Wurf übers Feld werfen. Der Einsatz betrug 100 Mark (!). Der Kampf sollte bei Tönning stattfinden. Da zur Zeit der Büsumer Herausforderung die Eider nicht befahrbar war, forderten die Dithmarscher, daß der Wettkampf bei Friedrichstadt ausgetragen werden sollte.

Und dann, am 7. Februar 1909, ging es los, und zwar auf dem Vorland bei Friedrichstadt, von der Eiderbrücke ab in Richtung Tönning. Die gesamte Strecke, die voraussichtlich von den Boßlern überworfen würde, wurde vorher abgesteckt und durch Fahnen markiert. Vor dem Kampfbeginn waren in Friedrichstadt die Bedingungen niedergeschrieben und von beiden Seiten unterzeichnet worden.

Eine riesige Menschenmenge begleitete die beiden Rivalen zum Ausgangspunkt und verfolgte mit größter Spannung und zahlreichen Anfeuerungsrufen die einzelnen Würfe. Da Tauwetter herrschte und der Boden stellenweise sehr glatt war, waren für einen Boßler nicht die allerbesten Voraussetzungen gegeben. Doch daran störten sich die beiden Kämpfenden nicht. Hinrichs mußte beginnen. Er warf zuerst gut 74 Meter, der zweite Wurf war 73 m, der dritte 76 m weit, und dann durchschnittlich 75 bis 76 m, jedoch alle in schnurgerader Linie entlang der Fahnenmarkierung. Kock warf seinen ersten Wurf auch sehr gerade, aber nur 70 m, der zweite genauso. Beim dritten Wurf traf die Kugel von Hinrichs eine sehr günstige Stelle, rollte noch ein Stück und brachte dem Eiderstedter schon einen bedeutenden Vorsprung. Bei den nächsten Würfen wurden Hinrichs Leistungen immer besser, während

Kock immer weniger warf, so daß Hinrichs beim sechsten Wurf bereits ein Schott für sich verbuchen konnte.

In der Chronik heißt es, daß Hinrichs ungefähr 17 Ruthen vor dem Wall, der vom Deich zur Eider geht, und ein ganzes Stück darüber weg warf. Einige Friedrichstädter sollen diesen Wurf ausgemessen haben und behaupteten, es wären über 83 m gewesen. Beim achten Wurf konnte der Sportler aus dem Heverbund sein zweites Schott gewinnen. Hinrichs Kugel lag noch immer genau in der gekennzeichneten Bahn, während die Boßel von Kock ca. 30 m rechts aus der Bahn lag. Hinrichs hatte nun genauso weit geworfen in acht Würfen wie Kock in zehn.

Nun beantragten die Dithmarscher Boßler, daß auch der Eiderstedter seine beiden letzten Würfe tun sollte, um den Vorsprung in Metern ausrechnen zu können. Und so geschah es dann. Beide Würfe waren wiederum schnurgerade, saßen aber beim Aufschlag sofort fest. Die Strecke wurde gemessen und betrug am Ende 157 m. Der Vorsitzende des Vereins Büsum ging daraufhin auf Hinrichs zu, reichte ihm die Hand und meinte:

„Se sünd ja een ganz slimme Jung."

Groß war die Freude bei den Kameraden aus dem Heverbund, und bald ging es strahlend vor Freude Richtung Heimat. Von Dithmarscher Seite aus hat es jedenfalls keiner mehr gewagt, etwas über den Eiderstedter Boßler zu sagen.

Ein Boßelkampf

Heinrich Momsen (1890)

Es war ein herrliches Winterwetter. Ein scharfer Frost hatte die mit einer leichten Schneedecke bekleidete Marschebene gehärtet und Gräben und Weiher mit einer festen Eisdecke überzogen. Es war so recht ein Wetter für die ländlichen Wintervisiten, die fast regelmäßig bis nach Mitternacht währten, aber gleichfalls ein Wetter für die Volksbelustigung der Marschbewohner – das Eisboßeln.

Denn wenn die Sonne zur Rüste ging, stand bereits der Vollmond am Himmel und erhellte mit seinem milden Lichte die Nacht. Die auf Warften befindlichen Gehöfte, sowie die hier und dort auftauchenden Dörfer, boten ein Bild der Ruhe, wie die winterliche Landschaft, welche sie umschloß.

Unweit des Dorfes O. lag der stattliche Hof des Ratmanns Hansen; eine mit Pappeln bepflanzte Allee führte von der Landstraße dorthin.

Hansen war der Krösus des Kirchspiels und hatte schon seit Jahren die Würde eines Ratmanns, die ihm seiner gediegenen Kenntnisse und seines biedern Charakters halber zu teil geworden war, bekleidet. Nicht nur in den Kirchspiels-, sondern auch in den Landschaftsversammlungen führte Hansen eine gewichtige Stimme, und manche gemeinnützige Einrichtungen waren durch seine Anregung zur Ausführung gekommen.

Heute wurde in dem Hansenschen Hause ein wichtiges Fest, der Geburtstag des Hausherrn, gefeiert. Es war eigentlich ein Doppelfest, welches begangen wurde; die jüngste Tochter des Hauses, die 20jährige Wilhelmine war aus dem östlichen Holstein, woselbst sie auf einem Gute sich in der Haushaltung vervollkommnet hatte, zurückgekehrt, und die Augen des alten Hansen und der guten Mutter hatten seit langer Zeit nicht so freundlich gestrahlt.

Zahlreiche Einladungen zur Feier dieses Tages waren an Verwandte, Freunde und Bekannte erlassen, und man war gern gekommen.

Auf dem weiten Hofplatze standen schon verschiedene Schlitten, welche Gäste hergeführt, und noch immer stand das prachtvolle Hofthor für anderweitige Gäste geöffnet.

Die alten Pappeln und Eschen, welche den weiten Hofraum umrahmten, nickten, von leisem Nordwinde bewegt, mit ihren Wipfeln, gleichsam als wollten sie ihre Freude kundgeben über das Hansensche Fest.

Die kleinen Spatzen, hoch oben im Geäst, schüttelten das struppige Gefieder und zwitscherten den Ankommenden ein freundliches Willkommen entgegen.

Der Hansensche Hof war ein prächtiges Gebäude, wurde aber noch verschönert durch die Gastfreiheit seiner Bewohner.

Eine steinerne Treppe, mit eisernem Geländer versehen, führte ins Haus. Die große Hausdiele war mit Fliesen aus Marmor gepflastert, und an den geschmackvoll gemalten Wänden standen die kostbaren eichenen, mit Schnitzereien versehenen Schränke, die Erbstücke der Familie. In dem großen, prächtig ausgestatteten Saale schwirrten die Stimmen durch einander, begleitet von dem eintönigen Geklapper der Tassen. Die Damen, eine Tafelrunde für sich bildend, hatten den Ehrenplatz in der Staatsstube und unterhielten sich emsig über Wirtschaft und Mägde. Die Herren hatten soeben das unausbleibliche Gespräch über Fettvieh und Fettviehversand beendet und waren zum Eisboßeln übergegangen. Noch redete man hin und her über den vorjährig davongetragenen Sieg über die Boßler von W.; man gedachte des alten Lehnsmannes Jensen von dort, als eines tüchtigen Boßlers aus der guten alten Zeit und fragte sich, ob er auch diesjährig eine Boßel zur Aufforderung zum Kampfe schicken werde. Siehe, da erschien plötzlich, wie der Wolf in der Fabel, nicht der alte Jensen, aber dessen Sohn Jens Jensen, überreichte in zierlich gesetzter Rede dem Ratmann Hansen die Boßel und lud die Bewohner des Kirchspiels O. zu einem Boßelwettkampfe namens seines Kirchspiels ein.

Drei Tage nach heute, so lauteten die Bedingungen, wollten sie auf der Scheide der beiden Kirchspiele erscheinen, mit 40 gegen 40 Mann in ehrlichem Wettkampfe ringen, nach entschiedenem Sieg das Zechgelage im Dorfkruge der Besiegten auf deren Kosten feiern und zwei Tage danach im Dorf der Sieger den Boßelball stattfinden lassen.

Der alte Ratmann hat die Boßel entgegengenommen. Dort lag die hölzerne, mit Blei durchgossene Kugel auf einem Nebentisch; was wird sie in diesem Jahre bringen?

Jens Jensen hat auf Einladung des Ratmanns Platz genommen. Der junge Mann, seit einigen Monaten erst aus Berlin zurückgekehrt, wo er als „Einjähriger" gedient, fühlt sich bald heimisch in der Gesellschaft. Er will sich erheben, um nicht länger zu stören; aber der alte Hansen läßt ihn nicht fort – und Jens Jensen bleibt ja so gern.

Und schließlich, am Spätabend, läßt die alte holländische Spieluhr auf der Hausdiele ihre altmodischen Walzer und Hopser ertönen, aber Jens Jensen tanzt gern nach diesen alten Melodien, tanzt es sich doch so leicht auf der spiegelglatten Marmordiele – besonders wenn man eine Wihelmine Hansen im Arm hält.

Der Freitag, der Tag des Boßelkampfs, war erschienen. Die weiße, über die „Fennen" ausgebreitete Schneedecke und das spiegelblanke Eis auf den Gräben glitzerten im Sonnenglanz.

Die Boßler aus O. und W., von vielen Neugierigen begleitet, waren unter den Klängen der Musik auf dem Kampfplatz erschienen. Die Schiedsrichter, Kreetler genannt, sind von beiden Parteien ernannt, das Ziel ist bestimmt und das Wettringen beginnt.

Ratmann Hansen hat den ersten Wurf. Wie ein Feldherr das Schlachtfeld überschaut, bevor er den Kampf beginnt, so überblickt jetzt Hansen die Bahn. Nicht der kräftige Arm allein, sondern auch ein scharfes Auge macht den tüchtigen Boßler. „Soll ein guter Wurf gelingen, muß er wohl gesetzet sein", ist Hansens Wahlspruch. Dort, in der Ferne, scheint der hohe Rand eines Grabens so recht zum Niederschlag der Boßel geeignet zu sein. Ob er ihn wohl erreicht? Hansen hat den Rock, wie es bei den Boßlern Sitte ist, abgelegt und, um sich vor dem Niederstürzen zu beschützen, die Sprungdecke vor sich ausgebreitet.

Jetzt holt er weit aus, nimmt einen kräftigen Anlauf und wirft mit aller Leibesmacht, nachdem er den Arm mit der Kugel aufs Schnellste im Kreise geschwungen, die Boßel von sich. Dieselbe fliegt im weiten Bogen durch die Luft. [. . .]

Mit lautem Jubel und Hurrah wird der herrliche Wurf begrüßt, und mancher Händedruck belohnt den tüchtigen Boßler.

Kaum ist die Boßel zum Stillstand gekommen, so fliegt auch schon die Kugel, von dem kräftigen Arm des Lehnsmannes Jensen geschleudert, dahin. Lautes Siegesgeschrei ertönt, als der Wurf des Vormannes noch um einige Fuß überholt wird.

Aber nicht alle Boßler entwickeln gleiche Tüchtigkeit beim Werfen. Mancher Fehlwurf wird gethan und mit Unwillen und Schelten von der einen, mit Hohn und Gelächter von der andern Seite begleitet. Mehr und mehr nähert man sich dem Ziele, und die Spannung wächst.

Von Hof zu Hof, von Dorf zu Dorf schwillt der sich vorwärts bewegende Zug lawinengleich an; denn jeder, der nur sich freimachen kann, begleitet die Boßler und schaut mit Interesse dem Wettkampfe zu. Jens Jensen hat sich als ein ganz vorzüglicher Boßler gezeigt, und sogar die beiden alten Würdenträger im Werfen übertroffen. Die Boßler von W. haben bereits einen Vorsprung errungen, und die Gesichter der Zuschauer, die auf den Sieg von O. gewettet, verlängern sich merklich. Immer erregter werden die Boßler. Unaufhörlich werden die Kämpfer durch ihre Parteigenossen angefeuert, gebeten, geliebkost und geschmeichelt, doch die Ehre zu retten. Immer bitterer werden die Sticheleien bei verfehlten Würfen.

Der Kampf ist beendet; W. hat, wenn auch nur mit „dree Schott up", gesiegt.

Im Dorfkruge zu O. wird am Spätnachmittag das Zechgelage abgehalten, und der alte Ratmann bringt Jens Jensen, dem jungen Helden, der selbst die alten Schwerenöter im Kampfe übertroffen, ein donnerndes Hoch.

Wohl wurden, als die neckischen Geister des Punsches die Gemüter erhitzt hatten, hin und wieder Spottreden laut, aber die Unglücklichen, die durch ihre Ungeschicklichkeit die Niederlage verschuldet, hatten sich bereits gedrückt, und der alte Ratmann, der den Vorsitz führte, wußte zufolge seines jovialen Wesens Ausschreitungen immer wieder in die rechten Bahnen zu lenken.

So verlief denn die Siegesfeier zu allseitiger Zufriedenheit, und als Ratmann Hansen zum Schluß Martje Flors Trinkspruch: „It gah uns wol upp unse ole Dage" ausbrachte, stimmte jung und alt begeistert mit ein.

Der Boßelball, der laut Bestimmung im Dorfe des Sieges, also in W., stattfand, brachte das Fest zum würdigen Abschluß. Jens Jensen hatte nur Augen für Wilhelmine Hansen, und wenn er mit derselben durch den Saal einherschwebte, sagte ein jeder: „Welch schönes Paar!"

Ratmann und Lehnsmann, die vom Nebenzimmer aus den Tanzenden zuschauten, lächelten beide verständnisinnig, gleichsam als ob sie dächten, dem Boßelball wird gewiß bald eine Verlobung folgen.

Und sie hatten sich nicht verrechnet!

Als der Frühling mit Blumenduft und Vogelsang seinen Einzug gehalten, hatte er um ihre Hand angehalten und war nicht abgewiesen. Jetzt standen die Verlobten in der Veranda und schauten sich selig lächelnd an. Droben, in der klaren Frühlingsluft trillerten muntere Lerchen ihr Jubellied. Die alte Uhr, von Hansen in Bewegung gesetzt, war noch nie so lustig gewesen und schnurrte ihre Weisen unaufhörlich ab. Jetzt ertönte des Ratmanns Lieblingslied:

> „Ein getreues Herze wissen
> Hat des höchsten Schatzes Preis;
> Der ist selig zu begrüßen,
> Der ein treues Herze weiß."

Jens wiederholte die beiden letzten Zeilen der ihm bekannten Strophe und drückte einen Kuß auf die Lippen der glücklichen Braut.

„de Ringen sünd so lüttjet …"

August Geerkens (1928)

Mit dat Ringriedn, vun dat ik nu snacken will, liggt dat je en beten anners, as mit dat Boßeln. En Perd hett nich jedereen, un Sadeltüch ok nich. Dat Ringriedn is to keen Tied en Vergnögn för de Allgemeenheit wen. Awer bit Militär sünd de Rieders ok inne Minnertall un dat is doch gut, dat man se hett. Dat Ringriedn is un bliff en gude Riedöbung. Een mutt al gud inne Sadel siddn, wenn he in Galopp ünner de Ring dörriedn un em kriegn will; denn de Ringn sünd so lüttjet, dat se man ebn ope Ringstock – wat eegentli en Lans is – rop gaht. Vörher awer mutt en Perd toredn warrn, mutt dat Sadeltüch inne Reeg, mutt öwt warrn. Männi een ward eers dör't Ringriedn en Rieder un kriggt dorbi eers de richtige Freud an't Riedn. As 1848 Sleswi-Holsteen sik gegn Dänemark erhebn dä, un de Landschap Eiderstedt de Prins vun Nöer, de Kommandeernde vun de Sleswi-Holsteensche Armee, en Ordenannskohr vun 25 Rieders stellt, do weern dat grötsendeels Ringrieders, de sik dorfür melldn un de mitkeem'n. Un dat de Prins mit sin Ordenannsrieders tofredn weer, dat bewiest de groote sülvern Pokal, de he se tom Andenken schenkt hett, un de nu noch vunne Kreis in't Kreishuus in Tönn in en feine snitzte Schapp opwohrt ward.
In Tönn, Garrn, Oldenswort, Tetenbüll, Taatn un anner Kommüns gifft dat Ringriedergilln, de alle Johr oder alle poor Johr erm Ringriedn affholn. Dat is en grote Dag, wenn se all op erm blankputzte Per mit Schärp un Ringstock ankamt un mit Musik „Frisch auf Kameraden, aufs Pferd, aufs Pferd" umtrecken, vörut de Generalanföhrer, wenn se de ole Köni affhaln un denn anfangn to riedn. Wicker Daag vörher sünd se al mal tosam'n wen to Proovriedn um en grötere Ring. Vondaag geiht dat vör Erns um de dree lüttje Ringn. Wer en Ring dreemal hadd hett, dat is de Mann. Toletz kommt de Könisring anne Reeg, de so lüttjet is, dat he man ebn ope Ringstock geiht, un groote Hurah, wenn he dreemal weg is un de nie Köni utroopn ward. Dat gifft twor noch anner Könis, de Blindköni, de keen Ring kregn hett, wat vörkummt, un de Sandköni, de vun't Perd fulln is, wat ok mal vörkummt; wer de Schaad hett, bruukt för de Spott nich to sorgn. De nie Köni is vun nu an de erste Mann vun't Ganse, se leggn em de Könisschmuck an un erwiesn em alle Ehr, wat sik bi dat Festeten un de Ball ok mit op de Köniin öwerdriggt. Tweemal hew ik in junge Johrn mitredn, beidemal reh

ok min Vader mit, un as bi uns, so weer noch veer oder fief mal Vader un Söhn vertredn. Is Ringriedn in't Dörp, denn mutt jeder mit, de to de Buurn hört oder en Riedperd hett. In verscheedne Dörper warn ok Kinnerringriedn affholn, ok hemm wi al er' Priesriedn hatt, an dat sik jeder bedeeligen kann, ok wenn he nich in en Vereen is. So is dat in Eiderstedt, so in anner Gegendn vun Sleswi-Holsteen, dat Ringriedn is binah allerwerts to Huus.

Fröer weer dat ok mit dat Rolandriedn de Fall, nu süht man de Rolandfiguren bloos noch in't Museum stahn, ton Bispill in Meldörp un Altna. Bi't Rolandriedn wurr mit en korte stiewe Lans gegn en holtn Kirl anredn, de inne rechde Hand en lüttje holtn Schild un inne linke en Stock mit en Aschbüdel heel, un de sin Böwerkörper sik dreihn kunn. De Rieder muß nu in'n Galopp anriedn un mit sin Lans dat Schild drapn, denn awer gau maakn dat he wegkeem, sons kreeg he een mit de Aschbüdel. Dar hört Knöw un Oewung to, na de Roland to riedn, ähnli so as bi de ole Ridderturniern, de vör dat Rolandriedn wahrschienli as Vörbild deent hemm.

So vel is wiß, en gude Ringrieder un Rolandrieder is ok en gude Riedersmann gegn de Fiend un inne Krieg. Un wenn ogenblickli unse Fiendn buutn un binn'n dat dörsett hemm, dat unse Jungers nich mehr de bunte Rock ankriegn, denn möt wi sülbn darför sorgn, dat se wat leern un dat se ok dat Riedn leern. Dorum billn sik nu allerwerts in Dütschland Riedervereens, de Riedöwungn un Wettkämpfe afhooln. Dat is datsülbige as bi uns dat Ringriedn. Bloos at bi't Ringriedn noch en beten mehr op Riedkunst hooln warrn mutt, dorin sünd de Riedervereens uns vörbi kaam'n.

Sagen und Sagenhaftes aus Eiderstedt

Sagen und Sagenhaftes

Rudolf Muuß (1933)

Die Wogemänner

Die Wogemänner hatten sich in Westerhever eine große Burg gebaut, die Wogemannsburg. Sie hatten kleine und große Schiffe und raubten damit binnen und außer Landes, und hatten die ganze Westerhever wüst gemacht. Das Gut führten sie alles auf die Burg und nahmen die schönsten Mädchen mit Gewalt hinauf und behielten sie da und gaben sie ihren Knechten. So hatten sie vierzehn ehrliche Bauerntöchter geraubt, worüber das ganze Land sich sehr betrübte. Da versammelte der Staller Owe Hering aus den Landen Everschop und Utholm das Volk am Margaretentage und zogen zu Schiffe und zu Fuß vor die Burg. Eine Jungfrau, die sie zuletzt hinaufgeholt hatten, hatte sich mit so schlauen Worten verteidigt, daß sie noch Jungfrau geblieben war; denn sie hielt sich so tapfer, als ob sie im Harnisch von der Burg stürmen wollte. Als nun die Lande mächtig und kühn davor zogen und stürmten, und die auf der Burg in großer Wehr standen, schlich sie zur Brücke, und ehe sie davon wußten, ließ sie die Brücke fallen und sprang damit hinunter und hielt sie so lange mit wehrender Hand, daß die Lande heraufdrängten und die Burg gewannen, was ihnen sonst nimmer gelungen wäre. Da hielt der Staller Owe Hering ein Thing vor der Brücke mit der zween Lande Ratleute über alles Volk, das man in der Burg gefangen hatte. Und es geschah ihnen, wie nach dem Rechte Räubern und Jungfrauenschändern geschieht. Alle Frauen und alles Gut, das in der Burg war, nahmen sie und zerstörten dieselbige. Etliche Frauen versenkten sie ins Wasser; allem Mannsvolke aber schlug man die Köpfe ab und warf die Leichen in die See; es waren ihrer 60, ohne die Frauen. Die Frauen aber, die sie geraubt hatten, standen dabei und sahen, wie ihr Leid gerochen wurde.

Aus den Steinen der Wogemannsburg sollen die Kirche und das Pastorat von Westerhever erbaut sein. Letzteres soll auf dem Platz der ehemaligen Burg stehen. Man erzählt dort von einem verschlossenen Keller mit einem Schatz darin und von einem Gespenst, das zuweilen umgeht.

Die verzauberten Prinzessinnen im Tönninger Schloß

Als Tönning einmal von Feinden belagert war, haben die drei Töchter des Generals, der das alte Schloß bewohnte und die Stadt verteidigte, ein Gelübde getan und sich in den Keller verwünscht. Das Schloß ist nun längst abgetragen, aber die Keller sind noch da und von der Wasserseite sichtbar. Darin werden die verzauberten Prinzessinnen von einem großen Höllenhunde mit feurigen Augen bewacht. Ein Matrose faßte einmal den Entschluß, sie zu befreien. Er ging zu einem Prediger, ließ sich das Abendmahl geben und über die ganze Sache genau unterrichten. Dann begab er sich, ausgerüstet mit einem guten Spruch, auf den Weg und kam bald an ein großes eisernes Tor, das sogleich aufsprang, sobald er nur seinen Spruch gesagt hatte. Als er nun hereintrat, saßen die drei weißen Jungfrauen da und lasen und zerpflückten Blumen und Kränze; in der Ecke aber lag der Höllenhund. Der Matrose sah, wie schön sie waren; da faßte er Mut und fragte, wie er sie erlösen könne. Die Jüngste antwortete, daß er das Schwert, das an der Wand hänge, nehmen und damit dem Hunde den Kopf abschlagen müsse. Der Matrose nahm das Schwert herunter und erhub es schon zum Hiebe; da sah er seinen alten Vater vor sich knien, und er hätte ihn unfehlbar getroffen. Voller Entsetzen warf er das Schwert hin und stürzte zur Tür hinaus, die mit ungeheurem Krachen zufiel. Er selber aber starb nach drei Tagen.

Das Schloß in Tönning ist 1735 abgebrochen worden. Wenn die drei verwünschten Prinzessinnen erlöst sind, soll das Tönninger Schloß in alter Herrlichkeit wieder erstehen.

Der Tanz

(Friedrich Hebbel)

Die Kerzen verlieren den hellen Glanz,
Ein Mägdlein schwingt sich im raschen Tanz;
sie ist nur allein noch im Freudensaal,
die Gäste entfernten sich allzumal.

„Hör auf, hör auf, lieb Töchterlein!
Ach lasse mich, lasse mich, Mutter mein,
und wäre der Teufel hier selber zur Statt;
er tanzte mich nimmermehr müde und matt."

Und als sie das Wort nur gesprochen hat,
im schwarzen Gewande ein Jüngling naht:
Er sieht so kalt, so gespenstisch darein,
gleichwie in der Nacht des Mondes Schein.

„Kannst du so tanzen, so tanze mit mir!"
„Wohl" – spricht die Jungfrau – „ich tanze mit dir!"
doch wirds' ihr im Kopfe so angst und so weh,
als ob sie am Eingang des Grabes steh.

Sie schwingen sich wild im Saale herum;
der fremde Jüngling ist still und stumm –
Von Menschenherz und Menschenlust
war wohl nimmer ein Funkeln in seiner Brust.

Die Mutter tritt wieder zur Tür herein,
„Nun hörst du mir auf, o Tochter mein!"
„Ach, Mutter, ich kann nicht, ach Mutter, leb wohl!"
Das keucht die Jungfrau dumpf und hohl.

Da springt aus dem Mund ihr das Blut so rot,
und sie sinkt zur Erde, ist bleich und tot.
Der Jüngling verschwindet in Nebel und Nacht

Verhöhnet nimmer der Geister Macht!

Auf der Marne (bei Garding)

Auf der „Marne" wohnte einst ein Staller Heistermann, der war ein finsterer, geiziger und berechnender Mann. Als ein von den Jesuiten aus Böhmen vertriebener Evangelischer arm und heimatlos bei ihm vorsprach, wies der Staller ihn ab: „Scher dich zum Teufel und so du einen Glauben hast, laß dich totschlagen; ich selber besitze keinen Glauben, sondern vertraue nur auf eigene Kraft. Ich bin so reich, daß ich nie zu betteln brauche. Geh! Und wenn meine Büttel dich morgen noch in Eiderstedt treffen, dann wehe Dir!"
Er besaß viele hundert Demat Land und Kisten voll Gold und Edelstein. Infolge seiner Habgier aber erreichte ihn das Verhängnis; er begehrte eine Holländerei und bot dem Besitzer eine kleine Summe dafür. Weil dieser den Verkauf ablehnte, warf der Staller ihn in seinen Keller und drohte ihm, daß er Hungers sterben solle, wenn er das Land nicht innerhalb einer Woche an ihn verkaufe.
Als der Bruder des gefangenen Bauern das erfuhr, reichte er Klage ein, und die Ratmänner traten zum Thing zusammen. Der Staller Heistermann wurde von ihnen zum Hungertode verurteilt. Des Stallers eigene Büttel schlossen ihren Herrn in dasselbe Verließ, aus dem der hungernde Gefangene herausgeholt wurde. Die schwere Tür wurde hinter ihm verschlossen. So ist der Staller Heistermann Hungers gestorben. – Bei jedem Besitzwechsel mußte der Käufer feierlich geloben, die Tür zu diesem Verließ nie zu öffnen. Jeder Besitzer fürchtete, daß das Öffnen des Kellers ihm Unglück bringen würde. So befindet der Staller sich immer noch in seinem Sterbegewölbe; sein rotes Haar soll durch die Fugen hindurchgewachsen sein. An der Lootür aber war ein Bild, das einen unbekleideten wilden Mann zeigte, einen Wappenhalter. Zu seinen Füßen befand sich ein Schriftfeld mit folgendem Spruch:

„Laß dir, o Gott, befohlen sein
Dies Haus mit allem Groß und Klein;
Gesundheit gib uns, täglich Brot,
Abwende Feuer- und Wassersnot. –
Du sollst nicht fluchen hier im Haus!
Geh' lieber fort zur Thür hinaus!
Es möcht' sonst Gott vom Himmelreich
Bestrafen Dich und mich zugleich."

Die beiden Drescher

In Katharinenheerd (Eiderstedt, östlich von Garding) liegt am Weg nach Tetenbüll ein Hauberg mit drei Giebeln und Schieferdach; der heutige Hauberg ist erst vor zwei Menschenaltern gebaut; er hat aber wie sein Vorgänger bemalte Lohtüren; auf der einen ist ein schwarzes Pferd abgebildet, von dem man erzählt, daß es Treppen steigen konnte und daß es seinen Herrn aus der Wirtschaft in Garding wieder abholte, wenn er zu tief ins Glas sah. Das andere Tor zeigt das Bild eines großen und eines kleinen Dreschers. Der eine ist sehr groß und stark und der andere klein; dieser hat einen schwarzen Rock an. Unter dem großen steht: „Ich bin der Mann, der dreschen kann." Unter dem Kleinen: „Ich kann auch wohl dreschen, wenn es nur Arbeit lohnen soll." Man erzählt von den beiden Döschern Folgendes:

„Es war dort einst ein so starker und großer Mann, daß keiner das Dreschen mit ihm aushalten konnte; denn alle seine Macker drosch er zu Tode. Es wollte am Ende keiner mehr mit ihm aufnehmen; und wenn er einmal auf den Markt in Garding kam und sich einen neuen Helfer suchen wollte, sagte ihm jeder: „Mit dir mag der Teufel selbst nicht dreschen." Als er nun wieder einmal auf dem Markte war, trat ein kleines schwarzes Männlein an ihn heran und fragte: „Bist du der Mann, der dreschen kann?" „Ja, ich bin der Mann, der dreschen kann", antwortete der Große, und der Kleine sprach: „Ich kann auch wohl dreschen, wenn es nur Arbeit lohnen soll; willst du's einmal mit mir versuchen und mich zum Macker haben?" „Komm nur mit", sagte der Große, „ich habe schon andere Gesellen gehabt und sie alle totgemacht; aber du siehst wohl danach aus, daß du dreschen kannst." Der Kleine entgegnete: „So schnell gehts noch nicht; morgen will ich kommen, ich muß erst meinen Flegel holen." Aber der Große meinte, daß das nur Ausflüchte wären und der Kleine sich fürchte; er sagte darum: „Einen Flegel will ich dir wohl leihen." Doch der Kleine war nicht damit zufrieden; „ich muß meinen eigenen haben", sagte er. „So will ich den Knecht danach schicken", sagte der Große. „Dann muß er einen Wagen nehmen; tragen kann er ihn nicht." Der Große lachte, schickte doch aber einen Wagen hin. Als der Knecht zurückkam, mußte man ihm abladen helfen, denn der Flegel war ganz von Eisen. „Frau", sagte der Kleine nun zu der Bäuerin, „die Teller, Grapen und Pfannen mußt du herunternehmen." Die Frau lachte ihn aus. „So will ich keine Schuld haben, wenn Unglück passiert", sagte er, und nun ward alles Korn auf die Loh geworfen. Da tat der Kleine den ersten Schlag, und die Teller und Grapen stürzten von den Borten und alles, was da war. Der Große entsetzte sich, wollte sich aber nicht geben, sondern sie droschen in die Wette, Schlag um Schlag, die Loh hinunter und hinauf, bis sie ganz in Grund und Boden geschlagen war. Da strengte sich der Große übermächtig an und schlug rascher zu, und der Kleine folgte immer rascher und schneller, und das trieben sie so lange, bis der Große tot niederstürzte. Zum Andenken daran ist das Bild gemalt worden. Müllenhoff erzählt die Sage auch so, daß zwei junge Drescher um die schöne Tochter des reichen Bauern auf den Hof geworben hätten. Weil ihm beide gleich lieb geworden waren, bestimmte er, daß derjenige seine Tochter haben sollte, der in 24 Stunden am meisten Weizen ausdreschen würde. Da gab es ein Dreschen, wie man es in Eiderstedt noch nicht gesehen hatte. Keiner gab nach, und das Korn flog nur so aus den Garben. Als der Morgen kam und die Stunden des Wettdreschens um waren, sanken beide tot nieder und die Tochter hat also keiner zur Braut bekommen.

Die Pudel zu Tönning

„Steenbock hatte nur wenig Mannschaft bei sich, als er sich in Tönning (1713) festsetzte. Des Königs Armee aber war sehr zahlreich. Als daher diese heranzog, sah er, daß er sich nicht halten könne, sondern sich ergeben müsse. Aber Steenbock hatte einen Bund mit dem Teufel, und mit dessen Hilfe dachte er sich noch zu retten. Unsere Armee kam den einen Abend vor Tönningen an, und am andern Morgen wollte sie den Angriff machen. Diese Zeit benutzte Steenbock und befahl einem seiner Leute, hinaus auf die Straße zu gehen, und wer ihm zuerst begegnete, dessen Herz sollte er ihm bringen. Der Soldat ging hinaus, aber der ihm zuerst begegnete, war sein eigener Bruder. Da konnte er es nicht über sich gewinnen, den zu töten; um aber doch dem Befehl des Generals zu gehorchen, ergriff er den Pudel, den sein Bruder bei sich hatte, schlachtete ihn und brachte das Herz zu seinem Herrn. Da schloß sich dieser in sein Zimmer ein, tat seine Zaubereien, zerlegte das Herz in vier Teile und aß diese noch warm eins nach dem andern auf. Am andern Morgen stand der ganze Wall voll schwarzer Pudel, alle auf zwei Beinen mit Gewehren in den Vorderfüßen. Hätte der Soldat ein Menschenherz gebracht, so wäre der Wall durch bewaffnete Männer besetzt gewesen und die unsrigen hätten die Stadt nicht so leicht erobert. Nun aber mußte Steenbock sich ergeben."

Zwei andere Steenbocksagen seien hier angefügt, obwohl sie sonst nicht in das Kapitel vom Teufel gehören.

„Als Steenbock sich vor Tönningen gefangen geben mußte, machte er zur Bedingung, daß man ihn, sobald er tot wäre, hinüber in sein Land (Schweden) brächte; denn da wünschte er begraben zu werden. Der König sagte ihm das auch zu. Sie brachten Steenbock nun auf eine Festung, aber da nahm er nach einiger Zeit einen Schlaftrunk, so daß man glaubte, er sei tot. Da ward er zu Schiffe gebracht und sollte in sein Land hinübergeführt werden. Als das Schiff aber eben in den Hafen einlaufen wollte, lebte Steenbock wieder auf; er hatte sich etwas verrechnet mit dem Schlaftrunk. Die Schiffer kehrten schnell wieder mit ihm um und er ward wieder gefangen gesetzt. Als er aber endlich starb, da holte man einen Arzt und fragte ihn um Rat. Da sagte der, daß es das beste und sicherste sei, wenn man ihn einbalsamiere und so hinüberschicke. Das hat man getan und Steenbock ist nicht wieder aufgelebt."

Sein Geist aber hat auch im Grabe keine Ruhe gefunden. Weil er Altona eingeäschert hatte, mußte er dort umgehen. Nachts fährt er in einer Kutsche durch die neuen Straßen der Stadt. Er fährt aber durch keine Straße, die mit einer andern ein Kreuz bildet. Auf dem Bock des Wagens sitzt ein kopfloser Kutscher. Wer dem Gefährt begegnet, hat Unglück. Einige haben einen Knall gehört und einige sind erblindet.

Die Kosaken in Tönning

„Sylvester 1813 kamen fünf plündernde Kosaken auf den Hof des starken Andreas, der in der Nähe Tönnings lag. Zwei der russischen Reiter drangen in das Haus und säbelten die am Boden hängenden Würste herunter. Auf das Geschrei der Magd stürzte der Bauer herbei, packte, nachdem er den Eindringlingen das Gestohlene entrissen hatte, einen mit der linken, einen mit der rechten Hand, trug sie mit steifen Armen über die Hausdiele und schmetterte sie mit kräftigem Wurf weit hinaus in den Schnee. Draußen ergriff er einen der Wachthabenden beim Bein, hob ihn vom Pferd und schwenkte ihn wie einen Dreschflegel durch die Luft. Als er mit dieser seltsamen Waffe drohend auf die andern zuging, nahmen diese Reißaus. Jetzt flog auch der vor Angst erstarrte Kosak in den Schnee und eilte seinen Kameraden nach."

Der rote Haubarg

„An der Landstraße nicht weit von Witzwort steht im Johann Adolf-Koog ein großer schöner Hof, der rote Haubarg; der hat neunundneunzig Fenster. Vor Zeiten stand hier nur ein kleines elendes Haus und ein armer junger Mann wohnte darin, der in die Tochter eines reichen Schmieds, seines Nachbarn gegenüber, verliebt war. Das Mädchen und ihre Mutter waren ihm auch gewogen; doch der Vater wollte nichts davon wissen, weil der Freier so arm war. In der Verzweiflung verschrieb er seine Seele dem Teufel, wenn er ihm in einer Nacht bis zum Hahnenschrei ein großes Haus bauen könnte. In der Nacht kam der Teufel, riß das alte Haus herunter und blitzschnell erhuben sich die neuen Mauern. Vor Angst konnte der junge Mann es nicht länger auf dem Bauplatze aushalten; er lief hinüber in des Schmieds Haus und weckte die Frauen, wagte aber nun nicht zu gestehen, was ihm fehle. Doch als die Mutter einmal zum Fenster hinaus sah und mit einem Male ein großes Haus erblickte, dessen Dach eben gerichtet ward, da mußte er bekennen, daß er aus Liebe zu dem Mädchen seine Seele dem Teufel verschrieben habe, wenn er, ehe der Hahn krähe, mit dem Bau fertig würde. Schnell ging die Mutter in den Hühnerstall, schon waren neunundneunzig Fenster eingesetzt und nur noch das hundertste fehlte; da griff sie den Hahn, schüttelte ihn und er krähte laut. Da hatte der Teufel sein Spiel verloren und fuhr zum Fenster hinaus. Der Schmied aber gab seine Tochter nun dem jungen Mann, dessen Nachkommen noch heute auf dem Hauberge wohnen. Aber die hundertste Scheibe fehlt noch immer, und wie oft man sie auch am Tage eingesetzt hat, so wird sie doch des Nachts wieder zerbrochen."

Das hundertste Fenster wird im Ostgiebel des Haubergs gezeigt: Das Ständerwerk des Gebäudes zeigt, daß es nicht einheitlich erbaut ist. Ein Ständerpaar ist vor einer Reihe von Jahren abgerissen worden; sehr alte Teile sind noch vorhanden; wahrscheinlich wurde das Gebäude so schnell nach der Eindeichung des Kooges (1575) erbaut, daß man meinte, der Bau könne nicht „mit rechten Dingen" zugegangen sein. Warum das weißgekalkte Gebäude roter Hauberg heißt, läßt sich nicht sicher erklären.

De Hahn kreiht

Wilhelm Amandus Lempelius (um 1825)

In Witzwort stunn eens in fröheren Tieden,
Ich weet nicht, ob eener de Sage wull kennt,
(Mi is se vertellt worrn vun glowhaften Lüden)
Een stattliche Burhof, de Haubarg genennt.
Noch hütigen Dags is de Hof dor to sehn,
Doch spökelhaft is dat mit dat Buen geschehn.

Wo jetzt de stattliche Haubarg gelegen,
Dar seeg man to fröher een rettlose Kaat,
Den Kätner Hans Peter gehör se to eegen,
Een flietigen Burschen vun fröh op bet laat.
Doch hett ja dat Glück so sien aasige Nücken:
Den armen Hans Peter wull nix so recht glücken.

Grad gegen em öwer ut blankputzte Ruten
Dar keek sien Herr Nachbar, een dickbukde Schmidt.
Behäbig, berieflich vun binnen und buten,
Stolzeer he dör't Dörp mit Kaspelvagts Schritt.
Des Abends seet he vör de Dör mit sien Brösel,
Und wer dar keen Geld harr, den nenn he een'n Schnösel.

De Schmidt harr een Dochder, een stattliche Deern,
Dat mutt är de galliste Neid wull gestahn.
Dor stunn nun Hans Peter und seeg se vun feern
Des Sünndags so dräplich in't Gotteshus gahn.
Und Hänschen und Gretchen, bald will mi bedünken,
Als spälen de beiden mit Kieken und Winken.

So stunnen de Saken, als Hänschen beschlaten,
Dar schull mal een Enn mit de Frieri sien.
He weer mit sick eenig, een Hart sick to faten,
Gradwegs bi den Schmidt um de Dochter to frien.
Dat Kasseltüg ut de Laad rutkrägen,
Und denn darup los mit den Herrgott sien Sägen.

„Du denkst wull, mien Greten is sun vun diensglicken?
Nä, Hänschen, dar lat die de Hööch man vergahn.

Mien Greten, de is blot een Schatz vör een Rieken.
Gewiß nich för di." Un dor leet he em stahn.
De rieke Herr Groffschmidt, dat weer een Schwerenöter.

Dar ging Hans darvun, in sien Koje so trurig,
De he har so mennig Dag fröhlich bewahnt.
De Eensamkeit ringsüm, de weer em so schurig
In't rettlose Fenster, dar spegelt de Maand.
De Wolken, de trocken so grulich vöröwer.
Hans ween, un de Oogen, se leepen em öwer.

Und Moder (so hol doch de Wiewer de Kuckuck)
Se heel dat mit Peter, dat weet ick gewiß.
Oft hett se de beiden belurt vun de Luk ut.
Wer weet nicht, wo week een Moderhart is.
De Vadder, dat weer so gewiß als dat Läwen,
De worr all sien Dag dat Jawort nich gäben.

„Wat hölpt mi nun all mien Sorgen und Drieben,
Wenn keener erbarmt sick mi in de Not.
Geern wull ick min Seel den Bösen verschrieben,
Wull he mi blots hölpen to Hus und to Brot.
Ja, wenn man eerst grauet in'n Osten de Morgen,
Denn loop ick darvun mit mien Kummer und Sorgen."

Dor weer't, as wenn mit een spöklige Finger
To dreemal wat an dat Slappfinster klopp.
Ick glöw, dat weer uk noch keen Freudenbringer,
Denn spökelhaft flog de Päseldör up.
Und öwer dat Hart krop et Hans mit Gruen.
Lievhaftig stunn vör em de Düwel to schruen.

„Wat grämst di, Hans Peter?" sä de Düwel mit Lachen,
Und weih mit den Steert, dat weer grulich to sehn.
Darbi keem een Schwefelgestank ut sien'n Rachen,
Und dütlich kreeg Peter den Peerfot to seen.
„Min leewe Hans Peter, willt du mi vertruen,
So will ick öwer Nacht noch een Hus för di buen."

Hans Peter, giff acht, is de Bu noch nicht ferdig,
Wenn morgens to'n eersten de Hushahn kreiht,

Denn si du, mien leewe Hans Peter, gewärtig,
Dat ganz dat Gebüde di tohörn deit.
Doch kreiht de Hahn nicht, denn bist du mien Eegen.
Denn mußt du wull sacht na de Höll mit mi flegen."

„Wat helpt mi dat denn, mi lang to besinn'n",
Seggt Hans to'n Düwel: „Hier hest du mien Hand.
För mi kannst du forts mit dat Buen beginnen.
Doch segg ick di: bu mi dat Hus nich op Sand."
He dach bi sick sülm: ‚de Düwel schall luern,
Een Nacht is to kort, een Hus op to muern.'

Nu fung dat denn an, to pultern und buen.
Hans puckert dat Hart as son Lämmerschwanz.
Dat wor em so innerlich schuddern und gruen,
Dat weer för de Armen doch keen Hunnendanz.
De Balken und Sparren, de flogen tohopen,
Lang weer de Tied nicht, den Hushahn to ropen.

De arme Hans Peter, ween kunn he nich duern?
He denkt: wenn de Düwel sien Stückschen gewinnt?
He löppt ünner Greten eer Finster to luern:
„Ach, Moder und Greten, so kamt doch geschwind.
Bi't hunnertste Finster sitt de Düwel to bohren,
Und kreiht denn de Hahn nicht, so bin ick verloren."

„Herr Jeses!" röppt Moder und kiekt dör de Ruten.
„Grad öwer dar kummt mi dat wunnerlich vör.
Wat is dat för' Hamern und Pultern dar buten?
Und wat steiht dar för een nies Gebüd vör de Dör?
Dar grimmelt und wimmelt vun grulichen Lüden.
Min Schwiegersöhn, segg mi, wat hett' to bedüden?"

„Ach, Moder, ick heff mi den Bösen verschräben.
He but ja een Hus op för Greten un mi.
De Leew to min Greten hett mi darto dräben.
Doch bin ick verloren, staht jem mi nich bi.
In't hunnertste Finster sitt de Satan to bohren,
Und kreiht nu de Hahn nicht, denn bin ick verloren."

„Ach, Hänschen, dat sind mi ja dösige Saken.

Doch wäs nich schluckohrig und giff die tofrä'n,
Ick bin nicht von gestern, ick schall dat woll maken,
Ick kann noch den Düwel sien Öwermann wän."
So leep se davun mit ieligen Schritten
Und leet unsern Hans in Dodesangst sitten.

„Ick kann dat Ding noch so väl kanten und kehren,
Ick mutt noch towegs, ehr de Morgenwind weiht.
Dor helpt för den Düwel keen Sträuben und Wehren." –
„Nu hör doch, Hans Peter, de Hushahn hett kreiht,
De Olsch, se hett em in'n Höhnerkamen rüttelt.
Dar ment he, de Morgenküll harr em all schüttelt."

Und seht ji dar baben den Düwel wul schweben?
Ut't hunnertste Finster koppheister he flog.
Dat ward he de Olsch sien Dag nich vergeben,
Dat se um son glücklichen Fang em bedrog.
„Na, glückliche Reis' denn to de Fahrt na de Höllen;
Kannst ditmal nicht deenen, dien saubern Gesellen."

Nu könt ji sick denken, wat nu is geschehn.
De Hans und de Greten, de worren een Paar.
As unse Herr Groffschmidt sick dat Hus hett besehen,
Dar geef he sien Jawort und alles weer klar.
Den Düwel, den harrn se sien Stückschen verdorben,
Und läben se nich hüt noch, denn sünd se woll storben.

Und wunnerlich is dat noch hütigen Dages:
In't hunnertste Finster, dor hölt sick keen Rut
Dor kann sick de Glaser mit tieren und plagen:
Se flüggt em koppheister ut' Krüzholt herut.
Son drolliges Stückchen: dor kann man doch spören:
Noch hütigen Dags geiht de Düwel huseeren.

Zum Ausklang

„Dat gah uns wohl..."

Peter Wilhelm Cornils (1841)

Während der Belagerung Tönnings i. J. 1700 nämlich hatte eine Gesellschaft von feindlichen Officieren auf einem Hofe in Cathrinenheerd (er ist erst seit einigen Jahren verschwunden) Wohnung genommen und verfuhr nach Feindes Art nicht eben säuberlich, so daß ihnen bei Tische eher der Gedanke als der Wein ausging. Die Tochter vom Hause, Martje Floris, damals 10 Jahr alt (sie starb den 31. Januar 1747 alt 57 Jahr), sah dem Treiben der Fremden und der Trübsal ihrer Eltern mit Unwillen und Bedauern zu, als sie von den übermüthigen Gästen aufgefordert wurde, auch eine Gesundheit auszubringen. Dies that sie auf eine Weise, welche ihr Andenken bis jetzt erhalten hat. Unter „Martje Floris Gesundheit" nämlich, ohne welche in Eiderstedt beim sinnig-frohen Mahle Gast und Wirth sich selten trennen, wird der, von ihr damals ausgebrachte Trinkspruch verstanden: „Idt gah uns wohl up unse ohle Dage", – es geh' uns wohl im Alter.

Martje Flors Trinkspruch

Klaus Witt (1927)

„Nun sauft, ihr Burschen, sauft den roten Wein
In Strömen, füllt den Wanst mit Braten!
Du Bauerlümmel, siehst du's endlich ein:
Die Herren sind jetzt wir Soldaten!

Wir laden uns im fetten Marschenland
Auf einen jeden Hof zu Gaste,

Und kommt der Herr nicht zum Empfang gerannt,
Wird er gehenkt am nächsten Aste."

So tobt und tollt die übermütge Schar,
Der Wirt muß alles schweigend tragen.
Der letzte Taler, der im Kasten war,
Wird ihm geraubt, sein Vieh erschlagen.

Er starrt hinaus in Schnee und Wind
Ganz hoffnungslos, mag nichts mehr denken.
Sein blasses dreizehnjährig Kind
Muß rohen Zechern Rotwein schenken.

„He", ruft der Hauptmann lachend, „Jüngferlein,
Komm her! Laß dir nicht lange winken.
Was siehst du denn so trübe drein?
Du sollst vergnügt Bescheid uns trinken!"

„Hurra! Das wird ein Spaß!" brüllt gleich im Chor
Entzückt die wilde Söldnerrunde.
Doch unerschrocken tritt das Kind hervor
Und hebt den schweren Krug zum Munde.

Der Augen abgrundtiefes Blau
Enthüllt der Unschuld bittre Klage.
Wie eine Norne spricht das Mädchen rauh:
„It ga uns wol up ole Dage!"

Ein kaltes Frösteln läuft im Kreis umher;
Die wilde Lust ist jäh entschwunden.
Ein jeder Krieger denkt wohl sorgenschwer
An seines Lebens letzte Stunden.

Ein Zecher nach dem andern geht bewegt
Gesenkten Hauptes still beiseite. –
Und ehe noch die nächste Stunde schlägt,
Da reiten sie hinaus ins Weite.

„Hoch Eiderstedt"

Eiderstedts Trinkspruch

A. H. Schölermann

1. Es tönt so hell der Gläserklang aus unsrer frohen Mitte;
es schallt so laut der Rundgesang nach unsrer Väter Sitte.
Doch noch ein Wort, ihr kennt es wohl, es stammt aus alten Tagen:
Hoch Eiderstedt! „Et gah uns wul op unse olen Dagen!"

2. Ein Mädchen hat dies Wort einst hier gar sinnig-ernst gesprochen,
Als manchem kühnen Recken schier der stolze Mut gebrochen.
Als einst die Feinde hausten toll mit Kriegesnot und Plagen,
Sprach Martje Flors: „Et gah uns wul op unse olen Dagen!"

3. Der schöne Sinn im alten Wort, er paßt zu jeder Stunde,
Darum ertön' es fort und fort bei jeder Tafelrunde.
Erhebt den schäumenden Pokal bei unsern Festgelagen,
Es gilt den Spruch: „Et gah uns wul op unse olen Dagen!"

4. Und drückt dich auch die kalte Welt mit ihren eitlen Sorgen,
Blick' nur getrost zum Sternenzelt, einst tagt ein schön'rer Morgen.
Dein armes Herz, so kummervoll, wird ruhig weiter schlagen;
's wird alles gut, geht's dir nur wohl in deinen alten Tagen.

5. Und ob auch wild die Nordsee braust um unsre alten Deiche,
Und ob auch wild der Nordsturm saust durch unsre Doppeleiche:
Wir stehen freud'gen Mutes voll und wollen nicht verzagen.
Jungs holt fast! Denn geiht't uns wul op unse olen Dagen.

6. Laßt euch nur durch die Politik die Freude nicht vertreiben,
Genießt den flücht'gen Augenblick, was Recht ist, wird Recht bleiben.
Herr Wirt, nun rasch die Gläser voll, kommt, Freunde, laßt die Klagen,
Stimmt freudig ein: „Et gah uns wul op unse olen Dagen!"

(Melodie: W. Bahns)

Quellenangaben

Andresen, Ingeborg, *Aus meinem Leben*, 1946/47, in: Arno Bammé, Ingeborg Andresen, München-Wien 1993

Andresen, Ingeborg, *Heimatgeschichte und Heimatdichtung*, in: Jugendschriften-Rundschau 6/1909, Berlin 1909

Andresen, Ingeborg, *Kie-witt!* in: Hamburger Nachrichten Nr. 15/1910, Hamburg 1910

Andresen, Ingeborg, *Ik mutt don, woto ik ropen bin*, in: Lübecker Generalanzeiger Nr. 3/1925, Lübeck 1925

Augustin, Michael; Johannsen, Friedrich, *Vom Boßeln, Klootschießen und bowlplaying*, St. Peter Ording 1986

Cornils, P(eter), W(ilhelm), *Die Communal-Verfassung in der Landschaft Eiderstedt*, Heide 1841

Danckwerth, Caspar, *Newe Landesbeschreibung der Zwey Hertzogthümer Schleswich und Holstein ... 1652*

v. d. Eider, K., *Meerumschlungen*, Berlin 1908 (Nachdruck Husum 1995)

v. d. Eider, K., *Kihrwedder*, Berlin o. J. (1906) Nachdruck Husum 1995

Esmarch, Friedrich von, *Die Jugenderinnerungen des Chirurgen Friedrich von Esmarch*, hrsg. von Dr. Harry Schmidt, Heide o. J. (1938)

Evers, E(rnst), *Martje Flors Gesundheit*, Norden o. J. (1875)

Feddersen, Friedrich, *Beschreibung der Landschaft Eiderstedt*, Altona 1853

Feierabend, Für den –. Beilage der „Eiderstedter Nachrichten Nr. 28/1927, Garding 1927

Festgabe zum Eiderstedter Heimatfest 1927, hrsg. von Dr. Geerkens, Garding o. J. (1927)

Fest-Zeitung aus Anlaß des 300jährigen Stadtjubiläums der Stadt Tönning, Tönning 1890

Führer durch das Nordseebad Sanct Peter-Ording, hrsg. von E. A. Christians, Hamburg o. J. (1916), 16. Auflage

Garding – 375 Jahre Stadt Garding, Heide 1965

Geerkens, August, *Eiderstedt, mein Heimatland*, Garding 1935, Husum o. J. 2. Auflage

Hinrichs, Boy, *Anna Ovena Hoyers und ihre beiden Sturmflutlieder von 1634*, in: Nordfriesisches Jahrbuch, Neue Folge, Band 21/1985, Bredstedt 1985

Hintze, Otto, *Allerlei Snack ut de ohl'n Karkenböker in Eiderstedt*, o. J.

Hoehne, Edmund, *Die große Stunde der Stadt Tönning*, Berlin 1947

Hoffmann, Friedrich, *Ferdinand Toennies zum 100. Geburtstag*, in: Zeitschrift der Gesellschaft für schleswig-holsteinische Geschichte, Band 79, 1955

Hoyer, Caspar, *Kurtze und förmliche Beschreibung Deß löblichen Eyderstedschen Landes ... durch Jacob Saxen Eyderstadensem*, Hamburg 1610

Hoyers, Anna Ovena, *Geistliche und weltliche Poemata*, hrsg. von Barbara Becker-Cantarino (Nachdruck der Ausgabe von 1650), Tübingen 1986

Husumer Nachrichten, November 1944, Husum

Jasper, Johannes, *Tönning zur Zeit der Elbblockade*, in: Eiderstedter Jahrbuch für das Jahr 1913, 2. Jahrgang, Garding 1913

Jessen, Hans Jacob, *Auszug aus der Geschichte der oktroyierten Köge*, Garding o. J. (1933), (Nachdruck Husum 1993)

Jöns, Erna, *Ick will min Steweln woller hemm*, St. Peter-Ording 1978

Klose, Olaf, *Volquart Pauls*, in: Zeitschrift der Gesellschaft für schleswig-holsteinische Geschichte, Band 79, 1955

Knutzen, Iven, *Kurze Anzeige, zu welcher Zeit Eiderstädt mit denen von der Geest und der Landschaft Stapelholm landfest geworden*, in: 500 Jahre Dammkoog, 1489–1989, Husum o. J. (1989)

Kohl, Johann Georg, *Die Marschen und Inseln der Herzogthümer Schleswig und Holstein*, 3. Band, Dresden und Leipzig, 1846

Koop, Rudolph, Eiderstedter Heimatbuch, 1. Teil: *Besiedlung und Bedeichung*, Garding 1936

Kühl, Thusnelda, *Heimwärts*, in: Dr. L. Meyns Hauskalender für das Schaltjahr 1932, Garding 1932

Kühl-Petersen, Thusnelda, *Ein Lebensbild von ihr selbst*, in: Bilder aus der Heimat, 2. Jahrgang, Nr. 18, Neumünster 1911

von Lavergne-Peguilhen, *Socialpolitische Studien über Schleswig-Holstein*, Berlin 1864

Lempelius, Wilhelm Amandus, *De Hahn kreiht*, in: Hans Knutz, Chronik von Witzwort, Husum o. J. (1983)

Luetgebrune, Walter, *Neu-Preußens Bauernkrieg*, Hamburg-Berlin-Leipzig o. J. (1931)

Meiborg, Reinhold, *Das Bauernhaus im Herzogtum Schleswig*, Schleswig 1896

Meyn – *Dr. L. Meyns Hauskalender für das Jahr 1928*, Garding 1928

... *für das Jahr 1932*, Garding 1932

Möller, Theodor, *Das Gesicht der Heimat*, Kiel 1912

Momsen, Heinrich, *Bilder aus Eiderstedt und den angrenzenden Gegenden*, Garding 1890

Mügge, Theodor, *Streifzüge in Schleswig-Holstein und im Norden der Elbe*, Frankfurt/Main 1846

Muuß, Rudolf, *Nordfriesische Sagen*, Husum 1992 (Nachdruck der Ausgabe Flensburg 1933)

Nemnich, Philipp Andreas, *Tönning. Beschreibung des Ortes in merkantilischer Sicht*, Hamburg 1805

Panten, Albert A., *Auge um Auge, Zahn um Zahn – Die Kämpfe der Eiderstedter mit den Dithmarschern*, in: Blick über Eiderstedt, Band 3, Husum 1991

Pauls, Volquart, *Landesherrschaft und Selbstverwaltung in Eiderstedt*, Garding 1932

Petrejus, Petrus, *Allerhand Nachrichten zur Eiderstedtischen Kirchen-Historie*, in: Körting, Ehrhart, Nordfriesisches Jahrbuch (Neue Folge), Band 30, 1994

Petzel, Hinrich Georg, *Gedichte*, Tondern 1819

Piening, Holger, *Propst Marcus Dethlev Voß vor 250 Jahren geboren. Darin Historische und topographische Nachrichten von der Stadt und dem Kirchspiel Garding (Provinzialberichte 1791)*, Nordfriesisches Jahrbuch (Neue Folge) Band 26/27, 1990/91

Sax, Jacob, *Der Eyderstädtschen Freesen Landtschop ... gestellet*, Hamburg 1610

Sax, Peter, *Werke zur Geschichte Nordfrieslands und Dithmarschens*, Band 2: Annales Eyderstadiensium. Hrsg. nach der Handschrift von 1637. Bredstedt 1985

Dr. Scheby-Buch, Oscar, *Nordseebad St. Peter und Ording*, Garding o. J.

Schleswig-Holstein, Heft 7 + 8 / 1994 Husum 1994 Sonderheft „Nordfriesland"

Schmeißer Felix, „*Dree Schepe sech ik seilen*", in: Husumer Nachrichten 1927 (Beilage zum Eiderstedter Heimatfest)

Schölermann, A. H., *Eiderstedts Trinkspruch*, Garding o. J.

Schröder, Johannes von, *Topographie des Herzogthums Schleswig*, Oldenburg 1854

Schultze, Johannes, *Kurzer Bericht von dem Lande Eiderstedt, Everschop und Utholm und woher es seinen Namen hat* (1613), in: Neues Staatsbürgerliches Magazin, Band 2, Kiel 1834

Staacken, Dieter, *Haubargensie* (handschriftlich)

Tetens, Johann Nicolaus, *Reisen in die Marschländer an der Nordsee zur Beobachtung des Deichbaus in Briefen*, 1. Band, Leipzig 1788

Toennies, Ferdinand, *Lebenserinnerungen*, Zeitschrift der Gesellschaft für schleswig-holsteinische Geschichte, Band 105, 1980

Tönning, *Nordseebad –*, (Prospekt), gedruckt Kiel (um 1930)

Twain, Mark, *Humoristische Erzählungen*, München o. J. (1961)

Volckmar, Karl Friedrich, *Versuch einer Beschreibung von Eiderstädt. In Briefen an einen Freund im Hollsteinischen*, Garding und Hamburg 1795

Westphalen, August, *Lebenserinnerungen*, Flensburg 1985

Witt, Klaus, *Martje Flors Trinkspruch*, in: Eiderstedter Nachrichten Nr. 28 / 1927

Wetzel, August, *Das Landrecht und die Beliebungen des „Rothen Buches" in Tönning*, Kiel 1888

Wolff, Zacharias, *Journal …*, in: Zwischen Eider und Wiedau 1968, Husum

Wulf, Hans-Walter, *Eiderstedt – Land der Kirchen*, Verlag H. Lühr & Dircks, Hamburg 1990

Inhalt

217

In gleicher Ausstattung
liegen „Lesebücher" vor über:

Aachen · Angeln · Augsburg · Berlin
Bielefeld · Bonn · Braunschweig
Bremen · Breslau · Bromberg · Celle
Danzig · Darmstadt · Dortmund
Düsseldorf · Emden · Essen · Flensburg
Föhr · Frankfurt · Freiburg · Gießen
Göttingen · Hannover · Heidelberg
Heilbronn · Hildesheim · Husum
Itzehoe · Kaiserslautern · Karsruhe
Kassel · Kiel · Koblenz · Köln
Königsberg · Konstanz · Lippe-Detmold
Lübeck · Mainz · Mannheim · Marburg
München · Münster · Neumünster
Nürnberg · Oldenburg · Osnabrück
Preetz · Rendsburg · Rostock
Saarbrücken · Schleswig · Stettin
Stuttgart · Trier · Ulm · Wiesbaden
Wuppertal · Würzburg

Jeder Band 96–184 Seiten, broschiert
Weitere Bände sind in Vorbereitung

 HUSUM DRUCK-
UND VERLAGSGESELLSCHAFT
Postfach 1480 · D-25804 Husum

Sagen im HUSUM-BUCH

Sagen und Legenden von der Insel Helgoland
Hrsg. von Gundula Hubrich-Messow
2. Aufl., 52 Seiten, broschiert

Sagen und Märchen aus Angeln
Hrsg. von Gundula Hubrich-Messow
4. Aufl., 112 Seiten, broschiert

Sagen und Märchen aus dem Harz
Hrsg. von Gundula Hubrich-Messow
3. Aufl., 128 Seiten, broschiert

Sagen und Märchen aus Nordfriesland
Hrsg. von Gundula Hubrich-Messow
3. Aufl., 120 Seiten, broschiert

Sagen und Märchen aus dem Odenwald
Hrsg. von Gundula Hubrich-Messow
122 Seiten, broschiert

Sagen und Märchen aus dem Schwarzwald
Hrsg. von Gundula Hubrich-Messow
2. Aufl., 120 Seiten, broschiert

Sagen und Märchen aus dem Spessart
Hrsg. von Franz Schaub
87 Seiten, broschiert

HUSUM HUSUM DRUCK-
UND VERLAGSGESELLSCHAFT
Postfach 1480 · D-25804 Husum